中国与东盟国家税制比较研究

王红晓　著

中国财经出版传媒集团
中国财政经济出版社

图书在版编目（CIP）数据

中国与东盟国家税制比较研究/王红晓著．--北京：中国财政经济出版社，2020.9

ISBN 978-7-5223-0001-6

Ⅰ.①中…　Ⅱ.①王…　Ⅲ.①税收制度-对比研究-中国、东南亚国家联盟　Ⅳ.①F812.422 ②F813.301

中国版本图书馆CIP数据核字（2020）第168889号

责任编辑：张若丹　　责任校对：张　凡
责任印制：张　健　　封面设计：王　颖

中国财政经济出版社 出版

URL：http：//www.cfeph.cn

E-mail：cfeph@cfemg.cn

社址：北京市海淀区阜成路甲28号　邮政编码：100142

营销中心电话：010-88191522

天猫网店：中国财政经济出版社旗舰店

网址：https：//zgczjjcbs.tmall.com

北京财经印刷厂印刷　各地新华书店经销

成品尺寸：147mm×210mm　32开　9.625印张　244 000字

2021年5月第1版　2021年5月北京第1次印刷

定价：42.00元

ISBN 978-7-5223-0001-6

（图书出现印装问题，本社负责调换，电话：010-88190548）

本社图书质量投诉电话：010-88190744

打击盗版举报热线：010-88191661　QQ：2242791300

前言

东盟是“东南亚国家联盟”（the Association of South-East Asian Nations，ASEAN）的简称，是亚洲第三大经济体、世界第七大经济体。近年来，东盟国家经济保持了持续、稳定的增长，是世界经济最活跃的地区之一。东盟各国是我们的近邻，中国企业走出去，走入东盟进行投资或贸易，都需要了解东盟各国的税收制度。为了适应“中国—东盟自由贸易区”建设的需要，对中国与东盟国家的税收制度进行比较研究具有重要的现实意义。

自2007年发表第一篇有关东盟国家税制的论文算起，十多年来，笔者一直关注着东盟国家的税制变化，陆续发表了18篇有关东盟国家税制的论文，参加了两个有关东盟税制的国家社科课题研究。为满足学校培养具有鲜明东盟特色和民族地区特色的高水平税收学专业人才教学的需要，笔者编写了《东南亚税制》教材。

在多年对东盟税制研究的基础上，2018年承担了广西财经学院税务硕士专业学位点资助学术研究项目“中国与东盟国家税收制度变迁和比较研究”的研究工作，《中国与东盟国家税制比较研究》是这一研究项目的成果之一。该专著主要对中国和东盟各国的增值税、消费税、企业所得税和个人所得税进行了较为详细的比较研究，对相关税种的改革完善提出了相应的政策建议。对不动产税、印花税、社会保障税（费）、自然资源税、税收征收管理、税制结构和宏观税负也进行了比较研究，同时提出了我国税制优化及征收管理方面的政策建议。

在本书的撰写过程中，继承了一些笔者以前发表的论文、参与的国家社科课题的成果内容，参阅了大量的网络资源、期刊论文，同时参考并借鉴了一些专家、学者的有关著作，从中获得了许多启迪；广西财经学院财政与公共管理学院2016级的刘红庆、杨热清、杞朝艳、李东玲、刘敏、洪志起同学在“中国与东盟国家税收制度变迁和比较研究”的课题研究中，做了许多搜集、整理资料的工作；本书的出版，得到了广西财经学院和中国财政经济出版社的大力支持和协助，在此一并表示衷心的感谢。

王红晓

2020年6月30日

目录

第一章　增值税的比较 …………………………………………… 1
第一节　纳税人及计税方法的比较 …………………………… 1
第二节　征税对象的比较 ……………………………………… 6
第三节　税率的比较 …………………………………………… 14
第四节　税收优惠的比较 ……………………………………… 19
第五节　启示与借鉴 …………………………………………… 33

第二章　消费税的比较 …………………………………………… 36
第一节　纳税人的比较 ………………………………………… 36
第二节　征税范围的比较 ……………………………………… 38
第三节　税率的比较 …………………………………………… 43
第四节　启示与借鉴 …………………………………………… 55

第三章　企业所得税的比较 ……………………………………… 58
第一节　纳税人的比较 ………………………………………… 58
第二节　征税对象的比较 ……………………………………… 63
第三节　税率的比较 …………………………………………… 114
第四节　启示与借鉴 …………………………………………… 127

第四章　个人所得税的比较 ……………………………………… 132
第一节　判定纳税人税收居民身份标准的比较 ……………… 132

第二节 征税范围的比较 …… 137
第三节 税率的比较 …… 147
第四节 税收优惠的比较 …… 166
第五节 启示与借鉴 …… 176

第五章 其他税种的比较 …… 180
第一节 不动产税的比较 …… 180
第二节 印花税的比较 …… 197
第三节 社会保障税（费）的比较 …… 213
第四节 自然资源税的比较 …… 223

第六章 税收征收管理的比较 …… 230
第一节 影响东盟国家税收征管的因素分析 …… 230
第二节 中国与东盟国家税收征管制度比较 …… 237
第三节 启示与借鉴 …… 263

第七章 税制结构与宏观税负的比较 …… 267
第一节 税制结构的比较 …… 267
第二节 宏观税负的比较 …… 287
第三节 对中国税负水平的探讨 …… 289

参考文献 …… 293

第一章　增值税的比较

增值税是以商品、劳务在流转过程中产生的增值额作为征税对象而征收的一种税。增值税是中国最主要的税种之一，据国家统计局数据统计，2018 年国内税收总收入 156 402. 86 亿元，其中，增值税税收收入 61 530. 77 亿元，占税收总收入的 39. 34%；2019 年国内税收总收入 157 992. 21 亿元，其中，增值税税收收入 62 346. 22 亿元，占税收总收入的 39. 46%。

第一节　纳税人及计税方法的比较

一、中国

在中华人民共和国境内销售货物或者加工、修理修配劳务，销售服务、无形资产、不动产以及进口货物的单位和个人，为增值税的纳税人。其中，单位是指企事业单位、行政单位、军事单位、社会团体及其他单位；个人，是指个体工商户及其他个人。

我国增值税实行凭增值税专用发票抵扣税款的制度，对纳税人的会计核算水平要求较高，要求能够准确核算销项税额、进项税额和应纳税额，但实际上有众多的纳税人达不到这一要求。因此，《中华人民共和国增值税暂行条例》将纳税人根据定性与定量两个标准划分为一般纳税人和小规模纳税人。定性标准体现在纳税人性质和会计核算程度上：一是年应税销售额超过小规模纳税人标准的其他个人（自然人）按小规模纳税人纳税；非企业性单位和不经常发生应税行为的企业可自行选择是否按小规模纳税人纳税。二是年应税销售额未超过标准以及新开业的纳税人，有固定的经营场所，会计核算健全，能准确提供销项税额、进项税额的，可认定为一般纳税人。定量标准体现在经营规模上：按销售规模的金额大小来确认基本的资格登记。对于原增值税业务（包括销售、进口货物，提供加工、修理修配劳务），从事货物生产或者提供应税劳务的纳税人，以及以从事货物生产或者提供应税劳务为主，并兼营货物批发或者零售的纳税人，年应征增值税销售额在50万元（含）以下的，为小规模纳税人；对上述规定以外的纳税人（不含发生“营改增”应税行为的纳税人），年应税销售额在80万元（含）以下的，为小规模纳税人。对于“营改增”业务的应税行为，应税行为年销售额超过500万元的纳税人，应向主管税务机关登记办理增值税一般纳税人资格手续；按照营改增有关规定，在确定销售额时可以差额扣除的试点纳税人，其应税服务年销售额按未扣除之前的销售额计算。

两类纳税人在税款计算、发票使用、纳税申报等方面存在着较大的不同，主要可以概括为三个方面：一是计税方法不同。一般纳税人采用增值税一般计税方法，适用13%、9%、6%的增值税一般税率，可以抵扣进项税额（例外：特定行业的一般纳税人也可适用简易计税法，主要是提供建筑服务的企业）；而小规模纳税人采用简易计税方法，按3%或5%的征收率计算税额，不可以抵扣进项税额。二是申报周期不同。一般纳税人的纳税申报是按月，而小规模纳税人的纳税申报一般是按季度。三是发票的使用权不同。一般纳税人可购买增值税专用发票并自行向购货方开具，小规模纳税人则不能购买增值税专用发票及自行向购货方开具，如需向购货方开具的，可报税务机关申请代开。

随着经济发展的不断成熟，营商环境进一步优化，为支持民营经济和小微企业发展，中国逐步放开小规模纳税人在增值税发票上的使用权。2019 年，国家税务总局发布了《关于扩大小规模纳税人自行开具增值税专用发票试点范围等事项的公告》，进一步扩大小规模纳税人自行开具增值税专用发票试点范围，将小规模纳税人自行开具增值税专用发票试点范围由住宿业，鉴证咨询业，建筑业，工业，信息传输、软件和信息技术服务业，扩大至租赁和商务服务业，科学研究和技术服务业，居民服务、修理和其他服务业。上述 8 个行业小规模纳税人（以下简称“试点纳税人”）发生增值税应税行为，需要开具增值税专用发票的，可以自愿使用增值税发票管理系统自行开具。试点纳税人销售其取得的不动产，需要开具增值税专用发票的，应当按照有关规定向税务机关申请代开。

二、东盟国家

在东盟十国中，除文莱和马来西亚以外都有与增值税相类似的税种，例如，缅甸设有与我国增值税相类似的税种，叫商业税；新加坡称为货物劳务税。其实马来西亚在 2015 年 4 月 1 日开始征收的消费税与我国增值税相类似，消费税取代了原有的销售税和服务税，征收范围扩大到了所有商品和服务。税率为 6% 的消费税是马来西亚政府向应纳税的物品及服务征收的税项，包括所有进口物品及服务，所有注册厂商将作为政府协助者向纳税者征收消费税。在此之前征收的销售税及服务税，属于单一层面的征税方式，而消费税则是多层次征税方式。2018 年马来西亚政府换届，新政府为兑现执政后百日内废除消费税的竞选宣言，在 2018 年 9 月 1 日取消马来西亚实行的消费税，恢复征收原来的销售税和服务税，所以目前马来西亚没有与我国增值税相类似的税种。东盟国家增值税纳税人情况见表1－1。

表1－1　东盟国家增值税纳税人一览表

国家	纳税人
新加坡	从事所有提供的商品劳务供应需缴纳商品劳务税而办理了登记或被要求登记的人，主要包括个人、合伙企业、公司、俱乐部、协会、管理公司、非营利组织等
泰国	在泰国境内销售货物、提供劳务的单位或个人为增值税纳税义务人。可以分为三大类：一是经营商、进口商和法律规定特殊情况下负有纳税义务的纳税人；二是在泰国提供应税商品和劳务的经营商，年度营业额超过180万泰铢；三是进口商进口商品到泰国适用增值税，无论该进口商是否登记为增值税纳税人
菲律宾	在菲律宾提供服务、进口产品、销售、易货贸易、调换、租赁货物或者资产（有形资产和无形资产）的人。这里的“人”指的是任何个人、信托、房地产、合伙企业、公司、合作社或协会
越南	生产经营应税商品、提供服务和进口应税商品的单位和个人为增值税纳税义务人
柬埔寨	在实际纳税机制下，根据柬埔寨税法的规定购买物品缴纳税款的义务人。另外，进行单纯雇佣行为活动的雇员不是增值税纳税义务人
老挝	包括：（1）提供商品和服务的年营业额超过4亿基普的企业或者年营业额未超过4亿基普但自愿注册登记的企业。（2）货物和服务的进口商。（3）不居住在老挝也未在老挝税务局登记，打算向老挝境内的人提供货物或服务的人，其提供的货物和服务不免征增值税
缅甸	在缅甸境内生产进口货物、提供服务的组织和个人
印度尼西亚	销售应税货物或应税劳务的个人、公司或政府机构

从纳税人的划分标准来看，大部分东盟国家是根据应税交易活动的参与者来确定增值税纳税人。例如，新加坡增值税的纳税人为在新加坡从事商品劳务供给需缴纳商品劳务税而办理了登记或被要求登记的人，包括公司、个人、合伙企业等；缅甸增值税的纳税人为在境内生产进口货物、提供服务的组织和个人；泰国则是在本国境内销售货物、提供劳务的单位或个人为增值税纳税义务人，具体包括经营商、进口商和法律规定特殊情况下负有纳

税义务的纳税人。

三、比较

目前，世界上增值税一般纳税人的确认标准大致可分为两种：一是以“企业主”和“应税交易”为标准确认增值税纳税人；二是以征税对象范围为基础，通过列举应税交易活动的参与者来确定增值税纳税人。前者主要适用于发达国家和部分较发达国家，后者主要适用于发展中国家，从这个角度来看，东盟国家普遍属于第二种。有所不同的是，中国对纳税人按经营规模的大小和会计核算是否健全区分一般纳税人和小规模纳税人，而东盟国家一般没有进行区分。

中国和东盟自由贸易区的建立和发展，扩大了商品、服务、人员和资本的流动，使中国增值税制度与东盟成员国的税制趋向一致。其共性在于大多都是对销售货物、提供劳务和进口货物取得的销售额或劳务额征税，纳税人是指提供应税劳务或销售货物的企业和个人，且大多都采用购进扣税法来计算增值税，即从本期销项税额中减去本期购入的法定扣除项目已纳税金（税法中称为进项税额）。这种方法既能排除重复征税，又能避开直接计算增值额的烦琐，简便易行，是大多数实行增值税的国家所采用的一种方法。目前在东盟十国中，采用这种方法的有新加坡、泰国、菲律宾、印度尼西亚、越南、柬埔寨、老挝和缅甸。

从以上中国与东盟国家的比较中我们还可以看出，中国主要将增值税纳税人分为一般纳税人和小规模纳税人两种，分别确定其适用的税率、计税方法、发票适用等权限，便于管理，且灵活性强，企业可以根据自身情况选择相应的纳税人身份，税务机关也可针对两种纳税人进行专门管理。在中国，增值税纳税人的身份确定关系着税款的计算、纳税申报期限等问题，对税款是否能按时征收产生重要影响，但这也存在一定的缺陷。如许多纳税人为逃避税款，会采用变更纳税人身份的方式来进行所谓的筹划。这也是税务机关稽查的一个重点。

东盟国家没有将纳税人划分为一般纳税人和小规模纳税人，而是将满足条件的都视为一般纳税人，相对来说比较简单，但对纳税义务人的界定更加具体。例如柬埔寨明确规定进行单纯雇佣行为活动的雇员不是增值税纳税义务人。还有颇具特色的是新加坡，增值税纳税义务人必须是已登记或者按要求应当登记的人，主要包括个人、合伙企业、公司、俱乐部、协会、团体、管理公司、非营利组织等，并按具体的情形实行强制登记、自愿登记、集团登记等，按时缴纳税款。

第二节　征税对象的比较

征税对象又称为课税对象、征税客体，指税法规定的对什么征税，是征纳税双方权利义务共同指向的客体或标的物，是区别一种税与另一种税的重要标志。

一、中国

从计税原理上说，增值税是对商品生产、流通、劳务、服务等经营活动中各个环节的新增价值征收的一种税。也即只对增值额征税，实行价外税，税收负担由消费者负担。

从征税范围来看，在“营改增”之前，中国增值税的征税范围一般包括销售或进口货物，提供加工及修理修配劳务。为弥补政策的漏洞，对销售货物等行为也有具体的补充，例如，税法规定视同销售行为均要征收增值税。在“营改增”之后，将征税范围扩大到所有的经营行为和业务。这对增值税的税基产生了一定影响，一般来说，增值税的计税依据是发生应税行为所取得的销售额，但为了防止一些人通过收取费用的方式来分解销售收入以逃避增值税，税法对销售额也有明确规定，规定销售额包括向购买方收取的全部价款及价外费用。价外费用也叫价外收入，是指价外向购买方收取的手续费、补贴、基金、集资费、返还利润、奖励费、违约金（延期付款利息）、包装费、包装物租金、储备费、优质费、运输装卸费、代收款项、代垫款项及其他各种性质的价外收费。但下列项目不包括在价外费用内：向购买方收取的销项税额；受托加工应征消费税的消费品所代收代缴的消费税；纳税人将承运部门开具给购货方发票交给购货方的代垫运费。

另外，对于应纳税额的计算，中国采用的是购进扣税法，即纳税人可以用当期（月）购进货物或者应税劳务所取得的增值税抵扣凭证上注明和依法计算的增值税进项税额（税法规定不允许抵扣的项目除外）抵减当期（月）销售货物或者应税劳务而计算的增值税销项税额，抵减后的差额若为正数即为当期应当缴纳的增值税税额，如为负数可用于抵减下期当期应当缴纳的增值税。所以，发票以及其他扣税凭证在增值税的计算上发挥着至关重要的作用，一般都是凭票扣税。具体总结见表 1－2。

表 1－2　中国增值税征税范围一览表

国家	征税范围	计税依据
中国	“营改增”之前，包括在中国境内销售的货物或者提供的加工、修理修配劳务以及进口的货物。所谓货物，是指有形动产，包括电力、热力、气体在内。属于增值税征收范围的劳务仅指加工和修理修配业务。所谓加工，是指受托加工货物，即委托方提供原料及主要材料，受托方按照委托方的要求制造货物并收取加工费的业务。 “营改增”之后，增值税的征税范围扩大到销售服务、无形资产或者不动产等	增值税的计税依据是纳税人销售货物、服务、无形资产或者不动产或者提供的加工、修理修配劳务所取得的销售额。其中，销售额包括向购买方收取的全部价款及价外费用

二、东盟国家

东盟国家增值税征税范围见表1－3。

表1－3　东盟国家增值税征税范围一览表

国家	征税对象	计税依据
新加坡	针对在新加坡境内由纳税人提供的应税商品和劳务，其中包括商品所有权转让、对别人的产品进行加工、公用事业（如电、气、水等）的提供等。根据相关规定，无供给或法律认为无供给（商业活动中赠送小礼品）、在新加坡境外提供的商品和劳务、非商品劳务税纳税人提供的商品和劳务、地下交易等不属于商品劳务税的征税范围	提供的应税商品和劳务取得的收入
泰国	在泰国境内销售商品、提供劳务和进口商品到泰国境内的行为均属于增值税征税范围。在泰国境内提供的劳务，只要劳务提供方或接收方一方在泰国境内，则属于在泰国境内提供劳务	在泰国境内销售商品、提供劳务和进口商品到泰国境内按照计算及收取的金额
菲律宾	销售、物物交换或租赁商品或财产；出售或交换服务；进口商品。商品或财产，是指所有可以用金钱衡量的有形和无形客体。服务的销售或交易，是指有偿为他人在菲律宾提供所有种类的服务	销售、物物交换或租赁商品或财产；出售或交换服务；进口商品所取得的金额
越南	增值税的征税范围覆盖了生产、销售、服务全过程，对货物或服务从生产、流通到消费过程中所产生的增值额征收增值税。税法列举了25类不属于增值税征税对象的商品和服务。具体来说，除《越南社会主义共和国增值税法》规定的项目外，均属于越南增值税征税范围	销售货物、提供服务等取得的销售额或收入，其中货物和服务的付款凭证须注明销售额和增值税税额，销售额根据以下公式确定：不含税销售额＝销售额÷(1＋税率)
柬埔寨	除有特别其他注释外，增值税的“应税供应品”是指：（1）纳税义务人在柬埔寨境内提供货物或服务；（2）纳税义务人所使用的自产产品或货品；（3）纳税义务人以低于成本价格赠予或提供的货物或服务；（4）进口至柬埔寨的商品。 根据柬埔寨税法的规定，不对柬埔寨出口到国外的应税货物或者向国外提供的应税服务征收增值税	通常为应税供应品应税价值。进口环节的计税依据为该货品的CIF价格、关税以及特定商品和服务税之和

续表

国家	征税对象	计税依据
老挝	在老挝为生产或消费提供的货物和服务；进口货物到老挝境内	(1) 对于进口的国外商品，其计税依据为关税报税价格加关税和消费税； (2) 对于国内出售的商品，其计税依据为销售价格减去增值税； (3) 对于根据合同生产的商品，其计税依据为生产成本费用（包括雇佣成本、原材料成本及其他与生产有关的费用）； (4) 对于赊销的商品，其计税依据为购买人实际支付的总价格； (5) 对于服务，其计税依据为提供该项服务所收到的总收入； (6) 对于需缴消费税的商品及服务，其增值税的计税依据包括消费税但不包括增值税。 上述提及的计税依据均包含所有额外支付的成本
缅甸	在国内生产的货物及提供的服务和进口至缅甸的货物，除某些国内税收署规定的商品外，货物的出口一般不征收商业税	其计税依据为产品售价或进口产品的到岸价格
印度尼西亚	(1) 由企业进行的在关境以内的应税货物转移； (2) 进口应税货物； (3) 由企业接受的来源于关境以外的应税服务、应税无形货物、应税无形服务 (4) 应税企业出口的应税有形货物、无形货物和无形服务	其计税依据为销售价格、进口完税价格、出口完税价格或其他用于核算应收销项税额的金额。 其中，销售价格为卖方销售产品收取的款项；进口完税价格为计算进口税费的价格，其中不包括增值税以及奢侈品销售税

在开设增值税的东盟国家中，普遍都将在本国境内销售商品、货物或提供应税劳务、服务等纳入增值税的征税范围，只不过不同国家具体的征税对象有所不同。比如，新加坡对提供劳务（对别人的产品进行加工）、公用事业（如电、气、水等的提供）也要征收增值税，印度尼西亚对由企业进行的在关境以内的应税货物转移征税。在征税范围上，东盟国家一方面强调属地原则，比如泰国规定在泰国境内提供的劳务，只要劳务提供方或接收方一方在泰国境内，则属于在泰国境内提供劳务，按实际发生的金额缴纳增值税。另一方面，为拉动经济增长，鼓励本国企业出口，柬埔寨税法规定，不对柬埔寨出口到国外的应税货物或者向国外提供的应税服务征收增值税，缅甸也对货物的出口一般不征收增值税。

除此之外，我们还可以了解到，东盟国家之间的计税依据没有太大的差异，大部分都是以发生应税行为实际产生的金额来计税，且都采用了购进扣税法来计算实际缴纳的增值税税额，对于进项税额大于销项税额的部分，也大多可以留到下一期抵扣，只不过对于可抵扣的进项税额与销项税额在计算上有所不同。

例如，泰国增值税纳税义务人销售货物或提供劳务，按照规定计算及收取的金额计算出销项税额；增值税纳税义务人购买货物或劳务，按照规定计算及支付的金额计算出进项税额。纳税义务人当期销项税额减去进项税额的余额，若为正数则是当期应纳增值税税额，若为负数，纳税人可选择退还增值税或作为下期的留抵税额。

新加坡对纳税人购买或者进口至新加坡的商品和服务，用于或将用于纳税人从事或准备从事的任何经营活动的商品征收增值税。纳税人通常通过增值税纳税申报表，将进项税额从销项税额（即对生产供应的商品征收的消费税）中减去，以冲抵销项税额。进项税额申报要求提供有效的税务发票或进口许可。但如果超过到期日后的 12 个月款项还未支付给供给方，那么纳税人应当向新加坡税务局缴还相应抵扣的进项税款。简单来说，就是假如一个企业到期后的12个月并未向供给方支付货款，此时供给方取得销货收入，但却没有拿到货款，导致无法缴纳消费税，那么纳税人之前向税务局申报的可抵扣的进项税款要予以退还。这方便了当期税额的管理，防止因多抵扣而导致税款少缴纳的现象。新加坡对购进不用于经营目的的商品和服务（例如，纳税人购进用于私人用途的商品）而产生的进项税额不能用于税款抵扣。此外，还列举了一些不能抵扣经营支出的具体事项。

根据菲律宾税法第110节第（A）条第（1）款的规定，在交易中，由增值税发票或正式收据证明的进项税额准予从销项税额中抵扣，在纳税季度末，如果销项税超过进项税，超额的部分应由已登记的增值税纳税人缴纳；如果进项税超过销项税，则超过的部分可以转入下一季度抵扣。但是，对于可归于适用零税率的销售产生的进项税，已登记的增值税纳税人可以按照税法第112节的规定选择退税，或是与其他的国内税款进行抵扣。

越南与其他东盟国家不同，针对不同情况，越南采用了不同的计税方法，比如对于一般的销售或进口货物等采用抵扣计税法：应纳增值税税额=增值税销项税额-可抵扣的增值税进项税额；对于金、银、宝石交易活动采用直接计税法：应纳增值税税额=金、银、宝石的增值额×增值税税率，其中增值额=销售的收入-购进时的价款；对于其他情况：应纳增值税税额=营业收入×比例税率，具体的比例税率税法上给出了明确规定。

老挝、柬埔寨、缅甸、印度尼西亚等都普遍采用购进扣税法。

三、比较

中国与东盟国家征税范围都比较广泛，普遍对发生在本国境内销售货物、服务等征收增值税，且每个国家对销售货物以及服务的范围和内容等都具有明确的规定。越南税法是采用反列举法列举了25类不属于增值税征税对象的商品和服务，中国则是采用正列举的方式。但中国对于销售货物的行为，具有较详细的补充，例如，税法规定了8种行为被视同为销售货物，均要征收增值税，包括将货物交由他人代销、代他人销售货物、将货物从一地移送至另一地（同一县市除外）、将自产或委托加工的货物用于非应税项目等。这是为了防止一些企业转移收入从而少交增值税。

东盟国家则没有这样明确、系统的规定，但印度尼西亚对由企业进行的在关境以内的应税货物转移征收增值税，这一点与中国将货物从一地移送至另一地视同销售的情况类似；柬埔寨将纳税义务人所使用的自产产品或货品纳入增值税征收范围，这与中国将自产、委托加工的货物用于集体福利或者个人消费的视同销售行为有点类似，都要缴纳增值税。

菲律宾将物物交换、出售或交换服务也纳入增值税征收范围，虽然中国没有在征税范围中有明确规定，但国家税务总局对企业在生产经营中出现的“以物易物”“以旧换新”“还本销售”“价格折让”等特殊销售方式下销售货物计算增值税的问题很早就有补充规定。由于当时有些纳税人利用这些经营方式来逃避国家征税，所以如果不对有关计税依据的规定进行补充完善，仍以企业有关销售账户所登记的销售收入作为计税依据计算征税，会存在很大漏洞。为进一步整顿税收秩序，严肃税法，堵塞漏洞，对以物易物等几种销售方式计算征收增值税的问题明确规定以物易物要作购销处理，对于在以物易物过程中企业以低于正常价格作价销售的，税务机关可以核定其产品的计税依据。

在增值税的计算过程中，中国与大部分东盟国家相同，计税依据一般为发生应税行为所取得的收入、进口产品的完税价或到岸价格等。但有所不同的是，中国对交易过程中发生的价外费用有明确的规定，要合并在销售额中一并计税。大多数东盟国家则没有提及，只有老挝在增值税应纳税额计算时提到将所有额外支付的成本均包含在增值税的计税基础中。

目前中国与东盟国家都普遍采用购进扣税法来计算应纳税额，且随着税收管理水平的不断提高，大部分东盟国家与中国都共同实行了以票扣税的管理机制，只有出示相关合法的扣税凭证才能进行税额抵扣。对于进项税额不能抵扣的项目，中国与东盟国家相同，一般都对与企业经营活动无关的购入货物或服务所发生的进项税额不予抵扣。例如，中国对于不能抵扣的进项税额大致可以概括为以下三点：一是没有取得合法有效凭证的；二是购进货物用于非增值税应税项目的；三是发生非正常损失的。例如，用于非增值税项目及免征增值税项目、集体福利或者个人消费的购进货物、非正常损失的购进货物及相关劳务等。

在东盟国家中，新加坡对购进不用于经营目的的商品和服务（例如纳税人购进用于私人用途的商品）而产生的进项税额不能用于税款抵扣，对于企业非经营用途的购进、私人汽车的购进、租赁、雇用、维修和运行费用、雇员的医疗费用及保险费用、休闲俱乐部的会员费等都不得抵扣。柬埔寨税法也规定纳税人在应酬、消遣和娱乐活动方面所产生的增值税进项税额，不能进行抵扣或申请退税。印度尼西亚则规定企业成为增值税纳税人以前购入的货物或服务、与企业经营活动无关的购入货物或服务、为轿车及旅行车发生的购买及维护支出（除非该车辆用于销售或出租）、企业成为增值税纳税人以前在关境外使用的无形资产和服务以及纳税检查中发现销售方未缴纳增值税的货物或服务等都不得抵扣进项税额。另外，老挝、缅甸、越南等开征增值税的国家都有对不得抵扣进项税额的类似规定。

在留抵退税方面，大多数东盟国家与中国一样，当期进项税额大于销项税额的部分可以留到下期抵扣。其中颇具特色的菲律宾规定如果进项税超过销项税，则超过的部分可以转入下一季度抵扣，但是，对于可归于适用零税率的销售产生的进项税，已登记的增值税纳税人可以按照税法规定选择退税，或是与其他的国内税款进行抵扣。简单来说，就是在菲律宾，销售商品如果适用的是零税率，那么产生的进项税可按税法规定退还或是将这部分进项税款用于抵扣其他国内的税款。除此之外，根据《加速成长与扩大包容》税制改革法案（2018 年 1 月 1 日生效）第 31 节，菲律宾财政部在税收局（BIR）与海关局（BOC）设立增值税退税中心，负责处理可抵扣进项税的退税。为满足增值税退税的资金要求，每年财政将自动拨付相当于前一年征收的增值税总额 5% 的款项作为国家基金的特别账户，当年度内未用完的资金将返还国家财政基金。同时，税务局与海关局应向国会监督委员会提交综合税务改革计划的季度报告，报告所有未决的退税申请与未使用资金。此举加强了菲律宾政府对增值税的规范管理，且保证了纳税人的合法权益。

第三节 税率的比较

税率是对征税对象的征收比例或征收额度，是计算税额的尺度，也是衡量税负轻重与否的重要标志。税率主要有比例税率、超额累进税率、超率累进税率、定额税率等。增值税税率是指增值税应税产品的总体税额与销售收入额的比例。由于增值税以应税产品的增值额为课税对象，同时又必须保持同一产品税负的一致性，因此，从应税产品的总体税负出发来确定适用税率是增值税税率设计的一大特点。

一、中国

目前中国增值税实行的是比例税率，即不论征税对象数量或金额的多少，统一按一个百分比征税。如对于销售图书、报纸、杂志以及农产品、音像制品等，不管数量和金额的多少，都适用9%的比例税率。这种税率计算比较简便，对同一征税对象适用一个比例，有利于鼓励竞争，维护市场公平秩序，实行规模经营。比例税率具体可分为统一比例税率、行业比例税率、产品比例税率、地区差别比例税率、分类分级分档次差别比例税率、有免征额或起征点的比例税率、幅度比例税率等多种形式。差别比例税率具体又可分为：产品差别比例税率、行业差别比例税率、地区差别比例税率。增值税实行的是产品差别比例税率和行业差别比例税率。产品差别比例税率是对不同产品分别适用不同的比例税率，同一产品采用同一比例税率，比如中国规定粮食、食用植物油、自来水、图书、报纸、杂志、农机等产品税率为9%；行业差别比例税率是按不同行业分别适用不同的比例税率，同一行业采用同一比例税率，比如交通运输业税率一般为9%，金融服务业、现代服务业、生活服务业等税率为6%。为适应新时代经济发展的需要，进一步促进消费的增长与企业市场的活力，近年来，中国税制改革力度不断加大，增值税税率也发生了较大的变化，总体呈下降趋势，具体调整情况如表1-4所示。在2016年5月1日还未实行“营改增”以前，只有销售一般货物、劳务，销售农产品等列举产品两档税率；“营改增”后，随着征税范围的扩大，增加了销售列举服务、土地使用权、不动产等适用11%，销售一般服务、转让无形资产适用6%两档税率，原来的销售一般货物和销售农产品等的税率保持不变。所以到2016年5月1日后增值税税率就变为四档。为进一步简化税率、优化税制，到2017年7月1日，将销售农产品等列举产品、销售列举服务、土地使用权、不动产等税率合并为11%，从此之后，增值税税率就基本保持在三档，没有太大变化。但从增值税税率调整表来看，从2017年7月1日至今，税率不断下降。表1-5为中国现行的增值税税率。

中国对小规模纳税人采用简易征税办法，增值税征收率通常为3%。但小规模纳税人销售不动产、转让土地使用权、不动产经营租赁服务、车辆停放服务、高速公路以外的道路通行服务等，适用征收率为5%。

表1-4　近年来中国增值税税率的调整

<table>
<tr><th>时间节点</th><th>销售一般货物、劳务</th><th>销售农产品等列举产品</th><th>销售列举服务、土地使用权、不动产等</th><th>销售一般服务、转让无形资产</th></tr>
<tr><td>2016年5月以前</td><td>17%</td><td>13%</td><td>—</td><td>—</td></tr>
<tr><td>2016年5月1日至2017年6月30日</td><td>17%</td><td>13%</td><td>11%</td><td>6%</td></tr>
<tr><td>2017年7月1日至2018年4月30日</td><td>17%</td><td colspan="2">11%</td><td>6%</td></tr>
<tr><td>2018年5月1日至2019年3月31日</td><td>16%</td><td colspan="2">10%</td><td>6%</td></tr>
<tr><td>2019年4月1日后</td><td>13%</td><td colspan="2">9%</td><td>6%</td></tr>
</table>

表1-5　中国现行增值税税率一览表（一般纳税人适用）

<table>
<tr><th>项目</th><th>税率</th></tr>
<tr><td>销售或进口货物，加工、修理修配劳务，有形动产租赁服务</td><td>13%</td></tr>
<tr><td>销售或进口农产品（含粮食）、食用植物油、食用盐；自来水、暖气、冷气、热水、煤气、石油液化气、天然气、沼气、二甲醚、居民用煤炭制品；图书、报纸、杂志、音像制品、电子出版物；饲料、化肥、农药、农机、农膜</td><td rowspan="2">9%</td></tr>
<tr><td>销售交通运输、邮政、基础电信、建筑、不动产租赁服务；销售不动产，转让土地使用权</td></tr>
<tr><td>销售服务、无形资产</td><td>6%</td></tr>
<tr><td>出口货物，跨境服务</td><td>0</td></tr>
</table>

二、东盟国家

东盟国家增值税税率情况见表1-6。

表 1－6　　东盟国家增值税税率一览表

国家	税率
新加坡	税率为 7%，出口商品和国际性劳务（如国际运输劳务、与境外商品及财产相关的劳务、提供给境外个人或企业的劳务等）适用零税率
泰国	泰国法定的增值税税率为 10%，截至 2019 年 9 月 30 日实际采用的增值税税率为 7%
菲律宾	一般税率为 12%，出口及视同出口销售适用零税率。根据第 106 节第（A）条，对于销售、易物或交换的财产或商品，应当在商品或财产的总售价或总价值基础上，按照 12% 的增值税税率，由卖方或转让方缴纳增值税。但是，若商品销售或服务的对象是政府或行政分区，或政府所有或控制的机构或公司，最终预提税税率为 5%
越南	分为零税率、5%、10%（基本税率），零税率适用于出口商品，5% 的税率适用于农业、医药、卫生教学、科学技术服务等，10% 的税率适用于石化、电子、化工机械制造、建筑、运输等
柬埔寨	基本税率为 10%。以下货物销售或服务提供的适用增值税税率为 0：（1）所有销售至境外的应税货物，以及出口至境外的应税服务；（2）鼓励类行业或向出口企业提供某些特定货物或服务的外包企业
老挝	进口货物或商品；老挝当地制造的商品或提供的服务；出口未经处理的自然资源，以上三种情况税率为 10%。出口货物或商品；出口处理后的自然资源，税率为 0
缅甸	标准税率为 5%，对农产品免税；建筑和建筑物的销售税率为 3%；非必需的物品（烟草和酒精产品、木材、宝石、珠宝等）税率为 5%～120%
印度尼西亚	标准税率为 10%，根据不同货物可调整范围为 5%～15%。 向进口商、生产商、批发商及零售商等提供服务，大部分按 10% 的一般税率征收增值税。同时，增值税法准许单项税率的调整，现有非 10% 税率有香烟及二手车辆，诸如包裹快递及旅游中介这类服务按 1% 的税率征税，而代理经营则按所收佣金的 5% 征税

如表 1－6 所示，从整体上看，东盟国家的增值税税率一般为 1～2 档。比如，新加坡基本税率为 7%；泰国实际采用税率为 7%；菲律宾一般税率为 12%；越南基本税率为 10%，还有 5% 的税率和零税率；缅甸标准税率为 5%，建筑和建筑物的销售税率为 3% 等。另外，东盟国家增值税实行差别比例税率，不同产品、行业税率不

同，普遍都在10%左右，对出口商品或向境外提供的劳务、服务基本都适用零税率。这与东盟国家鼓励出口的经济战略发展相一致。但缅甸对于电力、原油等出口需缴纳出口商业税。老挝则对出口自然资源有较严格的规定：进口货物或商品、老挝当地制造的商品或提供的服务、出口未经处理的自然资源，以上三种情况税率为10%；出口货物或商品、出口处理后的自然资源，税率为0。这在一定程度上克制了外来人员对当地自然资源的直接利用，也体现了对自然资源的保护。

菲律宾、印度尼西亚对不同的购买方规定了不同的税率。菲律宾对商品销售或服务的对象是政府或行政分区，或政府所有或控制的机构或公司，采取预提税的方式，最终税率为5%。印度尼西亚向进口商、生产商、批发商及零售商等提供服务，大部分按10%的一般税率征收增值税。颇具特色的是，印度尼西亚增值税法还准许单项税率的调整，现有非10%税率有香烟及二手车辆，诸如包裹快递及旅游中介这类服务按1%的税率征税，而代理经营则按所收佣金的5%征税。缅甸非必需物品（烟草和酒精产品、木材、宝石、珠宝等）税率为5%～120%。

三、比较

通过比较中国与东盟国家增值税税率可知，其共性在于为鼓励出口，基本都对出口商品适用零税率，对农产品、医药等普遍适用低税率。例如，中国对农产品一般适用9%的低税率，越南对农业、医药、卫生教学、科学技术服务等适用5%的税率，缅甸更是对销售农产品不征收增值税。

从税率调整发展来看，中国与东盟国家都呈下降趋势。比如泰国法定的增值税税率为10%，目前实际采用的增值税税率为7%，比法定税率低2个百分点。中国则是在2018年5月1日、2019年4月1日经历了增值税税率两次下调。其差异性在于税率的不同，中国的增值税税率分为13%、9%、6%三档，一般纳税人标准税率为13%，销售无形资产等税率为9%，现代服务等税率为6%，出口货物税率为零；而东盟国家增值税的一般标准税率为5%~12%，且大多数都在10%以下。

与东盟国家相比，中国增值税的税率偏高。但目前中国大力推行“减税降费”，增值税税率也经过两次调整，未来可能还会有下降的趋势。此外，东盟国家的税率相对比较简单，比如泰国和新加坡除出口外只规定了增值税的一般税率为7%。

第四节　税收优惠的比较

一、中国

中国的增值税税收优惠主要包括减免增值税、实行即征即退、先征后返等。对于农业生产者销售自产农产品、销售避孕药品和用具等实行免征增值税的税收优惠，对于配售白银、企业综合利用的产品等予以即征即退，对各党派、各级政府、人大、政协等机关的报刊，大中小学生课本、科技图书和期刊等出版物，增值税实行先征后返。生产企业自营或委托外贸企业代理出口自产货物，除另有规定外，增值税一律实行免、抵、退税管理办法和制度，具体见表1-7。

目前中国还试行了期末留抵退税制度，自2019年4月1日起，符合有关规定条件的纳税人，可向主管税务机关申请退还增量留抵税额。允许退还的增量留抵税额=增量留抵税额×进项构成比例×60%。根据《国家税务总局关于办理增值税期末留抵税额退税有关事项的公告》（国家税务总局公告2019年第20号）对期末留抵退税制度予以具体明确，纳税人申请办理留抵退税，应于符合留抵退税条件的次月起，在增值税纳税申报期内，完成本期增值税纳税申报后，通过电子税务局或办税服务厅提交《退（抵）税申请表》。纳税人出口货物劳务、发生跨境应税行为，适用免抵退税办法的，可以在同一申报期内，既申报免抵退税又申请办理留抵退税。申请办理留抵退税的纳税人，出口货物劳务、跨境应税行为适用免抵退税办法的，应当按期申报免抵退税。当期可申报免抵退税的出口销售额为零的，应办理免抵退税零申报。

表 1－7　　　　中国增值税税收优惠一览表

<table>
<tr><th>免税项目</th><th>即征即退</th></tr>
<tr><td rowspan="3">1. 农业生产者销售的自产农业产品。
2. 避孕药品和用具。
3. 古旧图书。
4. 直接用于科学研究、科学试验和教学的进口仪器、设备。
5. 外国政府、国际组织无偿援助的进口物资和设备。
6. 来料加工、来件装配和补偿贸易所需进口的设备。
7. 由残疾人的组织直接进口供残疾人专用的物品、残疾人福利机构提供的育养服务以及残疾人员本人为社会提供的服务。
8. 销售的自己使用过的物品。
9. 托儿所、幼儿园提供的保育和教育服务。
10. 养老机构提供的养老服务。
11. 婚姻介绍服务、殡葬服务、医疗机构提供的医疗服务、从事学历教育的学校提供的教育服务、学生勤工俭学提供的服务。
12. 农业机耕、排灌、病虫害防治、植物保护、农牧保险以及相关技术培训业务、家禽、牲畜、水生动物的配种和疾病防治。
13. 纪念馆、博物馆、文化馆、文物保护单位管理机构、美术馆、展览馆、书画院、图书馆在自己的场所提供文化体育服务取得的第一门票收入。
14. 个人转让著作权、从事金融商品转让业务及销售自建自用住房。
15. 寺院、宫观、清真寺和教堂举办文化、</td><td>配售白银、企业综合利用产品、软件、集成电路产品、飞机维修劳务等。
一般纳税人提供管道运输服务，对其增值税实际税负超过3%的部分实行即征即退。
经中国人民银行、银监会或者商务部批准从事融资租赁业务的试点纳税人中的一般纳税人，提供有形动产融资租赁服务和有形动产融资性售后回租服务，对其增值税实际税负超过3%的部分实行即征即退。
纳税人享受安置残疾人增值税即征即退</td></tr>
<tr><td>先征后退</td></tr>
<tr><td>对下列出版物在出版环节执行增值税100%先征后退的政策：
中国共产党和各民主党派的各级组织的机关报纸和机关期刊，各级人大、政协、政府、工会、共青团、妇联、残联、科协的机关报纸和机关期刊，新华社的机关报纸和机关期刊，军事部门的机关报纸和机关期刊。上述各级组织不含其所属部门。机关报纸和机关期刊增值税先征后退范围掌握在一个单位一份报纸和一份期刊以内。
专为少年儿童出版发行的报纸和期刊，中小学的学生课本。
专为老年人出版发行的报纸和期刊。
少数民族文字出版物。</td></tr>
</table>

续表

免税项目	即征即退
宗教活动的门票收入。 16. 行政单位之外的其他单位收取的符合规定的政府性基金和行政事业性收费。 17. 金融同业往来利息收入。 18. 规定的其他情形。 19. 除另有规定外，增值税的免税、减税项目由国务院规定，任何地区、部门均不得规定免、减税项目。 纳税人发生应税行为适用免税、减税规定的，可以放弃免税、减税，依照有关规定缴纳增值税。放弃免税、减税后，36 个月内不得再申请免税、减税	盲文图书和盲文期刊。 经批准在内蒙古、广西、西藏、宁夏、新疆五个自治区内注册的出版单位出版的出版物
	免抵退税
	按照财政部、国家税务总局《关于进一步推进出口货物实行免抵退税办法的通知》的规定：自 2002 年 1 月 1 日起，生产企业自营或委托外贸企业代理出口自产货物，除另有规定外，增值税一律实行免、抵、退税管理办法和制度。其中，免税是指对生产企业出口的自产货物免征本企业生产销售环节增值税；抵税是指生产企业出口自产货物所耗用的原材料、零部件、燃料、动力等所含应予退还的进项税额，抵顶内销货物的应纳税额；退税是指生产企业出口的自产货物在当月内应抵顶的进项税额大于应纳税额时，对未抵顶完的部分予以退税

随着经济形势的不断变化，中国的社会发展也呈现出不同的阶段性特征，与之相适应，中国也制定了许多优惠政策。例如中国为助力全面打赢脱贫攻坚战，税收从支持贫困地区基础设施建设、推动涉农产业发展、激发贫困地区创业就业活力、推动普惠金融发展、促进“老少边穷”地区加快发展、鼓励社会力量加大扶贫捐赠六个方面，实施了 110 项推动脱贫攻坚的优惠政策。在增值税方面，对于农村电网维护费免征增值税、转让土地使用权给农业生产者用于农业生产免征增值税、县级及县级以下小型水力发电单位可选择适用简易计税办法缴纳增值税等。此外，财政部、税务总局发布了《关于进一步支持和促进重点群体创业就业有关税收政策的通知》，规定建档立卡贫困人口从事个体经营、企业招用建档立卡贫

困人口以及在人力资源社会保障部门公共就业服务机构登记失业半年以上人员，零就业家庭、享受城市低保登记失业人员，毕业年度内高校毕业生就业都可以按规定扣减增值税。

二、东盟国家

在开征增值税的东盟国家中，几乎都对增值税给予了一定的税收优惠，主要体现在免税项目上。比如泰国注册为增值税纳税义务人，销售未经加工农产品，包括肥料、饲料及农药农耕相关产品，报纸、杂志及教科书等可免征增值税；菲律宾规定了28项交易可免缴增值税，比如在原产国销售或进口农产品和海产品、常用家畜、为人类消费而生产的食品和种畜以及遗传物质；越南对非企业组织和个人对外出售资产、开展转让投资项目的制造业企业或销售增值税应税货物和服务给其他企业和合作社的予以免征增值税的税收优惠；柬埔寨对经营医院、诊疗所、提供牙科治疗等医疗服务以及医疗用品的销售、经财经部所认可的非营利性、关系到公众利益的活动、教育服务、销售未加工农产品等不征收增值税；老挝对销售和进口疫苗、兽药及传统药品，农民自产自销的农产品等不征收增值税。东盟国家里，大部分国家都规定了10～20项税收优惠项目，其中老挝规定的免税项目最多，达33项。另外，新加坡、缅甸和印度尼西亚对出口有关规定的货物予以增值税税率为0的税收优惠。

综上所述，我们可以大概将东盟国家增值税的税收优惠归纳为两点：一是对销售初级农产品及与农业有关的产品不征增值税，但每个国家对销售这类产品的主体有不同的界定。比如越南假如销售这类产品的主体是用抵扣法计算缴纳增值税的企业或合作社，其销售未经加工或预处理的农产品和水产品给其他企业或合作社时，且属于商业性质的，就不用申报缴纳增值税；但用直接法计算缴纳增值税的经营户、商人、企业、合作社或商业机构销售未经加工或预处理的农产品和水产品，属于商业性质的，按照收入的1%申报缴纳增值税。柬埔寨税法目前并未提及哪些企业销售未加工农产品可免征增值税，只规定了一个比较大的范围。老挝则是规定农民自产自销的农产品才能享受免征增值税的优惠，销售的主体是农民。二是对从事教育、慈善或非营利性质的交易活动予以免征增值说的优惠。比如柬埔寨对财经部所认可的非营利性、关系到公众利益的活动；老挝对非从事商业活动的个人租赁的不动产服务，无商业常用场所的个人所提供的自由职业劳务、教育服务，如托儿所、幼儿园、小学、初高中、本科教育机构、研究生教育机构、职业学校及培训中心，由国家机构、老挝国家建设先锋队、群众团体及社会团体组织的经许可的营利性慈善活动等；泰国对从事教育服务，包括公立及私立学校以及宗教活动或公开慈善事业等，都免征增值税。此外，菲律宾对免税交易行为规定得非常详细，销售或进口肥料、种子、籽苗、鱼种、鱼虾、畜禽饲料，包括无论是本地生产还是基于出口目的用于制造成品饲料的材料免征增值税，但对用于赛马、斗鸡、观赏鱼、动物园和其他宠物类饲料是不免增值税的。菲律宾还对来本国定居者随身携带的物品的相关涉税问题有规定：属于来菲律宾定居的人随身携带的或在其到达菲律宾前后90日内到达菲律宾的专业设备和工具、衣物、家畜和个人家具，且这些物品不是为了销售、交换或交易，仅供个人使用，该人需要向委员会提交充分的证明表明其实际上是来菲律宾定居并且其居住地的改变是善意的才能享受免税政策。详细的规定虽弥补了税收法律的漏洞，但也给税收征管带来了挑战。

（一）新加坡

商品出口和跨境服务适用零税率。消费税法案中详细列出了符合零税率资格的跨境服务，包括但不仅限于跨境运输服务与相关保险服务，境外广告，与位于新加坡境外土地相关的建造服务及由地产代理、拍卖师、建筑师、测量师、工程师及其他涉及土地事宜的人士提供的服务，与位于新加坡境外的货物有关的服务等。免税商品包括住宅物业的出售或租赁、在消费税法案第 4 附表列出的金融性交易和对贵金属的投资或进口。

（二）泰国

纳税义务人从事以下经营活动可免征增值税：

(1) 注册为增值税纳税义务人，年营业额低于 180 万泰铢；

(2) 注册为增值税纳税义务人，销售未经加工农产品；

(3) 注册为增值税纳税义务人，销售农耕相关产品，如肥料、饲料及农药；

(4) 注册为增值税纳税义务人，销售报纸、杂志及教科书；

(5) 注册为增值税纳税义务人，销售动物（不论是否为活体）；

(6) 从事教育服务，包括公立及私立学校；

(7) 从事艺术及文化服务；

(8) 从事医疗、审计及司法辩护服务；

(9) 从事健康照护服务，包括公立及私立医院及诊所；

(10) 从事研究及技术服务；

(11) 从事图书馆、博物馆、动物园及业余体育活动；

(12) 从事公开表演人员；

(13) 泰国境内交通事业；

(14) 国际陆运交通；

(15) 不动产租赁；

(16) 政府（或地方政府）代理机构的服务收入，且该收入在扣除费用之前全部向政府提交；

(17) 宗教活动或公开慈善事业；

(18) 进口货物至依法免征进口关税的免税区；

(19) 依关税法相关规定免征进口关税的货物；

(20) 进口商品经海关押审并退回国外的货物。

（三）菲律宾

根据《国家税务法典（1997）》第四编第109节规定的免税交易，共有28项交易可免缴增值税：

（1）在原产国销售或进口农产品和海产品、常用家畜、为人类消费而生产的食品和种畜以及遗传物质。

（2）销售或进口肥料、种子、籽苗、鱼种、鱼虾、畜禽饲料，包括无论是本地生产还是基于出口目的用于制造成品饲料的材料，但是不包括用于赛马、斗鸡、观赏鱼、动物园和其他宠物类饲料。

（3）菲律宾居民回国或来菲律宾定居的非居民公民进口的属于其个人的家具，而且根据海关法此类商品免征关税。

（4）属于来菲律宾定居的人随身携带的或在其到达菲律宾前后90日内到达菲律宾的专业设备和工具、衣物、家畜和个人家具，且这些物品不是为了销售、交换或交易，仅供个人使用。该人需要向委员会提交充分的证明表明其实际上是来菲律宾定居并且其居住地的改变是善意的。

（5）应缴纳比例税的服务。

（6）由农业合同养殖户提供的服务，以及为未剥皮的水稻去皮、玉米研磨成玉米粉和甘蔗榨糖。

（7）医疗、牙医、住院和兽医服务，不包括由专业人员提供的服务和实验室服务，如果医院或者诊所经营药店，所销售的药品需要缴纳增值税。

（8）由教育部门（DepED）、高等教育委员会（CHED）、技术教育和技能发展机关（TESDA）充分认可的私立教育机构以及政府教育机构提供的服务。

（9）个人根据雇员关系提供的服务。

（10）跨国公司设在菲律宾用于监督、沟通和协调亚太地区子公司、附属机构或分支机构的区域总部提供的服务，且该区域总部不从菲律宾获得所得。

（11）特别法或者菲律宾签署的生效国际协议规定的免税交易，不包括第529号总统令所规定的交易（根据1949年石油法案所规定的石油开采特权受让人）。

（12）无论是以原产品还是加工的形式，在合作发展机关（CDA）登记的农业合作社对于其成员的销售以及成员的产品销售给非成员，进口直接或专门用于生产或其产品加工的农用物质、机器和设备，包括有关配件。

（13）从合作发展机关登记的信贷或多功能合作社的放贷获得的总收入。

（14）在合作发展机关登记的非农业、非电气和非信贷的合作社的销售。但是，无论总资本和净盈余按什么比例在成员间分配，每个成员的股本出资不超过15 000比索，而且，机器设备及其配件的进口需要缴纳增值税。

（15）不属于已登记的增值税纳税人的出口销售。

（16）以下情形的不动产销售：①销售主要不是用于在一般贸易或商业过程中销售或租赁给客户的不动产。但是国家税务局的规章规定，如果此类不动产被卖方用于一般贸易或商业，该销售额需要缴纳增值税，该销售附带被认为是该纳税人的主要业务。②销售菲律宾共和国法律第7279号（RA7279）和其他有关法律（比如RA7835和RA8763）规定的用于廉价住房的不动产，但是每单元售价不超过750 000比索。③销售用于社会化住房的不动产，但是每单元售价不超过225 000比索，该金额可能会随时间而改变；④销售价值达1 919 500比索的住宅区或者价值达319 900比索的房屋和其他居民住宅，此价值根据消费价格指数调整。即使有独立的名称和独立的纳税声明以及一份独立的财产转让契约，但销售相邻住宅用地、房屋和居民住宅被认为是销售一个住宅区、房屋和居民住宅。

（17）每月每个住宅单元的租金不超过15 000比索而无论该年

度该出租人总租金收入。

（18）销售、进口、印刷或出版以固定的价格出现在国内的书籍和任何报纸、杂志或公报，且不是主要专用于已支付的广告费用而出版。

（19）国际运输公司运输旅客。

（20）销售、进口或租赁客运或货运船舶和航空器，包括用于本国或国际运输公司的相关引擎、装备和配件。

（21）进口燃料、商品和从事国际航运或航空运输公司的人。

（22）银行的服务、执行准银行功能的非银行金融中介的服务和其他非银行中介。

（23）根据共和国法令第 9994 号（2010 年增扩老年公民法）和第 10754 号（增扩残疾人权益与特权法）向高龄公民销售、租赁物品或提供服务。

（24）根据经修订的国内税收法典第 40（c）（2）条转让财产。

（25）协会会费、会员费或其他由房主协会或共管公司收集的参与费用。

（26）向非律宾中央银行出售黄金。

（27）自 2019 年 1 月 1 日起，销售针对糖尿病、高胆固醇和高血压的药物。

（28）商品和服务的销售或租赁，或提供上述以外的服务，但是年度总销售额或收入不超过 3 000 000 比索。

（四）越南

增值税法不适用于越南总理法令里提到的非关税区，除出口加工区享受免增值税待遇外，其余三类开放性园区（经济区、高科技区、工业区），根据提供货物、服务性质的不同享受不同待遇：如合同赔偿、销售补贴可免申报、免纳税；非本地制造的货物、软件产品或服务、信用服务、农业产品、医疗服务、进口固定资产、石油及天然气相关的资产可免增值税；对于出口货物或服务，医药产品可享受增值税税率为0的优惠；半加工食品、化肥、科技服务、农业机械及设备按5%的税率计税。另外，越南还规定了可享受免税的项目与可退税的情形。

1. 免税项目

（1）组织或个人收到的货币补偿（包括主管机关撤回土地和财产的补偿）、奖金、津贴、转让排放许可证收入或其他收入；纳税人获得上述收入必须开具收据，并在收据上按用途罗列收入项目。如果获得的赔偿是以货物或服务的形式，赔偿人必须开具发票，并申报和缴纳增值税。如果受偿人将货物或服务出售，受偿人可按规定向税务部门申报扣税。

（2）组织或个人向在越南无常设机构的组织或居住海外的越南人购买的服务，包括车辆、机械设备的维修（包括物资和零部件）；广告营销；促销；代理销售输出到国外的商品和服务；向国外提供培训、国际邮政和电信服务；对外卫星传输和频段的租赁。

（3）非企业组织和个人对外出售资产。

（4）开展转让投资项目的制造业企业或销售增值税应税货物和服务给其他企业和合作社的。

（5）用抵扣法计算缴纳增值税的企业或合作社，销售未经加工或预处理的农产品和水产品给其他企业或合作社，且属于商业性质的，不用申报缴纳增值税（但用直接法计算缴纳增值税的经营户、商人、企业、合作社或商业机构销售未经加工或预处理的农产品和水产品，属于商业性质的，按照收入的1%申报缴纳增值税）。

（6）若在使用的资产贬值，将其在其全资附属公司或子公司中转移，生产或销售增值税应税货物和服务，不需要开具增值税发票和缴纳增值税。当转移的固定资产，其价值重新评估的，或将资产转移到另一个生产或销售非增值税应税货物和服务的，企业需开具增值税发票并缴纳增值税。

2. 退税情形

（1）已按照抵扣法登记计算缴纳增值税的经营机构有新的投资项目，在投资阶段有购进的用于投资的货物、劳务的增值税进项税额而未能抵扣且剩余税额在 3 亿越南盾以上的，可以退还增值税。

（2）经营机构在月度、季度内出口的货物、劳务（包括进口货物再出口至非关税区、进口货物再出口至国外）有未能抵扣的增值税进项税额达到 3 亿越南盾的，可以按照月度、季度退还增值税。

（3）货物、劳务既有出口又有内销的，若与应纳税额抵销后，出口货物、劳务的未能抵扣的增值税进项税额达 3 亿越南盾以上的，可以退税。

（4）按照抵扣法计算缴纳增值税的经营机构在转让、合并、分离、解体、破产及终止经营活动时有缴纳后剩余的增值税税额或增值税进项税额未能全部抵扣的，可以退还增值税。

（5）经营机构根据抵扣法计算缴纳增值税，如果在月内（针对按月登记的情况）或季度内（针对按季填报的情况）增值税进项税额尚未抵扣完的，则下一期继续扣除；从发生增值税进项税额的第一个月或第一个季度开始累计至少 12 个月或 4 个季度后增值税进项税额尚未抵扣的，可以退还增值税。

（6）携带护照或由外国权力机关颁发的入境证明的外国人、定居海外的越南人可以就在越南购买的随身携带出境的商品进行退税。

（五）柬埔寨

根据柬埔寨税法规定，销售下列货物或提供下列服务可享受增值税免税：

（1）公共邮政服务；

（2）经营医院、诊疗所、提供牙科治疗等医疗服务以及医疗用品的销售；

(3) 全权由国家经营的公共交通客运服务;

(4) 保险服务;

(5) 基本的金融服务项目，具体内容由财经部通过行政通知、命令予以公布;

(6) 豁免海关进口关税的物品，具体范围由财经部颁布的行政命令确定;

(7) 经财经部所认可的非营利性、关系到公众利益的活动;

(8) 教育服务;

(9) 销售未加工农产品;

(10) 固体及液体废料回收服务。外国使节员、领事人员、国际机构、技术合作代理机构，因执行其公务，所必须进口的物品被列为免税物品。

(六) 老挝

老挝税法规定，以下经营活动免于缴纳增值税:

(1) 进口植物物种、动物物种及杀虫剂;

(2) 进口用于研究及科学分析的材料、设备及化学品;

(3) 进口印制纸币的机构所用黄金;

(4) 由老挝人民银行或其授权人进口的银行票据或硬币;

(5) 进口官方用印花或邮票及相关事项;

(6) 进口与国际航空运输相关的飞机或设备;

(7) 进口包括燃油及其他在国际运输中使用的飞机用燃油类型在内商品;

(8) 在国际事务部许可下，在老挝境内的外交官、大使馆及国际组织进口的商品;

(9) 进口关税法条所规定的免于或暂时免于缴纳进口税的商品;

(10) 销售和进口疫苗、兽药及传统药品;

(11) 农民自产自销的农产品;

（12）销售由老挝个人、家族经营企业或集体企业所生产的农产品及手工艺品；

（13）种植幼苗或与幼苗相关的培植、造林、工业原料林，种植果树、医用树种及相关的植物种植；

（14）出口的商品、劳务及保险服务；

（15）销售经授权的课本、报纸及其他杂志；

（16）通过陆路、水路或航空从国外或向外国运输旅客或商品的国际运输及服务；

（17）利用人力、各种动物劳力及非机动船舶而进行的运输服务；

（18）由非从事商业活动的个人租赁的不动产服务，如土地、房屋或其他财产；

（19）出口服务；

（20）无商业常用场所的个人所提供的自由职业劳务；

（21）教育服务，如托儿所、幼儿园、小学、初高中、本科教育机构、研究生教育机构、职业学校及培训中心；

（22）由国家机构、老挝国家建设先锋队、群众团体及社会团体组织的经许可的营利性慈善活动；

（23）银行业、金融机构、医疗保险、人身保险、牲畜保险及种植园保险等相关的金融保险服务；

（24）老挝人民银行授权的商业银行及金融机构取得的存款利息、贷款利息、转账服务费或外汇收益；

（25）国内制造的生物肥料；

（26）政府机构所用的消防车、救护车、残障人士用车辆及其他专用车辆，包括用于国防及国家安全的车辆；

（27）用于医疗研究的人造人体及动物器官；

（28）捐助给特别法规定的援助项目的商品及服务；

（29）出售鲜活动物、死亡动物或是未经加工的动物肉类；

(30) 动物饲料或是生产动物饲料的原材料;

(31) 进口并销售的农用器械或设备;

(32) 用于生产肥料的原材料;

(33) 兽医相关服务。

(七) 缅甸

出口商业税默认税率为0,几乎绝大部分出口的商品都可以享受出口退商业税的待遇。但电力、原油等出口时需缴纳出口商业税。根据《经济特区法》,出口海外商品可在特定期间内享受商业税免税待遇,免除商业税。同时根据《2018年缅甸联邦税法》,30种服务及86类商品享受商业税免税待遇。

(八) 印度尼西亚

以下货物或劳务的增值税税率为0:①出口的有形货物;②出口的无形货物;③出口的应税劳务。根据2010年4月1日起生效的《2009年增值税法第42号》,服务业的出口所适用的增值税税率为0。然而,财政部的法规进一步规定了零税率增值税只适用于下列服务:

(1) 符合以下条件的合同分包服务:①应税服务的买家或接受方在关境以外且为非居民纳税人并且没有所得税法中所指定的常设机构;②由应税服务的买家或接收者提供规格规范以及材料;③上述材料是指原材料、在产品或用于进一步加工为应税商品的辅助材料;④应税货物的所有权属于购买方或接收方;⑤分包合同商按应税服务买家或接收者的要求将产品递送至关境外。

(2) 位于关境以外包括施工计划、施工工程和施工监理在内的建筑服务。

(3) 与关境外所使用流动资产相关的修缮及维护服务。

三、比较

从中国与东盟国家增值税税收优惠政策可知,其共性在于都设置了免征增值税的项目，其中大部分都对初级农产品等不征收增值税，并且都对出口商品、国家扶持项目以及公共事业等予以一定的税收优惠，只不过优惠的力度和方式不同，且中国在优惠范围控制上相对比较严格。例如中国与东盟国家都对出版杂志、课本、教科书等有相应的税收优惠政策，但中国规定适用范围相对比较严格，只对各党派、各级政府、人大、政协、工青妇和军事部门及新华社的机关报刊，大中小学生课本、少儿报刊、科技图书和期刊等出版物，增值税实行先征后返。但在中国销售图书、报纸、杂志等适用9%的低税率。东盟国家的规定相对没有那么严格，比如老挝税法规定销售经授权的课本、报纸及其他杂志即可免征增值税，一般授权的范围是比较大的；泰国规定注册为增值税纳税义务人，销售报纸、杂志及教科书都免征增值税；菲律宾规定销售、进口、印刷或出版以固定的价格出现在国内的书籍和任何报纸、杂志或公报，且不是主要专用于已支付的广告费用而出版免征增值税。

从税收优惠的方式来看，中国的方式比较多一些，有免税、即征即退、先征后返、留抵退税等方式。东盟国家则相对单一，主要是设置免税项目。但越南还规定了一些可享受退税的情形，比如按照抵扣法计算缴纳增值税的经营机构在转让、合并、分离、解体、破产及终止经营活动时有缴纳后剩余的增值税税额或增值税进项税额未能全部抵扣的，可以退还增值税，这也是越南在企业面对经营困难导致债务重组的情况上予以的一些政策性的支持与帮助。

第五节　启示与借鉴

从前文可以看出，中国与东盟国家在增值税的税制模式设置上，差别不大。相对于大多数东盟国家来说，目前中国经济增长已进入新常态的发展阶段，所以增值税的改革更具阶段性特征。例如近两年为适应经济形势、外部环境的深刻变化，在中国政府大力推进“减税降费”的背景下，增值税进行了比较大的改革。虽然改革没有改变增值税固定的税制模式，但在纳税人的划分标准、税率设置、征税范围以及纳税申报等方面都进行了调整，尤其是税率经历了两次比较大的调整，改革取得了比较明显的成效。

税制改革是我国改变经济增长方式，解决民生问题的重点。2019 年我国增值税占总税收收入的 39.46%，2018 年占 39.34%，说明增值税是我国不可或缺的一个税种，对国家财政收入贡献非常大。目前，中国在大规模减税政策实施的背景下，完善增值税制度，调整税率水平，发挥税收的中性作用显得尤为重要。以下是对中国增值税发展的一些思考。

一、减少政策的变动性，合并税率档次

目前增值税作为我国第一大税种，要实现减税降费的目标，增值税改革将首当其冲。近年来，增值税的政策变动性较大，对于纳税人来说，不利于及时掌握增值税相关的信息，导致纳税不完全。我国在制定税收制度时，应更具有前瞻性，不应频繁变换税率以及政策，以便后续的税收征管工作顺利进行。据了解，将增值税税率合并为一档或两档已是国际增值税的发展方向，且 2017 年 162 个征收增值税的国家中，实行一档和两档增值税税率的国家占比分别为 46.6%、31.1%。我国增值税税率为 13%、9%、6% 三档，与其他国家相比，我国现行增值税税率档数仍显较多。由此可见，我国未来的增值税完善应向降低税率档次方面进行。

二、适当降低增值税税率，减轻纳税人负担

我国与东盟国家都是实行传统型增值税制度，这种制度的特点表现为，税率结构一般为标准税率加若干档低税率。因此，标准税率水平在一定程度上可以反映增值税税率的高低。与东盟国家相

比，我国增值税13%的标准税率高于所有开征增值税的东盟国家。如比菲律宾高1个百分点，比印度尼西亚、越南、泰国高3个百分点，比新加坡高6个百分点。所以，增值税应向低税率方向前进，以有利于促进中小企业持续发展以及我国经济水平的提高。

目前，为进一步减轻企业负担、激发微观主体活力、促进经济增长，中国大力推进减税降费政策，增值税也进行了较大的改革。2018年5月1日起实施增值税17%和11%两档税率各降1个百分点，达到16%和10%，改革已取得一些效果，据国家税务总局数据统计，2018年5—12月降低增值税税率减税约2 700亿元，制造业减税占35%；统一小规模纳税人标准惠及50万户纳税人，减税约80亿元；办理留抵退税1 148亿元。在2019年一季度翘尾减税976亿元。2019年4月1日起，增值税税率又再降3个百分点和1个百分点，分别为13%和9%。

第二章 消费税的比较

消费税是国家为体现自身的消费政策，对某些消费品或劳务在个别环节征收的一种税。我国和东盟多数国家都征有消费税。新加坡、马来西亚和文莱没有开征消费税，虽然国家税务总局国际税务司国别投资税收指南课题组编写的《中国居民赴新加坡投资税收指南》《中国居民赴马来西亚投资税收指南》中都有一个税种称作消费税，但它们是在每个生产经营环节征税，征税面非常广泛，实际上相当于我国的增值税，我们已将其放在本书第一章中进行了比较。越南征收的特别消费税、柬埔寨征收的特定商品和服务税是对进口商品或者特定商品和服务征收的税种、印度尼西亚对属于应税分类的奢侈品销售或进口征收奢侈品销售税与我国的消费税相类似，本书将其放在本章中进行比较，并统称为消费税。

第一节 纳税人的比较

一、中国消费税的纳税人

中国消费税的纳税人是在中国境内生产、委托加工、零售和进口《中华人民共和国消费税暂行条例》规定的应税消费品的单位和个人。其具体包括在我国境内生产、委托加工、零售和进口应税消费品的国有企业、集体企业、私有企业、股份制企业、其他企业、行政单位、事业单位、军事单位、社会团体和其他单位、个体经营者及其他个人。根据《国务院关于外商投资企业和外国企业适用增值税、消费税、营业税等税收暂行条例有关问题的通知》规定，在我国境内生产、委托加工、零售和进口应税消费品的外商投资企业和外国企业，也是消费税的纳税人。消费税是国家为体现消费政策，对生产、委托加工、零售和进口的应税消费品征收的一种税。消费税是对在中国境内从事生产和进口税法规定的应税消费品的单位和个人征收的一种流转税，是对特定的消费品和消费行为在特定的环节征收的一种间接税。

二、柬埔寨消费税的纳税人

柬埔寨消费税的纳税人是特定商品的进口商、生产者，特定服务的提供者。

三、菲律宾消费税的纳税人

菲律宾消费税的纳税人是指在菲律宾《国家税务法典(1997)》第六编中规定的应税商品、物件的制造商、进口商、所有者、产品占有者，以及从2018年1月1日起生效的《加速成长与扩大包容》税制改革法案中新增的含糖饮料及单纯出于审美目的的整容手术的制造商、进口商等经营者。

四、越南消费税的纳税人

越南消费税的纳税人是从事消费品生产、进口以及经营特别消费税应税劳务的组织及个人。若从事出口活动的组织、个人购买用于出口但未出口且在国内消费的应税消费品，则从事出口活动的组织、个人为消费税纳税人。

五、老挝消费税的纳税人

老挝的消费税是从购买商品或特定类型服务行业的消费行为中收取的间接税，是由在老挝购买国产及进口商品的消费者，以及使用老挝境内提供的服务业的消费者承担，由产品或服务的经营者代为收取后上缴国家财政系统的税收。老挝消费税的纳税人是应税产品或服务的经营者。

六、印度尼西亚消费税的纳税人

印度尼西亚消费税的纳税人是应税分类奢侈品的进口商和生产商。

七、我国与东盟各国消费税纳税人的比较

东盟各国与我国对消费税纳税人的界定没有很大区别，征收消费税本质上就是为了优化税制结构，完善流转税课税体系，配合国家出口政策和消费政策，筹集资金，增加财政收入，削弱和缓解贫富悬殊以及分配不公的矛盾。所以，我国和东盟各国在消费税纳税人的界定上大多都是生产、委托加工、零售和进口应税消费品的单位和个人或制造商、进口商、所有者、产品占有者以及经营特别消费税应税劳务的组织和个人为消费税纳税人。

第二节　征税范围的比较

一、中国消费税的征收范围

中国消费税的征收范围主要是根据目前的经济发展状况、财政需要、居民的消费水平和消费结构来确定，主要包括烟、酒、鞭

炮、焰火、化妆品、摩托车、小轿车、游艇等15个税目。具体分为四类：

第一类：一些过度消费会对人类健康、社会秩序、生态环境等方面造成危害的特殊消费品，如烟、酒、鞭炮、焰火、电池等。

第二类：奢侈品、非生活必需品，如高档化妆品、贵重首饰及珠宝玉石、高尔夫球及其球具、高档手表等。

第三类：高能耗及高档消费品，如摩托车、小汽车、游艇等。

第四类：不可再生和替代的石油类消费品，如航空煤油、石脑油等。

二、柬埔寨消费税的征收范围

柬埔寨消费税的征收范围是软饮料、含酒精饮料、香烟等产品以及从事娱乐、国内国际机票服务以及电信服务。

三、菲律宾消费税的征收范围

菲律宾消费税的征收范围是在菲律宾生产或出产的用于本国消费、销售或以其他方式处置的商品以及进口的物件以及纯粹基于审美目的的整容手术。应税商品或物件包括酒类、烟草、石油产品、汽车和非必需品（例如，珠宝、香水、用于娱乐或运动的船只、糖饮料）、矿产品（例如，煤炭、焦炭等）。

四、老挝消费税的征收范围

老挝消费税的征收范围是应税商品和应税服务。

（一）应税商品

应税商品包括：燃料；车辆使用燃气；酒、啤酒等含酒精的饮品；成品饮料，如汽水、苏打水、能量饮料、矿物质水；果汁和其他同类饮料；烟草类，如手工卷烟、纸烟、雪茄；宝石类装饰品及用品；各种地毯；价格在10 000 000基普以上的家具（沙发）；香水、美容产品；牌以及赌博玩具；焰火、烟花、爆竹；交通工具，如摩托车和汽车；车辆配件和装饰品；快艇、汽艇、赛艇及其配件和零件；卫星电视信号接收器、音响、电视、相机、电话、录音机、摄像机、乐器及其配件和零件；空调、洗衣机、吸尘器；台球桌、斯诺克球桌、保龄球器材、足球游戏桌；各类游戏机等。

(二) 应税服务

应税服务包括：娱乐业，如舞厅、迪斯科舞厅、卡拉 OK；保龄球经营场所；按摩、桑拿、美容场所；电话通信、有线电视、数字电视网络，互联网服务业；高尔夫行业；彩票行业；博彩业和博彩游戏机等。

五、越南消费税的征收范围

越南消费税的征收范围是特定的商品和劳务。

1. 应税商品

卷烟、雪茄及其他烟草制成品；酒；啤酒；24 座以下汽车，包括2座以上的客运货运两用汽车；两轮摩托车、汽缸容量为 125cm^3 以上的三轮摩托车；飞机、游艇；各类成品油；功率为 90 000BTU（英国热量单位）以下的空调；纸牌、冥器。

2. 应税劳务

经营舞厅；经营按摩、推拿、卡拉 OK；经营赌场、赌机；经营博彩业务；经营高尔夫业务，包括销售会员卡、球票；经营彩票。

3. 不征税的情形

由企业生产、加工直接出口或销售的及委托其他经营机构代为出口的货物。符合以下情形的消费品：人道主义救援物品；无偿援助品；赠与国家机关、国家政治组织、人民武装单位的礼品；在政府规定标准范围内赠予在越南境内个人的礼品；过境运输或借道越南口岸、边境运输的货物、符合政府规定的转口货物；在有关法律规定的时限内不需缴纳进口税、出口税的暂进口再出口、暂出口再进口货物；符合外交豁免权标准规定的外国组织、个人的用品；在免税行李标准范围内的个人随身携带物品；符合法律规定的用于免税出售的进口货物；用于经营货物、旅客及游客运输的飞机、游艇；用于安保、国防的飞机；救护车；押解车；殡仪车；包括座位、站位在内的核载人数达 24 人以上的汽车；在游乐场、体育园等区域内的专用汽车；从国外进口至非关税区的货物；从内陆地区出售至非关税区且只在非关税区使用的货物；在各个非关税区之间买卖的货物，除 24 座以下载客汽车外。

六、印度尼西亚消费税的征收范围

印度尼西亚消费税的征收范围是销售或进口属于应税分类的奢侈品，对出口货物不征消费税。应税奢侈品的含义为：

（1）不是基本日常所需的商品；

（2）由特定人群消费的商品；

（3）一般由高收入人群消费的商品；

（4）可通过消费而显示自身地位的商品；

（5）可能损害健康和社会道德，扰乱公共秩序的商品。

七、我国与东盟各国消费税征收范围的比较

消费税具有调节生产消费和部分进行社会财富分配的功能。中国与征收消费税的东盟各国在消费税的征收范围上，可以说是大同小异，具体表现在如下几个方面：

（一）对一些过度消费会对人类健康、社会秩序、生态环境等方面造成危害的特殊消费品征税

中国对烟、酒、鞭炮、焰火、电池等征税；柬埔寨对软饮料、含酒精饮料、香烟等产品征税；菲律宾对酒类、烟草、石油产品征税；老挝对酒、啤酒等含酒精的饮品、手工卷烟、纸烟、雪茄等征

税；越南对卷烟、雪茄及其他烟草制成品、酒、啤酒等征税。

（二）对奢侈品、非生活必需品征税

中国对高档化妆品、贵重首饰及珠宝玉石、高尔夫球及其球具、高档手表等征税；菲律宾对非必需品，例如，珠宝、香水、用于娱乐或运动的船只、糖饮料以及纯粹基于审美目的的整容手术征税；老挝对高尔夫行业征税；越南对高尔夫业务征税；印度尼西亚的消费税就被称为奢侈品销售税。

（三）对高能耗消费品征税

中国对摩托车、小汽车、游艇等征税；菲律宾对汽车征税；老挝对摩托车和汽车、车辆配件和装饰品、快艇、汽艇、赛艇及其配件和零件、空调、洗衣机、吸尘器等征税；越南对汽车、摩托车、飞机、游艇、空调等征税。

（四）对不可再生和替代的石油类消费品征税

中国对航空煤油、石脑油等征税；菲律宾对石油产品、煤炭、焦炭等征税；越南对各类成品油征税。

受经济、社会和文化等方面因素的制约，东盟国家在消费税具体征收范围的选择上也有所不同。柬埔寨对软饮料、从事娱乐、国内国际机票服务以及电信服务征税。菲律宾对纯粹基于审美目的的整容手术、矿产品（例如煤炭、焦炭等）征税。老挝对汽水、苏打水、能量饮料、矿物质水、果汁和其他同类饮料、各种地毯、价格在 10 000 000 基普以上的家具（沙发）、牌以及赌博玩具、卫星电视信号接收器、音响、电视、相机、电话、录音机、摄像机、乐器及其配件和零件、空调、洗衣机、吸尘器、台球桌、斯诺克球桌、保龄球器材、足球游戏桌、各类游戏机等征税，还对舞厅、迪斯科舞厅、保龄球经营场所、按摩、桑拿、美容场所、电话通信、有线电视、数字电视网络等征税。越南对飞机、空调、纸牌、冥器、舞厅、经营按摩、推拿、卡拉 OK；经营赌场、赌机；经营博彩业务；经营高尔夫业务，包括销售会员卡、球票；经营彩票等征税。我国对这些项目都不征消费税，如空调、洗衣机、非酒精饮料、电话通信、有线电视、数字电视网络等都属于寻常消费品，赌博在我国是非法的，赌博玩具、赌机等都是禁止在我国销售的物品。

第三节　税率的比较

一、中国的消费税税率

中国的消费税对15种应税产品规定的税率比较复杂，既有从价定率征收的比例税率，也有从量定额征收的定额税率，还有既从价定率又从量定额征收的复合税率（见表2-1）。

表2-1　　中国消费税税率表

税目	税率
一、烟	
1. 卷烟	
（1）甲类卷烟（每标准条调拨价≥70元）	56%加0.003元/支
（2）乙类卷烟（每标准条调拨价<70元）	36%加0.003元/支
（3）卷烟批发环节	11%加0.005元/支
2. 雪茄烟	36%
3. 烟丝	30%
二、酒	
1. 白酒	20%加0.5元/500克（或者500毫升）
2. 黄酒	240元/吨
3. 啤酒	
（1）甲类啤酒（每吨出厂价格在3 000元以上）	250元/吨
（2）乙类啤酒（每吨出厂价格在3 000元以下）	220元/吨

续表

税目	税率
4. 其他酒	10%
三、高档化妆品	15%
四、贵重首饰及珠宝玉石	
1. 金银首饰、铂金首饰和钻石及钻石饰品	5%
2. 其他贵重首饰和珠宝玉石	10%
五、鞭炮、焰火	15%
六、成品油	
1. 汽油	1.52 元/升
2. 柴油	1.20 元/升
3. 航空煤油	1.20 元/升
4. 石脑油	1.52 元/升
5. 溶剂油	1.52 元/升
6. 润滑油	1.52 元/升
7. 燃料油	1.20 元/升
七、摩托车	
1. 气缸容量（排气量，下同）为 250 毫升的	3%
2. 气缸容量在 250 毫升以上的	10%
八、小汽车	
1. 乘用车	
（1）气缸容量（排气量，下同）在 1.0 升（含 1.0 升）以下的	1%
（2）气缸容量在 1.0 升以上至 1.5 升（含 1.5 升）的	3%
（3）气缸容量在 1.5 升以上至 2.0 升（含 2.0 升）的	5%
（4）气缸容量在 2.0 升以上至 2.5 升（含 2.5 升）的	9%
（5）气缸容量在 2.5 升以上至 3.0 升（含 3.0 升）的	12%
（6）气缸容量在 3.0 升以上至 4.0 升（含 4.0 升）的	25%
（7）气缸容量在 4.0 升以上的	40%

续表

税目	税率
2. 中轻型商用客车	5%
3. 超豪华小汽车	生产环节税率 + 零售环节税率 10%
九、高尔夫球及球具	10%
十、高档手表	20%
十一、游艇	10%
十二、木制一次性筷子	5%
十三、实木地板	5%
十四、电池	4%
十五、涂料	4%

二、柬埔寨的消费税税率

柬埔寨的消费税税率见表 2－2。

表 2－2　　柬埔寨消费税税率表

商品/劳务	税率（%）
柴油燃料	4.35
润滑油，制动油，生产发动机机油的原料	10
汽缸容量超过 125 毫升的摩托车（含机动三轮车）及零部件	10
在柬埔寨销售的本地和国际机票	10
某些碳酸饮料和类似的不含酒精的饮料	10
香烟	15
娱乐（包括水疗）	10
本地及国际电讯服务	3
轮胎，内管和内管盖等	15
雪茄、啤酒	25
白酒	20

三、菲律宾的消费税税率

菲律宾消费税法对六大类应税产品规定的税率与中国相似，也是既有从价定率征收的比例税率，也有从量定额征收的定额税率，还有既从价又从量征收的复合税率，见表2－3。

表2－3　　菲律宾消费税税率表

税目	税率
一、酒类	
1. 蒸馏酒	净零售价的25%加每升40比索，2020年1月1日提高为45比索，2021年1月1日提高为50比索，2022年1月1日提高为55比索，从2023年1月起每年提高10%的税率
2. 气泡酒或香槟酒	每瓶容量为750毫升且净零售价不超过500比索，每升335比索；每瓶容量为750毫升且净零售价超过500比索，每升937比索；从2020年1月起每年提高10%的税率
3. 无气葡萄酒和葡萄汽酒	酒精含量不超过14%，每升40比索；酒精含量超过14%但小于25%，每升80比索
4. 啤酒、窖藏型啤酒、麦芽酒、波特酒和其他发酵酒，但不包括菲律宾本国发酵酒	每升40比索，2020年1月1日提高为45比索，2021年1月1日提高为50比索，2022年1月1日提高为55比索，从2023年1月起每年提高10%的税率
二、烟草	
1. 烟丝	每千克1.75比索，从2019年1月起每年提高9%的税率
2. 雪茄烟	每支雪茄烟净零售价的20%，加5比索，从2019年1月起每年提高9%的税率

续表

税目	税率
3. 由手工包装的卷烟（每包或不同包装组合不得超过 20 支）	每包 65.4 比索，从 2019 年 1 月起每年提高 9% 的税率
4. 由机器包装的卷烟	
三、石油产品	
1. 润滑油	每升或每千克 9 比索；从 2020 年 1 月起每升或每千克 10 比索
2. 脱硫气体	每升 9 比索；从 2020 年 1 月起每升 10 比索
3. 矿脂	每千克 9 比索；从 2020 年 1 月起每千克 10 比索
4. 工业酒精	每升 9 比索；从 2020 年 1 月起每升 10 比索
5. 石脑油、常规汽油和其他类似蒸馏产品	每升 9 比索；从 2020 年 1 月起每升 10 比索
6. 含铅高级汽油	每升 5.35 比索
7. 不含铅高级汽油	每升 9 比索；从 2020 年 1 月起每升 10 比索
8. 航空喷气机燃料	每升 4 比索
9. 煤油（若用于航空燃料则每升 4 比索）	每升 4 比索；从 2020 年 1 月起每升 5 比索
10. 柴油和产生类似动力的燃料油	每升 4.5 比索；从 2020 年 1 月起每升 6 比索
11. 液化石油气	每千克 2 比索；从 2020 年 1 月起每千克 3 比索
12. 沥青	每千克 9 比索；从 2020 年 1 月起每千克 10 比索
13. 船用燃料油和产生类似动力的燃料油	每升 4.5 比索；从 2020 年 1 月起每升 6 比索
14. 石油焦炭（用作发电设施的原料每吨 0 比索）	每吨 4.5 比索；从 2020 年 1 月起每吨 6 比索

续表

<table>
<tr><th colspan="2">税目</th><th>税率</th></tr>
<tr><td colspan="3">四、矿产品</td></tr>
<tr><td colspan="2">1. 煤炭、焦炭</td><td>每吨100比索，从2020年1月起每吨150比索</td></tr>
<tr><td rowspan="2">2. 非金属矿产品和砂石资源</td><td>源于本地开采或生产的矿石</td><td>该资源转移时总产值的实际市场价格的4%</td></tr>
<tr><td>源于进口</td><td>由海关基于关税确定的价值的4%，但不包括消费税和增值税</td></tr>
<tr><td colspan="2">3. 国产石油</td><td>公平国际市场价格6%</td></tr>
<tr><td colspan="3">五、含糖饮料</td></tr>
<tr><td colspan="2">1. 添加热量甜味剂、无热量甜味剂或将两者混合适用的饮料</td><td>每升6比索</td></tr>
<tr><td colspan="2">2. 添加纯高果糖玉米糖浆或与热量甜味剂或无热量甜味剂混合使用的饮料</td><td>每升12比索</td></tr>
<tr><td colspan="2">3. 使用纯椰汁糖或甜菊醇糖苷</td><td>免税</td></tr>
<tr><td colspan="2">4. 所有乳制品、纯天然果汁与蔬菜汁、医学上指示或膳食替代的饮料、咖啡粉、速溶咖啡和预包装粉状咖啡产品</td><td>免税</td></tr>
<tr><td colspan="3">六、其他产品</td></tr>
<tr><td rowspan="4">1. 汽车（制造商或进口商的售价）</td><td>不超过600 000比索的</td><td>4%</td></tr>
<tr><td>超过600 000比索但不超过1 000 000比索</td><td>10%</td></tr>
<tr><td>超过1 100 000比索但不超过4 000 000比索</td><td>20%</td></tr>
<tr><td>超过4 000 000比索</td><td>50%</td></tr>
<tr><td colspan="2">2. 混合动力车辆</td><td>适用以上（六、1.）标准税率的50%</td></tr>
<tr><td colspan="2">3. 纯电力动力车辆</td><td>免税</td></tr>
<tr><td colspan="2">4. 专用于自由港的汽车</td><td>免税</td></tr>
<tr><td colspan="2">5. 珠宝及仿制品、金银和铂金等珍贵材料制成的商品、望远镜；香水、花露水；游艇和其他用于娱乐或运动的船只</td><td>批发价或海关根据关税确定的价格的20%，但不包括增值税和消费税</td></tr>
<tr><td colspan="2">6. 单纯出于审美目的的整容手术</td><td>5%</td></tr>
</table>

四、老挝的消费税税率

老挝的消费税税率采用比例税率，见表2－4。

表2－4　　老挝消费税税率表

税目	税率
一、燃料	
1. 高标号汽油	39%
2. 普通标号汽油	34%
3. 柴油	24%
4. 航空煤油	14%
5. 机油、液压油、润滑脂及制动油	9%
二、车辆燃气	10%
三、酒类或酒精类饮品	
1. 酒精浓度超过20%的酒类或酒精类饮品	50%
2. 酒精浓度低于20%的酒类或酒精类饮品	45%
四、成品饮料	
1. 汽水、苏打水、矿物质水、果汁和其他同类饮品	5%
2. 能量饮料	10%
五、烟	
1. 雪茄	45%
2. 纸烟或量贩纸烟	45%
3. 电子烟	25%
4. 其他种类香烟	45%
六、宝石类装饰品及用品	20%
七、各类地毯	15%
八、价格在10 000 000基普以上的沙发	15%

续表

税目	税率
九、香水和美容产品	20%
十、牌及赌博玩具	90%
十一、焰火、烟花和爆竹	80%
十二、交通工具	
1. 摩托车（排气量 110cc 以下） 摩托车（排气量 111cc ~150cc） 摩托车（排气量 151cc ~250cc）	10% 15% 20%
2. 电动摩托车	按以上摩托车（十二、1.）标准降低 20%
3. 汽车	按照发动机种类，在 25% ~150% 间收取。具体的汽车消费税税率由政府在总统法令中规定
十三、车辆配件	10%
十四、车辆装饰品	15%
十五、快艇、汽艇、赛艇及其配件和零件	15%
十六、卫星电视信号接收器、音响、电视、相机、电话、录音机、摄像机、乐器，及其配件和零件	10%
十七、电器：空调、洗衣机、吸尘器	10%
十八、台球桌、斯诺克球桌、保龄球器材、足球游戏桌	20%
十九、各类游戏机	30%
二十、娱乐：舞厅、迪斯科舞厅、卡拉 OK	20%
二十一、保龄球、按摩、桑拿、美容、手机、有线电视、互联网服务、高尔夫球	10%
二十二、彩票	25%
二十三、赌场、赌博游戏机	80%

五、越南的消费税税率

越南的消费税采用比例税率，近些年进行了一些调整，表2－5列示了越南现行的消费税税率及近些年的变化。

表2－5 越南消费税税率表

税目	税率
一、雪茄、卷烟及其他烟草制品	
自2016年1月1日至2018年12月31日	70%
自2019年1月1日起	75%
二、酒精浓度为20度以上的酒	
自2016年1月1日至2016年12月31日	55%
自2017年1月1日至2017年12月31日	60%
自2018年1月1日起	65%
三、酒精浓度为20度以下的酒	
自2016年1月1日至2017年12月31日	30%
自2018年1月1日起	35%
四、啤酒	
自2016年1月1日至2016年12月31日	55%
自2017年1月1日至2017年12月31日	60%
自2018年1月1日起	65%
五、碳酸饮料	10%
六、载客量为9座以下的汽车	
1. 气缸容量为1 500cm^3以下	
自2016年7月1日至2017年12月31日	40%
自2018年1月1日起	35%
2. 气缸容量为1 500cm^3至2 000cm^3	40%
自2016年7月1日至2017年12月31日	45%
自2018年1月1日起	40%

续表

税目	税率
3. 气缸容量为 2 000cm³ 至 3 000cm³	
自 2016 年 7 月 1 日至 2017 年 12 月 31 日	55%
自 2018 年 1 月 1 日起	60%
4. 气缸容量为 3 000cm³ 至 4 000cm³	90%
5. 气缸容量为 4 000cm³ 至 5 000cm³	110%
6. 气缸容量为 5 000cm³ 至 6 000cm³	130%
7. 气缸容量为 6 000cm³ 以上	150%
七、载客量为 10 ~ 16 座的汽车	15%
八、载客量为 16 ~ 24 座的汽车	10%
九、客运货运两用的汽车	
1. 气缸容量为 2 500cm³ 以下	15%
2. 气缸容量为 2 500cm³ 至 3 000cm³	20%
3. 气缸容量为 3 000cm³ 以上	25%
十、混合动力汽车，其中汽油使用比重不超过能源使用数量的 70%	等于本表第六、七、八、九规定的适用税率的 70%
十一、生物燃料汽车	等于本表第六、七、八、九规定的适用税率的 50%
十二、电力能源汽车	
1. 载客量为 9 座以下	15%
2. 载客量为 10 ~ 16 座	10%
3. 载客量为 16 ~ 24 座	5%
4. 客运货运两用汽车	10%
十三、野营车不计气缸容量大小	
自 2016 年 7 月 1 日至 2017 年 12 月 31 日	70%
自 2018 年 1 月 1 日起	75%
十四、两轮摩托车、气缸容量为 125 cm³ 以上的三轮摩托车	20%

续表

税目	税率
十五、飞机	30%
十六、游艇	
十七、各类成品油	
1. 汽油	10%
2. E5 汽油	8%
3. E10 汽油	7%
十八、功率为 90 000BTU 以下的空调	10%
十九、纸牌	40%
二十、冥器	70%
二十一、经营歌舞厅	40%
二十二、经营推拿按摩、卡拉 OK	30%
二十三、经营赌场、赌机	35%
二十四、经营博彩业务	30%
二十五、经营高尔夫业务	20%
二十六、经营彩票	15%

六、印度尼西亚的消费税税率

根据印度尼西亚政府确定的奢侈品的类型，税率最低 10%、最高 75%，见表 2－6。税款的征收需在生产/进口环节进行，消费税需在下月的第 15 日缴付且需在下月的第 20 日提交有关申报表。

表 2－6　　　　印度尼西亚奢侈品销售税税率表

应缴销售税的奢侈物品	税率（%）
香料类	20
化妆品、护肤及护发产品	10
指定家用豪华电力、电池或燃气设备	10
摄影及电影摄像设备、录像机、数码相机	10

续表

应缴销售税的奢侈物品	税率（%）
电子及非电子乐器	20
发射机和接收机	10，20
豪华别墅、公寓、公寓套间、联排别墅	20
不属于10%类别下的家庭及消遣用豪华电力、电池或燃气设备	20
指定体育用品及游戏	10，30，50
指定皮革服装及商品	40
进口价格在500 000印尼盾以上的衣箱、公事箱包、钱包	40
手表、时钟	40
特定材料制成的地毯	40，50
含酒精饮料、发酵调味饮品	40，75
船舶、船只和游艇	30，40，75
飞机	50
枪支、空气及毒气武器，国家使用的除外	40，50
水晶、大理石或花岗岩制品	40，75
宝石、珍珠、钻石制品	75
载客量为10～15人的机动车辆	10
载客量少于10人、马力在1 500cc至2 500cc的机动车辆	20
马力不超过1 500cc的轿车或旅行车	30
除轿车或旅行车之外马力在2 500cc至3 000cc的机动车辆	40
马力在1 500cc至3 000cc的四轮驱动机动车辆	40
高尔夫球场专用机动车辆	50
气缸排量在250cc至500cc的摩托车	60
雪地、沙滩、山地及类似环境的专用机动车辆	60
排量大于3 000cc的轿车及旅行车	75
排量大于2 500cc的柴油轿车及旅行车	75
排量大于500cc的摩托车	75
家庭及露营用的拖挂式房车或半挂拖车	75

七、我国与东盟各国消费税税率的比较

老挝和越南的消费税税率都采用比例税率，且都是价外税，汽车的最高税率都是 150%。越南近些年还不断调高了烟草及含酒精饮料的消费税税率。

中国和菲律宾的消费税税率比较复杂，都是既有从价定率征收的比例税率，也有从量定额征收的定额税率，还有既从价定率又从量定额征收的复合税率。菲律宾可能是为了应对通货膨胀的影响，对酒类、烟草、石油产品从量征税的部分时常调高税率，如对蒸馏酒规定：净零售价的 25% 加每升 40 比索，2020 年 1 月 1 日提高为 45 比索，2021 年 1 月 1 日提高为 50 比索，2022 年 1 月 1 日提高为 55 比索，从 2023 年 1 月起每年提高 10% 的税率；如对雪茄烟规定：每支雪茄烟净零售价的 20%，加 5 比索，从 2019 年 1 月起每年提高 9% 的税率等。

菲律宾对汽车征收的消费税是按汽车售价划分为若干等级，分别规定不同的比例税率，售价越高，税率越高，具有一定的累进性，使得汽车消费税具有稍许的调节收入差距的作用。

第四节　启示与借鉴

税收是国家宏观调控的重要手段，调节经济的重要杠杆。征收消费税除国家能取得相当的财政收入外，还可以起到鼓励人们节约资源、保护环境、促进资源的合理配置和经济健康发展的作用。生产决定消费，消费对生产具有反作用，征收消费税有利于引导消费行为，培养公民科学的消费观念，进而有利于调节生产，促进经济结构的优化。

一、按照有增有减原则合理调整消费税征收范围

与东盟国家相比，我国消费税的征收范围界定不够科学，缺位与越位并存。“越位”指的是对于一些曾经被界定为奢侈品现已然成为日常生活消费品的商品（如啤酒等）仍在征收消费税，“缺位”指的是对于部分高消费、高能耗、高污染产品（简称“三高”产品）却未征收消费税，如塑料袋、化肥等高污染产品。我国对消费税征收范围的调整，应该取消对啤酒的征税，啤酒已经成为大部分人生活中的日常消费品；应逐步增设一些高档消费品及高档消费行为税目，以此来控制奢侈品及奢侈行为的消费，促进消费税调节作用的发挥；为了进一步促进节能减排与资源的节约，应将更多的高耗能、高污染产品纳入消费税的征收范围。

二、适时地调整税率

虽然我国的消费税针对不同性质、不同价格水平以及不同产品结构的应税消费品制定了差别税率，并在经过数次改革后，税率设计已日趋合理，但仍存在些许问题，主要表现为：一是有些应税消费品税率设计不合理，导致调节导向模糊。同样是高档消费品，税率却不一致，如游艇、高尔夫球等高档消费品税率为10%，而高档化妆品的税率为15%，高档手表税率为20%，这显然有违于消费税调节产品结构、引导消费方向的功能，导致消费税调节导向模糊。二是资源品税率偏低。我国消费税与其他征收消费税的国家相比，不仅资源品税目偏少，其税率也偏低。当前我国的应税资源产品主要有成品油、实木地板和木制一次性筷子。成品油作为不可再生资源，世界各国都以高税率待之，而我国成品油采用从量定额计税，虽便于计算，但对价格缺乏弹性，相较于国际上其他国家税率明显偏低；实木地板和木制一次性筷子的税率也仅为5%，显然过低的税率难以促进消费税起到保护森林、节约资源的作用。

消费税税率的高低决定了消费税税额的大小，是消费税调节纵深程度的体现。消费税税率调整得当不仅能促进人们保护环境和节约资源，还能促进税收收入的提高，否则就不能充分发挥消费税调节生产和消费的作用。因此，消费税税率的调整应适当、稳步、有序地进行。

第三章 企业所得税的比较

企业所得税是对法人、公司、企业及其他一些组织、单位从事生产经营等经济活动取得的所得征收的一种税，属于直接税。中国和东盟各国都征收企业所得税。

第一节 纳税人的比较

一、中国

在中华人民共和国境内，企业和其他取得收入的组织为企业所得税的纳税人。企业分为居民企业和非居民企业。居民企业，是指依法在中国境内成立，或者依照外国（地区）法律成立但实际管理机构在中国境内的企业。非居民企业，是指依照外国（地区）法律成立且实际管理机构不在中国境内，但在中国境内设立机构、场所的，或者在中国境内未设立机构、场所，但有来源于中国境内所得的企业。

机构、场所包括管理机构、营业机构、办事机构；工厂、农场、开采自然资源的场所；提供劳务的场所；从事建筑、安装、装配、修理、勘探等工程作业的场所；其他从事生产经营活动的机构、场所。

非居民企业委托营业代理人在中国境内从事生产经营活动的，包括委托单位或者个人经常代其签订合同，或者储存、交付货物等，该营业代理人视为非居民企业在中国境内设立的机构、场所。

个人独资企业、合伙企业不适用企业所得税法。

二、新加坡

新加坡税法规定，企业所得税的纳税义务人包括按照新加坡法律在新加坡注册成立的企业、在新加坡注册的外国公司（如外国公司在新加坡的分公司），以及不在新加坡成立但按照新加坡属地原则有来源于新加坡应税收入的外国公司（合伙企业和个人独资企业除外）。新加坡根据公司的控制和管理职能是否在新加坡，将纳税人分为居民公司和非居民公司两类。居民公司是指公司的控制和管理职能在新加坡的公司。也就是说，只要公司的控制和管理职能在新加坡，无论公司是否按照新加坡的法律在新加坡注册，其即为新加坡居民公司；反之，若公司的控制和管理职能不在新加坡，即使是按照新加坡法律在新加坡注册的公司，在税务上也为非居民公司。

三、文莱

文莱公司所得税的纳税人分为居民公司和非居民公司。居民公司指在文莱组建的或管理和控制地在文莱的公司，反之为非居民公司。

独资和合伙经营商行无须交纳所得税。

四、马来西亚

马来西亚公司所得税的纳税人分为居民纳税人和非居民纳税人，划分的标准是公司的实际经营管理机构是否在马来西亚，若在马来西亚就是居民纳税人，履行无限纳税义务，否则就是非居民纳税人。居民企业指公司董事会每年在马来西亚召开，公司董事在马来西亚境内掌管公司业务。

一旦确定公司在某一基准年内为居民公司，则该公司在随后的几年都被认定为居民公司，除非其能提供合理证明为非居民公司。

五、泰国

泰国企业所得税纳税人为在泰国具有法人资格的公司，分为居民企业和非居民企业。在泰国境内按照泰国法律设立的公司或合伙企业为泰国居民企业，具体包括按照泰国法律成立的法人公司或法人股份公司，合资、基金会及财团法人团体组织，其他经财政部核准并经财政部部长发布的法人。居民企业以外的企业归为非居民企业，包括：①按照外国法律成立的法人公司或法人股份公司，如按照外国法律成立的，在泰国及其他地区经营业务的法人公司或法人股份公司；按照外国法律成立的，在泰国及其他地区经营国际运输业务的法人公司或法人股份公司；按照外国法律成立的未在泰国经营业务，但有从泰国取得或支付应纳税收入的法人公司或法人股份公司；按照外国法律成立的，因在泰国拥有雇员、办事代表或业务联络员而在泰国取得收入或收益的法人公司或法人股份公司。②以商业或营利为目的而开展业务的机构，如外国政府及其机构、依照外国法律成立的其他法人。

六、菲律宾

菲律宾企业所得税纳税主体包括合伙企业、合股企业、共有账户、社团或保险公司。但其不包括仅为提供专业服务，不从商业交易中获取收入的普通专业合伙；根据与政府之间的服务合同签订运营财团协议，为从事建设项目或参与对石油、煤炭、地热或其他能源的开发而成立的合资企业或财团。

依据注册地的不同，纳税人分为两种不同类型：国内企业和外国企业。当一家企业并非在菲律宾境内成立或组建，也未依据菲律宾的法律成立或组建，即构成“外国企业”。但是，若其在菲律宾境内从事交易或经营活动，可归为“居民外国企业”。

七、印度尼西亚

印度尼西亚企业所得税对在印度尼西亚成立、注册或拥有常设机构的所有法人实体征收。法人实体包括有限责任公司、合伙企业、基金会、合作社等。

在印度尼西亚设立或注册的任何组织被视为企业所得税居民企业，但符合以下特定标准的某些政府机构除外：

（1）依照法律建立；

（2）由国家或地方政府预算资助，其收入涵盖在国家预算或地方政府预算中；

（3）其会计账簿由政府审计师审计；

（4）受益人所遗留的应作为一个整体不可分割的财产。

以下情况视为企业在印度尼西亚成立或注册：

（1）公司章程规定其住所在印度尼西亚；

（2）其总部、中央管理局或中央财务办公室在印度尼西亚；

（3）在印度尼西亚设有控制办公室，负责管理活动；

（4）在印度尼西亚举行董事会会议，作出战略决策；

（5）其管理成员居住在印度尼西亚。

八、越南

越南对企业利润征收企业所得税，以 2014 年 11 月 26 日修订的《企业所得税法》（EITL）对企业所得税（EIT）的征收进行管理。该法案不仅仅关注上市公司，私营企业的所得税也受此约束。根据越南《企业所得税法》第 2.1 条规定，企业所得税纳税人是指从事生产、经营货物、服务，有应税收入的企业。包括：

(1）根据越南法律设立和运作的企业。即根据《企业法》《投资法》《信贷机构法》《保险业务法》《证券法》《石油法》《商法》等法律规定设立和运作的企业，具体包括以下形式：国有企业、有限责任公司、股份公司、合伙企业、根据越南投资法签订商业合同的外国企业、在越南开展业务的外国公司和组织、私营企业、律师事务所、公证处、商业合作合同的当事人、石油和天然气生产分成合同当事人、石油和天然气合资企业、合作社、政府组织的经济机构、社会组织、社会政治和社会专业组织、人民武装部队、行政机关和从事商品或服务生产和贸易的非商业单位。

(2）生产、经营货物、服务取得应税收入的社会团体和非社会团体。

(3）根据《合作社法》设立和运作的组织。

(4）根据外国法律设立的企业（即外国企业）。

(5）其他从事生产、经营货物、服务取得应税收入的组织。

在企业所得税法中，以下不被视为纳税人：从种植业、畜牧业和水产养殖等农业活动中取得收入的家庭、个人、个体经营者和合作社。

九、柬埔寨

柬埔寨对所有法人征收企业所得税，在柬埔寨称为利润税。其利润税法既适用于法人，也适用于自然人。柬埔寨的《财务管理法》（2017 年修订版）对“法人”一词的定义进行了修改，指任何经营业务的企业或组织，无论是否得到主管部门的正式承认，包括资本公司、政府机构、宗教机构、慈善或非营利组织，或位于柬埔寨的非居民常设机构。

柬埔寨居民公司是指在柬埔寨组织或管理的法人，或其主要营业地在柬埔寨的法人。

目前法律中没有关于合伙企业税收的具体规定，但合伙企业一般被定义为最多与10个居民合伙人组成的普通合伙企业。合伙企业不被视为一个单独的纳税人，而是由合伙企业中每个合伙人都对其相对应的收入份额纳税。

十、老挝

老挝征收的企业所得税，在老挝称为利润税。其向在国内外有利润收入的老挝生产经营者征收，包括从事生产经营的企业、各类组织。老挝生产经营者无论是否为老挝居民企业，只要在老挝长期或暂时性地从事经营活动即需缴纳利润税。同时，在老挝有从事经营活动或属于老挝居民，应就其在海外的经营利润在老挝缴纳利润税。

十一、缅甸

缅甸对国有经济组织、合作社、特别许可的外国组织，以及与上述组织有关的外国分支机构、合伙企业和合资企业等公司征收企业所得税。

一般来说，合伙企业是一个单独的纳税人。外国投资者组成的合伙企业须根据所得税法缴纳所得税。自2011/2012课税年度起，完全由缅甸公民组成的当地合伙企业也应根据所得税法缴纳所得税。这类合伙企业在此以前要缴纳利润税，但现在不再缴纳利润税而是缴纳所得税。

第二节　征税对象的比较

一、中国

（一）征税对象和范围

居民企业应当就其来源于中国境内、境外的所得缴纳企业所得税。

非居民企业在中国境内设立机构、场所的，应当就其所设机构、场所取得的来源于中国境内的所得，以及发生在中国境外但与其所设机构、场所有实际联系的所得，缴纳企业所得税。

非居民企业在中国境内未设立机构、场所的，或者虽设立机构、场所但取得的所得与其所设机构、场所没有实际联系的，应当就其来源于中国境内的所得缴纳企业所得税。

“所得”包括销售货物所得、提供劳务所得、转让财产所得、股息红利等权益性投资所得、利息所得、租金所得、特许权使用费所得、接受捐赠所得和其他所得。

（二）计税依据

应纳税所得额为企业每一纳税年度的收入总额，减除不征税收入、免税收入、各项扣除以及允许弥补的以前年度亏损后的余额。

1. 收入类型

（1）销售货物收入，指企业销售商品、产品、原材料、包装物、低值易耗品以及其他存货取得的收入。

（2）提供劳务收入，指企业从事建筑安装、修理修配、交通运输、仓储租赁、金融保险、邮电通信、咨询经纪、文化体育、科学研究、技术服务、教育培训、餐饮住宿、中介代理、卫生保健、社区服务、旅游、娱乐、加工以及其他劳务服务活动取得的收入。

（3）转让财产收入，指企业转让固定资产、生物资产、无形资产、股权、债权等财产取得的收入。

（4）股息、红利等权益性投资收益，指企业因权益性投资从被投资方取得的收入。

（5）利息收入，指企业将资金提供他人使用但不构成权益性投资，或者因他人占用本企业资金取得的收入，包括存款利息、贷款利息、债券利息、欠款利息等收入。

（6）租金收入，指企业提供固定资产、包装物或者其他有形资产的使用权取得的收入。

（7）特许权使用费收入，指企业提供专利权、非专利技术、商标权、著作权以及其他特许权的使用权取得的收入。

（8）接受捐赠收入，指企业接受的来自其他企业、组织或者个人无偿给予的货币性资产、非货币性资产。

（9）其他收入，包括企业资产溢余收入、逾期未退包装物押金收入、确实无法偿付的应付款项、已作坏账损失处理后又收回的应收款项、债务重组收入、补贴收入、违约金收入、汇兑收益等。

2. 不征税收入

（1）财政拨款；

（2）依法收取并纳入财政管理的行政事业性收费、政府性基金；

（3）国务院规定的其他不征税收入。

3. 税前扣除项目

（1）成本，指企业在生产经营活动中发生的销售成本、销货成本、业务支出以及其他耗费。

（2）费用，指企业在生产经营活动中发生的销售费用、管理费用和财务费用，已经计入成本的有关费用除外。

（3）税金，指企业发生的除企业所得税和允许抵扣的增值税以外的各项税金及其附加。

（4）损失，指企业在生产经营活动中发生的固定资产和存货的盘亏、毁损、报废损失，转让财产损失，呆账损失，坏账损失，自然灾害等不可抗力因素造成的损失以及其他损失。

（5）其他支出，包括符合规定的借款费用、利息支出、汇兑损失、财产保险、专项资金、劳保支出、手续费及佣金支出。企业发生的公益性捐赠支出，在年度利润总额 12% 以内的部分，准予在计算应纳税所得额时扣除；超过年度利润总额 12% 的部分，准予结转以后三年内在计算应纳税所得额时扣除。

4. 不可扣除支出

（1）向投资者支付的股息、红利等权益性投资收益款项；

（2）企业所得税税款；

（3）税收滞纳金；

（4）罚金、罚款和被没收财物的损失；

（5）《中华人民共和国企业所得税法》第九条规定以外的捐赠支出；

（6）赞助支出；

（7）未经核定的准备金支出；

（8）与取得收入无关的其他支出。

5. 折旧摊销

企业按照规定计算的固定资产折旧、无形资产摊销费用，准予扣除。

下列固定资产不得计算折旧扣除：

（1）房屋、建筑物以外未投入使用的固定资产；

（2）以经营租赁方式租入的固定资产；

（3）以融资租赁方式租出的固定资产；

（4）已足额提取折旧仍继续使用的固定资产；

（5）与经营活动无关的固定资产；

（6）单独估价作为固定资产入账的土地；

（7）其他不得计算折旧扣除的固定资产。

下列无形资产不得计算摊销费用扣除：

（1）自行开发的支出已在计算应纳税所得额时扣除的无形资产；

（2）自创商誉；

（3）与经营活动无关的无形资产；

（4）其他不得计算摊销费用扣除的无形资产。

6. 税收优惠

（1）免税收入。

①国债利息收入；

②符合条件的居民企业之间的股息、红利等权益性投资收益；

③在中国境内设立机构、场所的非居民企业从居民企业取得与该机构、场所有实际联系的股息、红利等权益性投资收益；

④符合条件的非营利组织的收入。

（2）免征、减征企业所得税。

①从事农、林、牧、渔业项目的所得；

②从事国家重点扶持的公共基础设施项目投资经营的所得；

③从事符合条件的环境保护、节能节水项目的所得；

④符合条件的技术转让所得；

⑤非居民企业在中国境内未设立机构、场所的，或者虽设立机构、场所但取得的所得与其所设机构、场所没有实际联系的所得；

⑥民族自治地方的自治机关对本民族自治地方的企业应缴纳的企业所得税中属于地方分享的部分，可以决定减征或者免征。自治州、自治县决定减征或者免征的，须报省、自治区、直辖市人民政府批准。

二、新加坡

（一）征税对象和范围

新加坡以属地原则向公司征收企业所得税。所得税法第10（1）条规定，对在新加坡境内取得的所得及在新加坡收到的境外所得征税。即居民企业及在新加坡设有常设机构的非居民企业就来源于新加坡的经营所得以及在新加坡收到的来源于新加坡以外的收入纳税。没有常设机构的非居民公司仅就来源于新加坡的所得（如利息、特许权使用费、技术服务费等）纳税。

新加坡企业应税收入包括贸易或业务的收益或利润，投资收益

(如股息、利息、租金),特许权使用费,保险费和其他财产收益及其他收益。

新加坡境内获得的公司海外收入包括汇入或转入新加坡的、用于支付在新加坡进行贸易或业务而产生的债务,及用于购买带入新加坡的任何动产(如与业务相关的设备或原材料)的收入。

(二)计税依据

1. 特定免税收入

根据外国收入豁免(FSIE)计划,居民公司根据所得税法第13(8)条对新加坡境外收到的以下特定收入免税:

(1)外国股息;

(2)外国分支机构的利润;

(3)外国来源的服务收入。

免税适用于特定的外国收入,这些收入不是由在新加坡进行的贸易或业务产生的,且获得特定外国收入的豁免有相应条件要求。如果外国收入来源于在新加坡进行的贸易或业务,则无论其是否在新加坡收到,都应在新加坡纳税。

2. 可扣除费用

完全和专门为获取收入而发生的所有费用和支出均可扣除;相反,并非完全和专门为获取收入而发生的支出是不可扣除的。所得税法同时禁止扣除任何已撤回的资本或任何用作或拟用作资本的款项及任何用于改善的资本。

在开始营业前发生的费用,通常是为开办业务而发生的,而不是全部和专门为获得收入而发生的,这些费用是不能扣除的。但是,当一个企业建立了营利结构并开始了第一次商业活动时,即使尚未获得第一笔收入,也可视为开始营业。如果企业能够证明这一点,那么从实际开始营业之日起产生的所有收入费用都予以扣除。

停止营业后产生的费用不可扣除。

(1)员工报酬。如果报酬和奖励与员工提供的服务直接相关并且是现实合理的，则可以相应进行扣除。但支付给其配偶和子女的报酬只能在税务局认为其在合理范围内后进行扣除。

以下报酬和奖励不可扣除：

①对已故或退休员工的雇员或家属的奖励；

②支付给雇员的款项，作为他承诺在服务终止后不再从事类似工作的报酬；

③企业倒闭时支付给员工的款项；

④公司收购或者重组后，接替公司就前一公司员工提供的服务所支付的款项。

（2）医药费用。企业为员工和配偶及员工子女支付的医疗费用（包括医疗保险费）的扣除额受到某些限制。实施便携式医疗福利计划（PMBS）或可转让医疗保险计划（TMIS）并符合相关计划的资格条件的公司有权扣除开支，扣除上限为员工薪酬总额的2%。对于未实施任何计划但符合资格条件的公司，扣除上限将从员工薪酬总额的2%降至1%。

（3）“关键人”保险。新加坡税务局于2012年6月29日发布了关于“关键人”保险费扣除额的电子税务指南。如果满足以下条件，则可进行扣除：

①该政策的目的是为企业投保，防止因“关键人”死亡或伤残而导致利润损失；

②保险金额直接与“关键人”服务直接产生的年度利润范围有关；

③保险单仍然是企业的财产，不得将保险单下的保险金转让给被保险人或其家属；

④保险单没有规定退保金或投资价值；

⑤失去“关键人”不会影响企业的整个营利结构。

“关键人”，是指企业中具有对企业不可替代的特殊资格和经验的关键人员。特殊资格不仅限于学历和专业资格，还包括其他能力，如人际关系、商业敏锐度等。关键是证明这些资格对于为公司带来利润至关重要。因此，“关键人”是一个主要负责给企业带来利润的人，他的死亡或残疾将导致企业遭受巨大的利润损失。

（4）社会保障缴款。雇主对雇员养老金或公积金的缴款可在以下范围内扣除：

①该基金是经批准的养老金、公积金或海外设立的基金；

②根据雇佣合同或基金规定，该项缴款是强制性缴款。

自愿或超过法定限额的缴款不可扣除。向中央公积金或指定核准的养老金或公积金缴款的扣除额限于按现行税率计算的最低强制性公积金缴款额。

（5）股息。股息在计算应纳税所得额时不可扣除，并从税后利润中支付。

（6）利息。如果利息是为了产生收入而借入的贷款，例如为了产生收入而购置资本资产，则可扣除该利息。与非创收资产相关的利息支出不可从所得税中扣除。非创收资产是指不产生任何收入的资产，例如：

①为长期投资而购置的空置房产；

②未产生股息的股份或证券投资；

③无息贷款或非贸易债务人的欠款；

④无息贷款或关联公司股东欠款。

（7）特许权使用费。如果该项费用产生营业收入，则可进行扣除。

（8）服务和管理费。服务和管理费用可以在产生业务收入的范围内扣除。

（9）研究与开发支出。纳税人发生的与他所从事的制造业或业务有关的研究和开发的某些支出可以被扣除。为符合扣除条件，该项支出必须是由纳税人直接承担的与其贸易或业务有关的研究和开发支出，或必须包括支付给经批准的研究和开发机构以代表其进行研究和开发的款项。

（10）其他扣除项。符合特定扣除条件的捐赠、娱乐费、法律服务费、为赚取外国来源收入而产生的费用、进修课程和会议费用、专利费用、维修和更新厂房设备费用、装修和翻新工程支出、复原成本、开工前费用、机动车费用、合格的法定和监管费用可予以扣除。

3. 不可扣除费用

以下费用不可扣除：

（1）在开始营业前发生的费用。如公司章程制定的法律费用和印刷费用、与发行债券股份有关的费用、编制的可行性报告、项目报告、市场调查等产生的费用。

（2）除强制性宗教会费外的家庭或私人开支。

（3）解散企业期间发生的法律或专业费用。

（4）任何退出企业的资金及拟用作资本性质的资金。

（5）非强制性公积金缴款或超过限额的部分。

（6）就未登记为商务服务乘用车（Q 牌）的机动车辆直接或以补偿形式产生的任何费用。

（7）违反法律规定的罚款和处罚。但由于雇员在履行其正常职责过程中的疏忽而产生的罚款和处罚可以扣除。

（8）支付给社交和娱乐俱乐部的入场费。

4. 资本折扣

对于纳税人在其业务中使用的资产上发生的资本支出，给予资本折扣。这些资产包括有形资产（如工业建筑物和构筑物、厂房和机械、机动车辆）和无形资产（如知识产权、研发支出）。

（1）不动产。对新建筑和已使用建筑的增加、改建或修缮给予初期免税额。购买未使用的工业建筑物或构筑物（包括在 2006 年 1 月 1 日之前购买该建筑物或构筑物的租赁权益不少于 25 年）的，也有权获得初期免税额，但前提是该建筑物或构筑物之前并未获得初期免税额。

（2）工厂、机器和设备。在相关评估基准期结束时仍在使用的资产给予按直线折旧法计算的年度折扣，以发生的资本支出减去初期免税额，并除以规定的其使用年限。

（3）商标和专利。所发生的支出可按直线法在5年内摊销。适用于公司从2003年11月1日至2020课税年度在获取知识产权以用于其贸易或业务方面所发生的资本支出。

5. 税收优惠

（1）自2008年估税年度起，所有企业可以享受前30万新元应税所得的部分免税待遇：一般企业首1万新元所得免征75%，后29万新元所得免征50%；符合条件的起步企业（前3年）首10万新元所得全部免税，后20万新元所得免征50%。自2020年估税年度起，首1万新元所得免征75%，后19万新元所得免征50%。

（2）先锋企业奖励。从事先锋行业的公司有资格获得“先锋”称号。先锋行业通常是具有良好发展前景的行业，是目前在新加坡尚未实现足够规模且经济发展需要的行业。享有先锋企业（包括制造业和服务业）称号的公司，自生产之日起，其从事先锋活动取得的所得可享受免征不超过15年所得税的优惠待遇。先锋企业由新加坡政府部门界定。

（3）研发业务优惠。为鼓励企业加大研发力度，自2009估税年度起，企业在新加坡发生的研发费用可享受最多150%的扣除，并对从事研发业务的企业每年给予一定金额的研发资金补助。

（4）税收返还。企业所得税税收返还目的是帮助公司应对不断上升的企业运营成本。各年度税收返还情况如表3－1所示。

表3－1　　新加坡企业所得税税收返还比例及上限

估税年度	退税比例（%）	退税上限（新元）
2019	20	10 000

续表

估税年度	退税比例（%）	退税上限（新元）
2018	40	15 000
2017	50	25 000
2016	50	30 000

三、文莱

（一）征税对象和范围

在文莱注册的公司有义务对其从文莱或境外获得的所得缴纳所得税。非居民公司就文莱境内发生的所得按所得税法案缴税。

（二）计税依据

应税所得是通过从应税收入中扣除可允许的扣除额来确定的。

1. 应税收入

（1）各项经济活动中获取的利润；

（2）从未在文莱纳税的公司中获得的分红；

（3）股息、利息和补贴；

（4）租金、特许权使用费、附加费以及由房产产生的其他利润；

（5）版税、奖金和其他财产收入。

2. 免税收入

以下类型的收入免税：

（1）向文莱政府发放贷款所获得的利息收入，前提是获得文莱苏丹（文莱国家元首）的批准；

（2）在某些非居民公司的航运收益；

（3）慈善组织仅用于慈善目的的营业收入；

（4）政府收入；

（5）经核准的公积金及社会团体的投资收益。

3. 可扣除费用

在计算纳税收入时，正常的业务费用准予扣除。

（1）坏账。作为坏账核销的贸易债务通常可以作为一个基期的扣除额。

（2）董事费。包括基本工资、奖金和其他经济利益，与雇员提供的服务相关且符合服务协议的付款均可扣除。

（3）招待费。娱乐费必须发生在为向客户、经销商和分销商提供的服务上；促销礼品的费用只要是公司的产品就可以扣除，如果不是公司的产品，则必须给予现有客户而不是潜在客户，如果向现有和潜在客户提供促销礼品，则适用分摊；用于国家活动和公益活动的赞助可扣除；与产生收入有关的广告费用也是可扣除费用。

（4）租金。租赁协议中规定的租金以市场价格或公允价值为基础，则房屋租金或机动车辆、厂房和机械的租金通常都可以免税。

（5）预提税。向非居民公司支付的来自文莱的任何利息、佣金、费用、特许权使用费、租金、报酬或其他款项应缴纳预提税。支付人必须从支付给非居民公司的款项中按规定的费率扣除进行预扣，并在支付后 14 天内汇至税务局。如果预提税由非居民公司承担，则居民付款人可以就向非居民支付的全部费用申请扣除；如果预提税不是由非居民公司承担，则居民付款人不能就居民付款人承担的预提税金额申请扣除。

4. 不可扣除项目

不可抵扣的项目包括：

（1）家庭或私人开支；

（2）并非全部和专门用于获取营业收入产生的费用；

（3）任何资本以及用作或打算用作资本的任何款项；

（4）任何资本的追加，除了种植园的种植改良以外；

（5）根据保险或赔偿合同可收回的任何款项；

（6）为生产收入而发生但未支付的任何房舍或部分房地的租金

或维修费用；

（7）在文莱或英联邦国家支付的所得税以及对未经批准的养老金或公积金的支付。

5. 折旧

工业用的建筑物（直线折旧法）和机械、设备（余额递减折旧法），按照规定的折旧率计提折旧。

6. 亏损

亏损额可向前向后结转。向前结转期限为1年，向后结转期限为6年。

四、马来西亚

（一）征税对象和范围

居民公司对在马来西亚产生或来自马来西亚的收入征税。但是，经营银行业务、保险、海运或空运业务的居民公司也应对来自马来西亚境外并在马来西亚取得的收入征税。非居民公司仅对在马来西亚境内产生或从马来西亚境内取得的所得征税。

（二）计税依据

应税所得包括经营所得；股息、利息所得；租赁费、特许权使用费、佣金所得；其他利得和收益所得。应纳税额以收入总额减除为取得收入发生的费用、损失和允许扣除的支出后的余额作为应纳税所得额计算征收。

1. 总收入

计入应税所得的部分收入包括：

（1）因出售股票而产生的债务；

（2）因在经营业务过程中提供或将提供的服务而产生的债务；

（3）因在经营业务的过程中使用任何财产而产生的债务；

（4）因私人用途或未付款而从企业撤回的库存品的市场价值；

（5）股票业务的股息收入；

(6) 投资或放贷业务的利息收入;

(7) 在经营过程中出口的商品的市场价值;

(8) 收回以前允许扣除的坏账;

(9) 与矿场工作有关的已收回开支;

(10) 与先前已扣除支出有关的债务免除。

2. 免税收入

如果收入符合以下条件,则可免税:

(1) 由免税纳税人获取的收入;

(2) 符合所得税法免税收入条件;

(3) 通过豁免令豁免的收入。

3. 可扣除的费用支出

一般情况下,用于产生总收入的支出都可以扣除。费用只有在与应征收马来西亚税的收入相关的情况下才可扣除。费用的扣除只允许从其应归属的收入来源中扣除,即可归属于某一特定来源的费用不能从另一来源中扣除。

符合条件的支出扣除:

(1) 收入性质。支出必须具有收入性质,而非资本性质。由于资本收入不属于所得税范围,资本支出也不属于可扣除支出。

(2) 商业目的。支出必须与纳税人进行的商业活动有关,不得用于私人或个人用途。除非税法特别允许,否则在业务开始之前或业务终止之后产生的支出不符合扣除条件。

(3) 法律未禁止。税法可特别授权某些扣除额,对某些允许支出施加限制,或特别禁止某些类型的支出。

(4) 在相关基准期内发生。支出必须在构成特定课税年度评估基础的期间内支付。与前一年度相关的费用不能在当年扣除,未来年度的预期或或有费用也不能作为当期责任尚未明确的费用处理。

可从总收入中明确扣除的费用:

(1) 为获得收入产生的利息;

（2）与收入有关的租金；

（3）房屋、厂房、机器、固定装置等的修理、更新或改建费用；

（4）符合扣除限额的汽车租赁、娱乐费用及其他扣除额；

（5）合理估计为不可收回的坏账和呆账；

（6）经核准的为雇员支付的公积金缴款；

（7）煤矿开采中产生的基建费用；

（8）为培育作物重新种植农作物或对农场改善所产生的费用；

（9）对提供协助残疾员工所需的设备所产生的费用；

（10）经批准翻译或出版的文化、文学、科学或技术书籍的费用；

（11）在提供公众可使用的图书馆设施以及公共图书馆、学校图书馆和高等教育机构图书馆方面所产生的费用，可扣除最高10万林吉特；

（12）在提供经批准的与教育、卫生、住房、基础设施、信息和通信技术有关的慈善机构或社区项目的服务、公共设施和捐款方面所发生的费用；

（13）支付给雇员的育儿津贴以及为雇员的权益而提供和维护的托儿中心所产生的开支；但不允许对土地、房屋、建筑物、结构或永久性工程、改建、增加或扩建或取得任何财产权的支出扣除；

（14）在建立和管理经批准的音乐或文化组织时发生的费用；

（15）赞助任何经信息传播和文化部批准的当地或外国艺术文化活动所产生的支出可扣除70万林吉特，但外国活动的扣除额不得超过30万林吉特；

（16）为帮助在依法设立的高等教育机构学习的学生获得文凭或学位（包括硕士和博士学位）或同等学力而提供的奖学金；该奖学金只能向自己没有收入来源且父母或其监护人的月收入不超过5 000林吉特的全日制学生提供；并且扣除仅适用在学生学习期间

与学习课程、教育辅助工具和合理的生活费用相关的付款；

（17）对于实验室或认证机构获得认证所产生的费用；包括马来西亚标准部收取的申请费、第一年年费、评估费或其他相关费用；

（18）公司参与标准部批准的国际标准化活动所发生的费用；

（19）与雇员提供的服务直接相关且符合服务协议的报酬及相关支出；包括薪金、工资、奖金、酬金、津贴、差旅费、人寿保险费、离职补偿、退休金、事故和伤害保险金、培训费等；

（20）与应税收入有关的特许权使用费、服务管理费、研究开发支出及可根据税收委员会惯例或马来西亚判例法扣除的其他费用，如贷款、担保费用，汇兑损失等。

4. 不可扣除的费用支出

（1）年度股东大会费用、上市公司向证券交易所支付的年度上市费；

（2）家庭或个人费用支出；

（3）损失，包括对因火灾销毁资本（固定）资产而引起的损失及企业所有人或公司董事因盗窃或挪用公款造成的损失；

（4）停业后发生的支出。

5. 折旧

税务机关依法认可的折旧资产有：工业用建筑、机械及设备。部分地区对机械设备购进时的期初折旧采用20%的折旧率，而进口重型机械设备则按10%计提折旧。机械设备在使用过程中按每年10%至20%的比率提取折旧。加速折旧适用于计算机、通信技术设备、环保设备和资源再生设备。

6. 亏损

确定公司在该相关年度的课税年度从其某个收入来源中所产生的调整后的亏损数额或者公司在该相关年度的数个相应的课税年度从其数个收入来源中所产生的调整后的亏损总额。如果亏损数额超过了公司在相关年度的收入总额，则应当扣除与该收入总额相同的数额，并且应当确定其超过的数额。

在2019课税年度之前，如果损失超过任何课税年度的总收入，则超出部分可无限期结转至随后的课税年度，直至其结转完毕。自2019年课税年度起，任何超额亏损只能结转连续7个课税年度。对2018课税年度结转的累积亏损，计提过渡性准备金，以供连续7个课税年度（即2019—2025课税年度）使用。

7. 税收优惠

（1）新兴工业地位（PS）。获得新兴工业地位称号的企业可享受为期5年的所得税部分减免，仅需就其法定收入的30%征收所得税。免税期从生产能力达到30%时算起。未吸收资本免税额度以及处于新兴产业地位期间累计的损失可以结转并从公司处于新兴产业地位期间结束后的收入中予以扣除。

（2）投资税务补贴（ITA）。获得投资税务补贴的企业，可享受为期5年合格资本支出60%的投资税务补贴。该补贴可用于冲抵其纳税年法定收入的70%，其余30%按规定纳税，未用完的补贴可转至下一年使用，直至用完为止。享受新兴工业地位或投资税务补贴的资格是以企业具备的某方面优势为基础的，包括较高的产品附加值、先进的技术水平以及产业关联等。符合这些条件的投资被称为“促进行动”或“促进产品”。

（3）再投资补贴（RA）。再投资补贴主要适用于制造业与农业。运营12个月以上的制造类企业因扩充产能需要，进行生产设备现代化或产品多样化升级改造的开销，可申请再投资补贴。合格资本支出额60%的补贴可用于冲抵其纳税年法定收入的70%，其余30%按规定纳税。

（4）加速资本补贴（ACA）。使用了15年的再投资补贴后，再投资在“促进产品”的企业可申请加速资本补贴，为期3年，第一年享受合格资本支出40%的初期补贴，之后两年均为20%。除制造业外，加速资本补贴还适用于其他行业申请，如农业、环境管理及信息通信技术等。

（5）多媒体超级走廊地位（MSC）。马来西亚政府于1996年推出了信息通信技术计划，即多媒体超级走廊，目标是成为全球信息通信产业中心。经多媒体发展机构（MDC）核准的信息通信企业可在新兴工业地位的基础上，享受免缴全额所得税或合格资本支出全额补贴（首轮有效期为5年），同时在外资股权比例及聘请外籍技术员工上不受限制。

（6）运营总部地位（OHS）、国际采购中心地位（IPCS）和区域分销中心地位（RDCS）。为进一步加强马来西亚在国际上的区域地位，经核准的运营总部、区域分销中心和国际采购中心除了100%外资股权不受限制以外，还可享受为期10年的免缴全额所得税等其他优惠。

五、泰国

（一）征税对象和范围

泰国居民企业应就其来源于泰国境内外全部经营所得，在泰国计算缴纳企业所得税。非居民企业的征税范围如下：（1）按照外国法律设立的，在泰国境内经营的企业，就其来源于泰国的所得计算缴纳企业所得税；（2）按照外国法律设立的，未在泰国境内经营的企业，就其来源于泰国的特定所得扣缴企业所得税；非居民企业取得的所得由付款方在支付时直接扣缴应缴税款；（3）依照外国法律成立的公司或法人股份公司运营国际旅客或货物运输业务所得到的收入。此类企业所得税的计算方式，以未扣除任何支出的总收入为基数，按3%的税率计算企业所得税。

（二）计税依据

居民企业以收入总额扣除相关成本费用后的净利润作为应纳税所得额计算缴纳企业所得税。

1. 税前扣除费用

（1）与经营业务相关的费用，泰国税法有特别规定的除外。

（2）在合理范围内的与经营业务相关支付的权利金、管理费及利息费用。

（3）向经核准的慈善团体，包括教育科技发展基金、教育、体育团体及其他符合规定的社会福利组织捐赠或用于公共福利事业，其金额不超过应缴税金的 2%。

（4）可 100% 加计扣除的费用支出：

①企业内部图书室用的书籍及电子设备的支出，不得超过 5 万泰铢。

②员工教育培训的费用，包括向外部培训机构支付的费用及内部教育培训发生的费用。

③经税收厅核准，在泰国境内发生，雇佣政府机构或私人部门提供科技及创新服务的研究发展支出，可根据支出金额额外扣除 100% 的费用。此外，2015 年 1 月 1 日至 2019 年 12 月 31 日发生的研究发展支出，在根据企业所得所计算的限额内，可再根据支出金额额外扣除 100% 的费用。

④2016 年 11 月 1 日至 2021 年 12 月 31 日，企业支付借记卡付款的电子支付装置的费用（上述企业指的是在会计年度截止日，实收资本额未超过 500 万泰铢，其销售货物或提供劳务的收入合计未超过 3 000 万泰铢的企业），可根据支出金额额外扣除 100% 的费用。

2. 不可税前扣除项目

各种准备金；提取的基金准备金，已登记的年金基金除外；私人性质的费用及赠送；所得税费用；增值税，特定情况除外；税法规定的罚款、罚金及滞纳金；支付给股东超过合理范围的薪酬；虚假的支出；与资本、保留款及公司专款准备金相关的利息支出；无合理凭证支持的支出；于会计年度结束后再确定或支付的费用；未按规定确认的坏账费用；已取得保险或赔偿的灾害损失。

3. 免税所得

（1）未在泰国境内从事经营活动的外国企业取得泰国政府债券的利息收入。

（2）在特定法令下由外国政府全资持有的金融机构取得的外国贷款利息收入。

（3）泰国居民企业或在泰国境内从事经营活动的外国企业取得的非公司制的合伙组织分配的盈余所得。

（4）取得持有期间超过6个月，并持有25%以上表决权的外国公司分配的股利。该外国公司的盈余已在所在国家计征不低于15%的所得税（若该外国公司于所在国家享有特殊税收减免或免税的优惠，仍可适用此免税规定）。

（5）非泰国居民、未在泰国境内经营的外国企业、外国金融机构（包括外国机构的泰国分公司及泰国办事处）取得金融机构提供给非泰国居民使用的外汇存款或借款所产生的利息。

4. 税收优惠

经泰国投资促进委员会（BOI）核准，在特定期间内符合规定的企业可享受：

（1）减免企业所得税优惠（最长优惠期限为15年）；

（2）在未适用任何税收优惠的情况下，减免50%的企业所得税，最长优惠期限为10年；

（3）用于投资的支出可额外扣除最高70%的费用，最长优惠期限为10年。

除此之外，BOI亦针对设立在20个目标省份的企业经营活动给予额外的税收优惠，包括：

（1）在BOI提供的税收优惠的基础上，提供额外3年的税务减免优惠，但合计不得超过8年；若原税收优惠已达8年，则提供额外5年的企业所得税减半的税收优惠；

（2）自 BOI 核准的营业项目开始产生收入起 10 年内，在计算企业所得税时，相关的运输费用及水电费可加倍扣除；

（3）自 BOI 核准的营业项目开始产生收入起 10 年内，在计算企业所得税时，与制造设备安装及建设相关的折旧费用，可额外扣除 25% 的费用。

针对设立在东部经济走廊（EEC）的 3 个省份的企业，在其享受上述针对经营活动的税收优惠到期后，BOI 提供额外 5 年的企业所得税减半的税收优惠。

根据投资促进法规，针对以下 15 项重点鼓励产业，BOI 给予最高 8 年免征企业所得税（无上限）的税收优惠：经济树木种植（不包括桉树）；创意设计服务及产品开发；制造航空设备零组件，如引擎、螺旋桨及电子设备；电子设计；软件开发；废弃物衍生燃料；能源服务企业；工业园区或与科学、技术、软件及数据中心相关之园区；云端服务；研究及开发；生物科技；工程设计；科学实验室；校验服务；经 BOI 核准的培训中心。

根据竞争力加强法，BOI 针对以下 10 项主要从事核心技术的经营活动，提供最高 13 年的免征企业所得税（无上限）的税收优惠：生物科技；纳米科技；先进材料科技；数字科技；电子设计；研究发展；工程设计；科学实验室；校验服务；职工培训中心。

2018 年 4 月 17 日，内阁批准了皇家法令草案，为商业银行合并提供税收优惠：商业银行股东给予从商业银行合并或全部业务转让中取得的资本利得免税的优惠。

5. 折旧费用

固定资产须按购置成本的一定比率分年列支为折旧费用，若企业按照自身会计方法采用的折旧率低于税法规定的最高折旧率，则仅可列支按照企业会计方法计算的折旧费用。固定资产计提折旧可采用直线法、年数合计法及定率递减法计算。各项资产每年可计提的法定最高折旧率如表 3－2 所示。

表 3－2　　泰国建筑物和资产法定折旧率最高限额

<table>
<tr><th colspan="2">建筑物和资产类别</th><th>折旧率</th></tr>
<tr><td colspan="2">耐久建筑物</td><td>5%</td></tr>
<tr><td colspan="2">临时建筑物</td><td>100%</td></tr>
<tr><td colspan="2">耗竭性天然资源</td><td>5%</td></tr>
<tr><td colspan="2">无租赁合约或租赁合约有自动展期条款</td><td>10%</td></tr>
<tr><td colspan="2">有租赁合约（无自动展期条款，或为附有特定期间条件的展期条款）</td><td>100%／总使用年数（原始租约的使用年数及约定展期使用年数）</td></tr>
<tr><td rowspan="2">无形资产（技术使用权、配方、商誉、商标、营业执照、著作权、专利权或其他权利）</td><td>无特定使用期限</td><td>10%</td></tr>
<tr><td>有特定使用期限</td><td>100%／总使用年数</td></tr>
<tr><td colspan="2">其他资产（不包括土地及存货）</td><td>20%</td></tr>
</table>

特定资产的特殊折旧方法：

（1）用于研究发展活动的机器设备首次可以按购置成本的 40% 计提折旧费用，往后年度则按每年度最高 20% 的比率计提。

（2）电脑软件以及硬件可以按耐用年数 3 年计提折旧费用。

（3）关于中小型企业，可适用以下特殊折旧方法：

①机器设备首次可以按购置成本的 40% 计提折旧费用，往后年度则按每年度最高 20% 的比率计提。

②电脑硬件及软件首次可以按购置成本的 40% 计提折旧费用，剩余的部分则在以后 3 年计提折旧费用。

③厂房首次可以按购置成本的 25% 计提折旧费用，以后年度则按每年度最高 5% 的比率计提。

④对特定新资产的投资，如机器、电脑程式、运输设备及建筑物，可根据支出金额额外扣除 50% 的费用。但该项资产需在 2017 年 1 月 1 日至 2017 年 12 月 31 日之间购置并处于可使用状态（机

器及建筑物要求在2017年12月31日后始终处于可使用状态)。扣除方式为以该年度实际支付的金额为基础，在每个会计年度依照有关法规对各项资产规定的年限，分年平均扣除。

6. 亏损

企业年度亏损抵扣的期限为往后5个年度内，不适用于抵减以前年度税额。

企业集团内各个法人实体的亏损分别计算及各自抵扣，不得合并计算及使用。企业股东持股变动不影响该企业亏损抵扣的使用。

六、菲律宾

（一）征税对象和范围

菲律宾国内企业应对其来源于境内和境外的所得负有纳税义务；而外国企业，无论其是否在菲律宾境内从事交易或经营活动，仅就其来源于菲律宾境内的所得负有纳税义务。国内企业与居民外国企业的企业所得税税负系正常企业所得税与最低企业所得税之间的较高者，非居民外国企业则不受此限制。

（二）计税依据

企业所得税应纳税所得额是指税法中规定的总收入相关项目，减去税法及其他特别法所允许的各项扣除。

1. 总收入

总收入包括但不限于以下项目：

（1）以任何形式支付的服务酬劳，包括但不限于费用、薪酬、工资、佣金及类似项目；

（2）从事交易或营业活动或从事职业取得的总收入；

（3）处置财产取得的收益；

（4）利息、租金；

（5）特许权使用费；

（6）股息；

（7）年金；

（8）奖励及奖金；

（9）养老金；

（10）合伙人从普通专业合伙的净收入中获得的分配股。

2. 不征税收入和免税收入

下列组织取得的所得无须纳税：

（1）并非以营利为主要目的组建的劳动、农业或园艺组织；

（2）无股本股份的共有储蓄银行，以互惠目的及非营利目的而组织并经营的无股本合作银行；

（3）为其成员利益而专门经营的受益人团体、社团或协会，如会社体系下的兄弟组织、共济会或由员工组织的非股份制企业，专门向该团体、社团或协会、非股份制企业的成员或其被扶养人提供的有关人身、医疗、意外或其他救济的款项；

（4）企业所有并专为其成员利益而经营的陵园；

（5）为宗教、慈善、科技、体育或文化目的，或为了退伍老兵复健而专门组织并经营的非股份制企业或协会，该企业或协会的净所得或资产应属于或有益于任何成员、组织者、官员或任何特定人士；

（6）非营利性质的商业联盟商会或贸易局，且其任何净所得都不会向任何私人股东或个人提供利益；

（7）以非营利目的组织的专门用于提高社会福利的公民联合会；

（8）非股份制及非营利教育机构；

（9）政府教育机构；

（10）农户或其他的共有台风或火灾保险企业、共有沟渠或灌溉企业、共有或合作电信企业，或类似纯地方性质的组织，其所得仅由单纯为解决其费用目的而从成员处征收的派捐费、会费及收费组成；

（11）农户、果农，或类似以推广其成员产品并将销售收入返还给成员的目的而组建并经营的组织，返还给成员的销售收入将扣除基于其完成生产数量而计算的必要销售费用。

虽有上文规定，但无论上述何种类型及性质的组织从其财产（不动产或动产）或从事的营利活动中取得所得，该笔所得都要承担法律规定的税负。

3. 可税前扣除项目

准予从总收入中扣除的项目包括：

（1）从事开发、管理、经营或交易、商业或履行职业的行为所支付或发生的正常且必要的费用；

（2）与纳税人的职业、交易或经营有关的负债所支付或发生的利息、税款；

（3）与职业、交易或经营无关，纳税人实际确认为无价值并在纳税年度内冲销的债务；

（4）对于用于交易或经营的财产，其损耗、磨损（包括合理的陈旧费用）的合理折旧；

（5）根据财政部长鉴于国家税务局局长的意见颁布的法规及条例，对于油、气井或矿山，基于成本消耗法计算的耗竭或摊提的合理扣除额；

（6）慈善和其他捐助、研发、养老信托基金、某些款项抵扣性的附加要求。

4. 不可扣除项目

（1）个人、生活或家庭费用；

（2）任何为新建筑物或永久改建，或为增加任何财产或地产的价值而进行的改良活动所支付的金额；

（3）任何在已被扣除过的用于复原财产或利用残值所花费的金额；

（4）为覆盖任何官员或雇员的人身保险所付的保费，或当纳税人直接或间接受益于该保险时，与该纳税人、个人或企业所从事的任一交易或业务有经济往来的主体的人身保险所缴纳的保费。

5. 亏损

（1）亏损弥补。

①发生于交易、职业或经营之中；

②与交易、经营或职业有关的财产，由于发生火灾、风暴、海难或其他伤亡，或由于发生抢劫、失窃或侵吞的情况而导致的亏损；

③若在提交纳税申报时，有关亏损已在遗产税纳税申报时从遗产税中扣除，则不得再行扣除。

（2）亏损结转。营业或企业的经营净损额在任一纳税年度中未能从总收入中扣除的，可以向后在 3 个纳税年度内结转，但享受这一结转抵免的前提是，发生净损额的纳税年度内，纳税人并未享受免税待遇，并且营业或企业的所有权并未发生重大的变动。

6. 税收优惠

新注册的优先项目企业将免除 6 年的所得税，传统企业免交 4 年所得税。扩建和升级改造项目免税期为 3 年，如项目位于欠发达地区，免税期为 6 年。新注册企业如满足下列其中一个条件，还将多享有 1 年免税奖励：

（1）本地生产的原材料至少占总原材料的 50%；

（2）进口和本地生产的固定设备价值与工人的比例不超过每人 1 万美元；

（3）营业前 3 年，年外汇存款或收入达到 50 万美元以上。

七、印度尼西亚

（一）征税对象和范围

居民公司须就印度尼西亚境内外的收入（即全球商业利润）征收所得税。非居民公司仅对从印度尼西亚获得的收入征税。资本收益被视为普通收入，须缴纳所得税，包括出售或转让财产的所有收益，以及公司或其他组织因清算分配而获得的收益。常设机构被视为居民纳税人。

针对常设机构的征税范围包括：

（1）来源于经营活动的收入以及来源于其拥有或控制的财产所取得的收入；

（2）来自总机构在印度尼西亚从事的经营活动、销售商品或提供服务的收入（该收入性质应与其常设机构的业务相类似）；

（3）与常设机构有实际关联的财产转让或商业活动所获得的收入。

（二）计税依据

应纳税所得额等于应税收入总额减去税法规定的可扣除项目金额及可弥补亏损后的余额。

1. 应税收入

部分应税收入包括：

（1）受雇或提供服务所收到或应收的报酬（包括工资、津贴、酬金、佣金、奖金、养老金或其他形式的报酬），法规另有规定的除外；

（2）营业利润；

（3）任何名称或形式的股息；

（4）利息，包括保费、折扣和债务偿还担保到期的应付款项；

（5）特许权使用费；

（6）出售或转让财产所得；

（7）与资产使用相关的租金或其他收入；

（8）扣除费用后取得的退税；

（9）彩票所得或活动奖励；

（10）豁免债务所得，但政府规定的金额除外；

（11）汇率差异收益；

（12）资产重估收益；

（13）保险费；

（14）协会组织收取的会员费；

（15）来自未征税收入的净财富增加；

（16）伊斯兰教业务收入；

（17）税法规定的利息收入。

2. 可扣除费用支出

居民纳税人及常设机构可以就与取得收入相关的支出进行扣除。

（1）雇主支付给雇员货币形式符合税法规定的费用，向雇员提供的实物形式福利和其他附加福利一般不能由雇主扣除，除非是在艰苦地区就业时发生或支付的；

（2）与经济活动有关的成本，包括利息、特许权使用费、服务和管理费等；

（3）研发费用，该项只有在印度尼西亚境内进行才有资格扣除，并且是为了发现能够提高业务效率或加工技术的新技术或系统而进行的；

（4）捐款捐助，与国家灾害、印度尼西亚研究与开发以及社会基础设施、教育设施和体育发展有关的捐款；

（5）符合税法规定扣除的娱乐费用、总部费用、汽车费用及其他费用。

3. 不可扣除费用

（1）股息等利润分配。

（2）与股东、合伙人或投资人利益有关的费用。

（3）除以下情形以外的准备金：

①银行及其他类金融机构的坏账准备；

②提供保险服务计提的保险准备金；

③担保机构的担保准备金；

④矿产企业的探矿准备金；

⑤林业企业的造林准备金；

⑥垃圾处理企业的工业废材场所维护准备金。

（4）员工个人缴纳的保险费，但由用人单位缴纳的除外。

（5）以实物形式对工作或者服务所支付的补偿，但是对雇员以食物饮料提供的福利除外。

（6）超出向股东或关联方支付的合理限额的金额。

（7）对外无偿提供的礼品、援助或捐赠，政府另有规定的除外。

（8）所得税费用。

（9）为其员工或其亲属支付的费用。

（10）向社团、事务所、合伙企业的成员支付的工资。

（11）处以行政处罚以及刑事处罚的罚款和罚金。

4. 折旧和摊销

资产和使用寿命超过1年的无形资产产生的支出必须摊销或折旧。建筑物只能以直线法进行折旧，其他资产可以使用直线法或余额递减法进行折旧或摊销，一旦作出选择，应始终如一地遵循。无形资产也可以使用生产单位法摊销。

土地不可以折旧，但某些行业除外，如陶瓷、屋顶和砖制工业。

融资租赁下的资产折旧不可抵扣。

有形资产的使用年限及对应折旧率如表3-3所示。

表3-3　印度尼西亚有形资产使用年限及对应折旧率

资产类型	折旧年限（年）	直线法折旧率（%）	余额递减法折旧率（%）
非建筑物			
一类	4	25	50
二类	8	12.5	25

续表

资产类型	折旧年限（年）	直线法折旧率（%）	余额递减法折旧率（%）
三类	16	6.25	12.5
四类	20	5	10
建筑物			
永久性建筑物	20	5	—
非永久性建筑物	10	10	—

使用年限超过1年的无形资产发生的支出可以选择按照直线法或者余额递减法摊销，其使用年限及对应摊销率适用有形资产非建筑物折旧率；也可以按生产单位法在油气、采矿、林业、自然资源等部门摊销。生产单位法即根据每年提取的单位数量，按估计的单位总数，按比例扣除成本。在上述特定行业中，除石油和天然气外，这种扣除方法每年的限额为20%。

5. 亏损

同一年度发生的亏损，可以结转5年，并从该年度利润中扣除。财政部规定的某些行业可结转亏损长达8年或10年。

6. 税收优惠

（1）印度尼西亚根据行业类型和企业所在地给予不同的优惠政策，包括：

①每年按投入资本的5%减少应纳税所得额，最长可达6年；

②加速折旧；

③给予5年以上的亏损补偿期，但最多不超过10年；

④在分红时，外资企业所缴纳的所得税税率是10%，或者根据现行的有关避免双重征税协议，采用较低的税率缴税。

（2）先锋行业。财政部长于2018年11月26日发布了第150号令（PMK150），该法规重新定义了纳税人享受免税期的标准，并将先锋行业的范围从财政部长第103号令规定的8个行业扩展到18

个先锋行业，包括基础金属工业、油气炼制一体化行业、综合性医药原料产业、机械零部件制造行业、以农业、种植业或林业为基础的加工业及数字经济产业等。在第150号令下，新资本投资额降至最低1 000亿印尼盾（之前为5 000亿印尼盾）。根据投资额度，具体企业所得税减免和免税期如表3－4所示。

表3－4 印度尼西亚企业所得税减免及期限

企业所得税减免（%）	新资本投资额（万亿印尼盾）	免税期（年）
50	0.1～0.5	5
100	0.5～1	5
	1～5	7
	5～15	10
	15～30	15
	超过30	20

在免税期后，纳税人可以在未来两年享受25%（先前50%）或50%（先前100%）的减免优惠。

（3）年度总收入达到500亿印尼盾的居民企业可以享受50%的所得税税收减免，适用减免的年度总应税收入最高不超过48亿印尼盾。其中，年度总收入是指企业在扣除所有支出与费用前，通过商业活动在印度尼西亚境内和境外所取得的收入总额。

八、越南

（一）征税对象和范围

越南的税法中并没有明确界定“居民”一词。一般而言，在越南注册的企业对其全球收入征税。在越南设有常设机构的外国企业对与常设机构运营有关的全球收入以及在越南产生的与常设机构运营无关的收入征税。在越南没有常设机构的外国企业只对其来自越南的收入征税。

外国企业的常设机构是指外国企业在越南进行其全部或部分生产，或业务活动的商业机构，包括：

（1）分支机构、运营办公室、工厂、车间、运输工具、矿山，石油或天然气田，以及越南境内任何开采自然资源的地方；

（2）建筑工地，建筑、安装或装配工程；

（3）提供服务的机构，包括其雇员或其他实体提供的咨询服务；

（4）外国企业代理；

（5）越南代表，包括：①有权以外国企业的名义签订合同；②无权以外国企业的名义签订合同，但在越南定期交付货物或提供服务。

（二）计税依据

企业所得税应纳税所得额为营业额减去可抵免费用加上其他所得。以前年度结转的免税收入和亏损也可以在计算应纳税额之前扣除。其他（非经营）收入包括：资本转让收入；项目转让收入；矿产勘探、采矿和加工收入；资产所有权和使用权收入，包括所有形式的版权（即特许权使用费）和知识产权的货币收入；技术转让收入和各种形式的资产租赁收入；转让或清算资产（不动产除外）和其他票据所得收入；存款利息收入，包括信用担保费和其他贷款合同费；外币交易收入，以及生产和经营活动产生的外汇收益（不包括重估收益）；收回以前作为费用扣除但后来未转回的准备金和未使用金额、收回以前核销的坏账、无法偿付的应付账款；未计算的以前年度经营活动的收入；以现金或实物形式获得的援助，但特别豁免的除外；企业分立、合并、变更时，因出资或者转让而对资产进行重估而产生的差额；在越南境外从事生产、经营活动取得的所得（此项所得可适用税收协定；如果没有税收协定，则越南应纳税额为所缴税款之间的差额，其中所缴外国税款低于应付越南税款）及法律规定的其他收入。

企业的营业额必须以越南盾（VND）计算，如果以外币收取，则必须以实际交易时外汇的平均汇率将金额转换成越南盾计算。

单独或其他业务活动的收入，例如资本收益，不单独进行评估。一般而言，越南企业获取的资本收益构成企业应纳税普通收入的一部分，资本收益按正常的企业所得税税率征税。

1. 营业额

营业额为销售商品或提供服务获取的总货币收益。它还包括收到的价格补贴和征收的附加费。

2. 免税收入

非应税收入包括以下收入：

（1）根据《合作社法》设立的联合体取得的种植、饲养和水产养殖收入。

（2）为农业生产提供技术服务，包括灌溉、耕地和耙地、疏浚运河和耕地内的沟渠、为作物种植者和动物饲养者防治病虫害以及收获农产品。

（3）因在越南开展科学研究、技术开发、试验产品和产品生产技术的首次应用合同的收入，以及在越南首次使用新技术生产的产品，包括转让经认证减排量（CERs）的收入。

（4）为残疾人、戒毒者、艾滋病感染者提供年平均至少30%的工作岗位的企业的生产、经营或服务收入。

（5）专门为少数民族、残疾人、生活特别困难的儿童、改过自新的罪犯、吸毒者或艾滋病患者举办的职业培训活动收入。

（6）出资或者发行股份的一方，或合资、合作的一方，已经按照企业所得税法纳税后的可分配收入。

（7）用于越南教育、科学研究、文化、艺术、慈善、人道主义和其他社会活动的财政性资金。

（8）因将技术转让给居住在特定社会经济领域的受益者取得的收入。

3. 可扣除费用

可扣除费用是指实际发生的与业务活动有关的所有费用，并有适当的发票和文件支持，但不可扣除的费用除外。但是，在企业所得税法中，“实际发生的费用”一词未被定义。目前尚不清楚“已发生”一词是指收到发票的时间还是产生责任的时间。

可扣除费用包括：

（1）员工报酬。雇主对雇员养老基金和养老保险的缴费可以每月扣除300万越南盾。此外，从2009年1月1日起，员工奖金可以扣除。但是，在年度企业所得税申报到期日后应付给员工的工资、奖金和津贴的应计项目不可扣除，员工成本准备金为当年工资基金的17%。在提交年度企业所得税申报表的截止日期之后支付的超出可扣除准备金的应计项目，可在支付当年扣除。

（2）董事费。原则上，董事费被视为雇员的工资、奖金和津贴，因此可以扣除。

（3）利息。支付给非信贷组织的利息支出不超过越南银行规定的利率的150%，可以扣除。但是，对企业租赁资本的出资贷款利息不可扣除。

（4）特许权使用费。第78/2014/TT－BTC号通知允许在三年内扣除购买和使用技术文件、专利、技术转让许可证、商标等的费用。

（5）管理和服务费。广告、营销和促销费用以及经纪佣金可以扣除。

（6）其他扣除。汇率变动产生的损失在确认时可以扣除。税务期末重新评估货币项目造成的汇率损失不可扣除，但重新评估债务造成的损失除外。

4. 不可扣除费用

不可扣除的费用包括：

（1）不符合可扣除费用规定条件的费用。

（2）在某些情况下固定资产的折旧费用。

（3）企业无发票购进货物和服务的费用。

（4）有下列情形之一的，支付给职工的薪金、工资和津贴不可扣除：

①应付给企业职工的薪金、工资和其他应付账款，在相关期间内作为生产经营费用核算但实际上尚未支付或者没有法律规定的付款凭单的；

②雇员的奖金和开支，其可享受的福利待遇和福利水平的条件没有具体记录在以下文件中：劳动合同、集体劳动协议、公司或集团财务条例等；

③应支付给职工的薪金、工资和津贴，在提交年度税务定稿文件的期限届满时实际尚未支付的，但企业设立应急基金的除外；

④支付给私营企业或单一有限责任公司的所有者的工资和奖金，或支付给创始人或者不直接参加经营活动的理事会、理事会成员的报酬。

（5）无发票或原始凭证的以实物形式支付给员工的制服费用部分或以货币形式支付给员工的制服费用超过每人每年500万越南盾的部分。

（6）企业支付的创新和改进费用。税法没有支付此类费用扣除的规则，也没有专业机构对这些创新和改进进行评估测试。

（7）不符合劳动法规定的休假员工的差旅津贴。

（8）老基金的开支部分和为工人养老保险每人每月超过300万越南盾的部分及社会保险基金（强制性社会保险）、健康保险基金和员工失业保险基金超过社会保险和健康保险法规定限额的部分。

（9）对失业的应急准备金的缴款（根据法律规定无须向失业保险缴款并允许设立失业应急准备金的企业除外）。

（10）支付的高级管理费用。

（11）电力、水供应合同由营业地、生产地承租人直接与电力、水供应商签订。有下列情形之一的，且其来源文件不足的，该项不可扣除：

①作为业务和生产地点的承租人的企业直接向供应商支付水电费，而没有水电费的发票，也没有营业地点的租赁合同；

②企业作为经营场所和生产场所的承租人，向经营场所的所有人（出租人）支付水电费，而没有发票表明承租人实际使用的比例的水电费。

(12) 租入固定资产支出超过承租人提前支付的租赁期间应分摊的部分。

(13) 向非信贷机构、经济组织以外的单位借款，支付生产、经营活动的借款利息，超过借款当日国家银行公布的基本利率的150%的部分。

(14) 金融投资损失或坏账的成本及不符合财政部相关准则的安装和装配工作的支出。

(15) 在税务评估结束时重新评估来自外币的资金时的汇率差异。

(16) 不符合相关法律的下列费用：

①支付给实体公司的教育补贴；

②支付给实体公司的自然灾害补救费用；

③为慈善住房支付的资金；

④科学研究经费；

⑤为政策受益者提供资金。

(17) 在社会经济条件极为困难的地区，不属于国家地方计划的融资费用。

(18) 海外公司分配给越南常设机构的企业管理费用部分。

(19) 与雇用经营博彩机或赌场业务的管理人员有关的开支，超过该业务营业额的4%的部分。

(20) 与应税所得营业额不符的费用。

（21）超出实际金额的采矿权付款。

（22）经营保险、彩票、证券等业务的费用，以及未按照财政部的具体规定正确开展的特殊业务的费用。

（23）违反交通法规、商业登记条例、会计统计条例等行政违法行为的罚款及税收违法行为和其他行政违法行为的罚款。

（24）投资形成固定资产期间的基本建设投资费用；为支持企业以外的群众团体和社会团体而支付的费用，为慈善和人道主义目的而支付的费用，教育经费、医疗费用除外；购买高尔夫俱乐部会员卡和打高尔夫球的费用。

（25）已抵免或退税的进项税额。

5. 折旧和摊销

有形资产和无形资产均可以计提折旧或摊销。有形资产包括房屋及建筑物、厂房、机器设备、车辆等。无形资产包括软件、版权、商标等。长期的土地使用权不计提折旧。

（1）资产满足折旧的条件：

①未来使用该资产将获得经济利益；

②资产的使用寿命超过 1 年；

③资产的原始成本可以可靠地计量，并且至少达到 3 000 万越南盾。

不符合上述条件之一的，直接作为费用核算。

（2）折旧或摊销根据有形或无形资产的总值计算，包括购买价格、已缴税款（不含应退税款）、运输费用、为投资该资产而发生的利息支出、安装和测试成本以及登记费用。如果企业对自己生产的固定资产进行折旧，则该资产的总价值应包括生产总支出。

在对资产计提折旧时，根据不同资产特性可选用的方法有直线折旧法、余额递减折旧法、生产产出折旧法。企业在应用折旧方法之前需通知税务机关所选择的折旧方法，并且必须在资产的整个使用年限应用所选方法。在特殊情况下，允许企业改变折旧方法，但须向税务机关报告更改折旧方法的原因。

不从事运输、旅游或酒店业务的公司（如其商业登记证所规定）可扣除车辆折旧费（9座或以下），最高可扣除16亿越南盾的历史成本。

（3）以下固定资产无须计提折旧：

①不再用于生产和经营商品或服务的固定资产；

②已提足折旧但仍用于生产和经营活动的资产；

③已经丢失的固定资产；

④拥有管理权但非企业所有的固定资产；

⑤无证明企业所有权文件的固定资产；

⑥未在企业会计记录中管理、监控的固定资产；

⑦用于企业职工福利活动的固定资产；

⑧由管理者移交给科学研究机构的不可退还的固定资产；

⑨不用于运输货物、旅客的民用飞机和游艇。

（4）税收折旧应与会计折旧区别对待。从2004年1月1日起税收折旧应与会计折旧区别对待。在计算企业所得税时，超过规定折旧率的部分不能税前扣除，对各类资产（包括无形资产）规定最长和最短使用年限。一般采用直线折旧法，在特殊情况下也可采用双倍余额递减法和生产折旧法进行计算。

2013年越南财政部规定了各类资产，包括无形资产（土地使用权、软件版权、商标、商誉等）的最长和最短使用年限，如表3-5所示。

表3-5　越南公司所得税折旧年限表

资产种类	折旧年限（年）
无形资产	2~10
酒店和商业建筑	25~50
其他建筑	6~25

续表

资产种类	折旧年限（年）
办公设备	3 ~ 10
汽车	6 ~ 30
机器和设备	3 ~ 20

对于投资优惠领域、地区的投资项目和效益高的经营项目，固定资产可采用加速折旧法进行折旧；最大折旧率可比固定资产折旧制度规定的折旧率高1倍。

6. 转让不动产

不动产转让所得应单独确定。

不动产应纳税所得额等于转让不动产应税收入减去不动产的购置成本及与转让活动有关的可扣除费用。

转让不动产应税收入包括：

（1）土地使用权、租赁权转让所得；

（2）不动产经营企业依照土地法律分租土地所得，不论该土地是否附有基础设施或者工程设施；

（3）转让房屋或建筑工程所产生的收入；

（4）土地附属资产转让收入；

（5）转让住宅所有权或者使用权取得的收入。

可扣除的费用包括：

（1）根据土地使用权的来源确定的转让土地的成本；

（2）土地及农作物损失赔偿；

（3）因国家征地获得的补偿和安置费用；

（4）与依法获取土地使用权有关的费用；

（5）土地改良和场地平整费用；

（6）道路、电力线路、给排水系统、邮电系统等基础设施的投资和建设费用；

（7）土地上基础设施或建筑物的价值；

（8）其他相关费用。

7. 亏损

一个季度的损失可以结转到同一纳税年度的下一个季度。

纳税义务终了后发生的亏损，可以自亏损发生年度起，结转并抵扣应纳税所得额，但最长不得超过5年。

损失不能转回，也没有可减免联合体损失的规定。

企业发生的收购、并购、分立、解散、破产等损失，必须报税务机关确认是否需要结转及结转金额。

合营企业的亏损，在合营企业解散时，可以由合营各方分摊和使用。

8. 税收优惠

（1）减免税。

①在社会经济极度困难的地理区域从事社会化行业（私有化行业，即教育培训、职业培训等）的新企业，其从符合条件的经营活动中取得应纳税所得额，自第1年起，4年内免征所得税，随后5年内减半征收企业所得税。

②对在社会经济困难地区成立的新企业，其从符合条件的商业活动中获得应纳税所得可享2年免税期，其后4年的企业所得税减半征收。

（2）研究与开发优惠政策。自2009年1月1日起，越南为企业科技发展基金提供高达10%的应纳税所得额。该基金仅限于在越南进行科技开发投资。但如果在设立后的5年内，不到70%的资金被使用，或者该基金被错误使用，则未使用或未正当使用的金额将被追加，企业必须补缴少付税以及应计利息。使用的利率是一年期国债的利率，利息支付期为2年。

九、柬埔寨

（一）征税对象和范围

在柬埔寨，居民纳税人须就全球收入征税，包括其取得的外国收入和资本收益都须缴纳所得税。常设机构和非居民仅对源自柬埔寨的收入征税。

柬埔寨法律规定，已从外国取得收入并已按照外国税法纳税的居民，有权从所得税中扣除外国税收抵免。允许的抵免额度是实际支付的外国税款或所得税总额的比例中的较小者。该项申报必须有税务机关规定的各种证明文件，如外国税务机关的证明。如其外国税收抵免超过该纳税年度所得税的，可以结转以后年度进行抵免，但最长不得超过5年。如果税收抵免发生在一个以上的纳税年度，将按其发生的顺序进行抵免。

通过柬埔寨常设机构取得的非居民营业收入需要纳税，并适用居民的一般规定。常设单位被视为其收入来源于柬埔寨的纳税居民。因此，常设单位应按居民收入所得税现行税率对柬埔寨来源的收入征税。2017年《财务管理法》修订的“常设机构”的定义包括柬埔寨的固定营业地、外国公司的分支机构或居住在柬埔寨的代理商，非居民通过该营业地进行业务和任何其他网络活动或连接非居民在柬埔寨从事经济活动。

（二）计税依据

应纳税所得额是通过从应税收入中减去可允许的扣除额来确定的。应税收入包括公司经营所获得的利润、资本收益（例如在业务运营或停止营业过程中出售资产）、投资收益、利息、租金和特许权使用费收入。

1. 免税收入

如果收入如下，则免税：

（1）来自政府提供的收入。

（2）专门以宗教、慈善、科学、文化或教育为目的而经营的组织的收入，以及内部没有资产或收入的一部分用于私人利益的组织的收入。

（3）劳动组织、商会工业或农业协会的收入，且其收入不用于任何股东或自然人的私人利益。

(4) 销售农业生产的农产品获利。农业生产是指不采用工业手段的活动，如保存和商业包装。

(5) 如果居民企业从另一家居民企业获得股息，则该股息将记入股息账户。股息不再征收所得税。

(6) 在柬埔寨发展理事会（CDC）注册的合格投资项目（QIPS）可能会获得免税期，从而可以免除最多9年的所得税。

(7) 2017年和2018年自愿在税务部门（GDT）注册的中小企业（标准如表3-6所示）将获得2年的所得免税（TOI豁免期）。TOI豁免期将从中小企业首次产生所得的年度和税务登记年度开始，在TOI豁免期间，中小企业也将免除年度1%的最低税和1%的收入预付税。

表3-6 中小企业标准

企业类型	年营业额（USD）	在职员工人数（人）
小型企业	62 500～175 000	10～50
中型企业	175 000～1 000 000	51～100

2. 可扣除费用

除非适用特定条款（例如属于不可扣除支出清单的项目），否则任何符合一般标准的支出都可以扣除。

具体的允许扣除额包括：

(1) 在纳税年度中从事经营活动时支付或发生的费用。

(2) 支付给企业的高级管理员或董事、合伙人或相关企业人员的租金、利息、补偿、付款或费用，但需有证据表明付款是为了实际履行的业务活动而且这项付款是合理的。

(3) 慈善捐赠，但不能超过捐赠前应纳税所得额的5%。

3. 利息费用扣除

根据关于确定企业利息费用的151号通知（2014年1月颁布），本国和外国公司的借款市场利率将由GDT以至少五家柬埔寨商业银行的平均利率确定。GDT 将每年发布适用平均利率的通知。2019 年 3 月 13 日，GDT 发布了 4630 号通知，该通知提供了根据 151 号通知确定的 2018 年财政年度使用美元（USD）和瑞尔（KHR）进行贷款的市场利率。美元（USD）借款利率为 8.35%；瑞尔（KHR）借款利率为 9.34%。

该通知还规定了借款人每笔贷款合同的利息费用减免限额，具体如下：

（1）对于无关联企业借款，最高利息扣除额不得超过借款时市场利率的 120%。

（2）对于关联企业借款，最高利息扣除额不得超过借款时的市场利率。

超过上述 151 号通知所规定的利息扣除额的利息支出不可扣除。除了 151 号通知规定的限额外，税法还规定了可以扣除的年度利息总支出。

为经营目的而发生的利息支出可扣除的金额不超过该纳税年度利息收入总额和非利息收入净额的 50%。非利息净收入是除利息收入外的应课税收入总额，减去利息支出以外的可允许抵扣费用。超过允许的最大扣除额的利息费用可以结转至未来的纳税年度。

4. 折旧和摊销

（1）有形固定资产分为四类，按照规定的方法和折旧率计提折旧，如表 3-7 所示。

表 3-7 固定资产的折旧方法和折旧率

类型	资产类别	折旧率（%）	折旧方法
1	房屋建筑物	5	直线法
2	计算机、电子信息系统，软件和数据处理设备	50	余额递减法
3	汽车，卡车，办公家具和设备	25	余额递减法
4	其他有形财产	20	余额递减法

新建筑物、有形资产和永久性改建（包括建筑、利息和税收）的支出应在相关资产账户中予以资本化并计提相应折旧。

（2）无形资产。无形资产包括专利、版权、图纸、模型和特许经营权。使用寿命有限的无形资产按直线折旧法进行计提，按其使用年限确定摊销。使用寿命不确定的无形资产使用直线折旧法，按其价值的10%进行折旧。土地不可计提折旧。

5. 亏损

（1）普通亏损。一个纳税年度发生的亏损，可以用下一纳税年度的应纳税利润抵销，结转期限为5年。为了使亏损能正常结转：

①亏损必须记入纳税申报表并按时提交给GDT。

②公司的经营活动不得改变。

③公司的所有权不得改变。

纳税人不受GDT单方面评估的约束。

（2）资本亏损。资本亏损的处理方式与普通亏损相似。

6. 不可扣除的费用

不可扣除的费用包括：

（1）被视为具有娱乐活动性质的开支。

（2）个人生活或家庭开支，但现金或实物的附加福利除外，需缴纳工资税。

（3）所得税、所得预付税、最低税。

（4）税收罚款和滞纳金利息。

（5）捐赠和补助金（最多可扣除应纳税所得额的5%，需提供充分的证明或证据）。

（6）关联企业之间直接或间接出售或交换财产的损失。

（7）截至年末后180天内未支付的关联企业的应计费用。

（8）截至年末后60天内未支付的应计工资费用。

（9）利息支出。

（10）纳税人不能确定数额和经营目的的费用。

（11）与以前期间有关的费用。

（12）为吸收实际未发生的费用或损失而设立的任何抵扣（例如，记录但未实现的损失）。

（13）由买方承担的预提税。

（14）由雇主承担的工资税和附加福利税。

十、老挝

（一）征税对象和范围

老挝居民企业应就其来源于老挝境内的利润以及其在海外经营所得的利润缴纳利润税。老挝现行税法未对纳税人的居民身份进行明确定义，依据老挝税法，老挝生产经营者向没有在老挝当地注册也不在当地经营业务的外国企业或组织进行交易并需对外支付费用时，应缴纳代扣税项，即外国承包商预提税。如果外国承包商从事的是离岸商业活动，该外国承包商预提税包含利润税以及增值税两部分。

老挝从事任何种类、任何水平的经济活动而产生的利润所得都必须缴纳利润税。

（二）计税依据

老挝利润税是将会计利润加上税法规定不允许扣除的成本费用项目，再减去税法规定中允许扣除的成本费用项目后的余额乘以税法规定的适用利润税税率计算得出。

1. 应税利润来源

来源于开展经营的利润，是指从事工、农、林、手工业生产所产生的利润。其包括自然资源开采；进出口贸易；批发、零售和普通服务业，如运输业、邮电通信业、建筑修缮业；出售使用权的土地开发；市场管理承包招标，按双方或多方合作协议由政府预算、无偿援助或国外贷款支付的各项目承建招标；银行、保险业；旅店、旅游、餐饮业；彩票业；文艺、体育演出，代理业等所产生的利润。

2. 不可扣除支出

对于法人企业等纳税人，在计算利润税时，不可从会计利润中减除的支出包括但不限于以下项目：

（1）利润税；

（2）固定资产采购所支付的增值税进项税额；

（3）会计上已计提的折旧；

（4）消费性支出以及非企业所有的固定资产折旧；

（5）合伙制企业支付给企业职工或管理者合伙人以外的合伙人的薪金；

（6）股东贷款用于增资扩股所支付的利息支出；

（7）非银行贷款利息支出以及支付股东的贷款利息支出；

（8）与企业生产经营无直接关联的贷款利息支出；

（9）与生产经营无关的支出，如高尔夫、跳舞等娱乐活动支出、礼品及奖品支出；

（10）会计年度内未经授权的企业所有者或股东的个人消费性支出；

（11）与生产经营相关但缺失票据或相关票据不合规的费用支出；

（12）与个人未签订合同却向其支付费用的支出；

（13）会计上已计提的各类准备金；

（14）会计上已计提的摊销；

（15）资产减值损失以及汇兑损失；

（16）递延所得税费用；

（17）各类罚金。

企业在计算年度利润税时，不可扣除费用应调增到利润总额中，应一并计算缴纳税款。

3. 可扣除支出

在计算利润税时，允许计入支出的项目如下：

（1）允许按比例扣除的项目。

①提供监管服务发生的差旅费，占全年收入的 0.6% 的部分可扣除；

②业务招待费、电话费，占全年收入的 0.4% 的部分可分项扣除；

③捐赠、援助款，不超过全年收入的 0.3% 的部分可扣除；

④广告宣传费，不超过全年收入的 0.5% 的部分可扣除。

（2）其他可扣除的项目。

①企业从其他企业取得的股息红利；

②收回以前年度已核销的各类准备金；

③无法收回的应收款项，需提供相关中介机构出具的损失报告；

④递延所得税收益；

⑤会计年度末取得的汇兑收益；

⑥与政府签订的投资协议所约定的捐赠支出。

（3）固定资产折旧。固定资产折旧费从固定资产成为企业资产当日开始计算，在该固定资产自企业资产中注销当日停止扣除。累计折旧额达到该固定资产原价值时，在固定资产从企业资产中注销之前，可停止扣除折旧费。固定资产包括无形资产及有形资产，其年度折旧额应依照表 3－8 所示的最低折旧年限及年度折旧率进行核算。

表 3－8　　老挝固定资产最低折旧年限及年度折旧率

资产类别	最低折旧年限（年）	年折旧率（%）
有形资产		
工业用房		

续表

资产类别	最低折旧年限（年）	年折旧率（%）
（1）使用年限20年及以下	20	5
（2）使用年限21年及以上	50	2
商住两用房		
（1）永久型	20	5
（2）半永久型	10	10
用于工业、农业、手工业及其他施工工程的机器、挖掘机、垃圾清理拖运车辆	5	20
水陆运输工具	5	20
特殊行业专用设备	5	20
办公用品及耗材	5	20
船舶、游轮、渡轮及其他船只	10	10
客货运输机		据飞行小时计算
无形资产		
企业设立成本及设计成本	2	50
调研、矿产勘探、经济技术可行性研究成本	5	20
专业类软件	2	50

（4）其他与生产经营相关的支出项目。

4. 亏损

按照会计制度需要申报利润税的私人企业、法人以及自由职业者，允许从第二年开始，最多连续三年从当期利润中扣除亏损数额相当的利润额。到期后，剩余的亏损金额不能从未来的利润中扣除。

5. 税收优惠

老挝政府根据不同地区的实际情况给予投资优惠政策：

（1）一类地区，指没有经济基础设施的山区、高原和平原，免征7年利润税，7年后按10%征收利润税。

（2）二类地区，指有部分经济基础设施的山区、高原和平原，免征5年利润税，之后3年按7.5%征收利润税，再之后按15%征收利润税。

（3）三类地区，指有经济基础设施的山区、高原和平原，免征2年利润税，之后2年按10%征收利润税，再之后按20%征收利润税。免征利润税时间按企业开始投资经营之日起算；如果是林木种植项目，从企业获得利润之日起算。

此外，企业还可以获得如下优惠：

（1）在免征或减征利润税期间，企业还可以获得免征最低税的优惠；

（2）利润用于拓展获批业务者，将获得免征年度利润税。

十一、缅甸

（一）征税对象和范围

“公司”主要是根据1914年缅甸公司法或1950年特别公司法成立的私营有限公司和合资企业，以及根据1914年缅甸公司法注册的外国分支机构。居民公司是根据缅甸公司法或缅甸其他现行法律定义和组建的公司。一般而言，外国投资公司被视为居民企业，外国分支机构被视为非居民公司。

居民公司对来源于缅甸境内外的收入征收所得税。非居民公司仅对来自缅甸境内的收入征收所得税。值得关注的是，根据2016年缅甸投资法（MIL）开展业务且获得缅甸投资委员会（MIC）许可的外国投资者（MIL公司）有权享受特殊税收优惠。

（二）计税依据

缅甸公司所得税为总收入扣除可允许的费用支出和折旧后，对剩余收入征税。

1. 总收入

缅甸税法将收入分为商业经营所得、财产收益、资本收益、其他收入。其中，资本收益需单独评估。动产收入和利息收入作为商业经营所得处理。

2. 免税收入

（1）根据保险政策收到的保险收入；

（2）除资本利得和从企业取得的收入之外的偶然和一次性所得；

（3）从合资企业、合伙企业等联合法人团体分配取得的股息红利。

3. 税收优惠

（1）新办的经济企业，自成立之日起连续三年可以免税。

（2）外国投资者（MIL 公司）有权享受以下特殊税收优惠：根据 2017 年 2 月 22 日的 MIC 通知第 10/2017 号文件，对 MIL 公司设置了所得税假期（ITH），即公司的投资活动可根据其区域分类获得免征所得税。具体分为：欠发达地区被指定为第 1 区，中等发达地区被指定为第 2 区，发达地区被指定为第 3 区。

第 1 区投资活动：所得税假期连续 7 年，包括商业运营开始之年；

第 2 区投资活动：所得税假期连续 5 年，包括商业运营开始之年；

第 3 区投资活动：所得税假期连续 3 年，包括商业运营开始之年。

（3）对连续 3 年收入不超过 1 000 万缅元（MMK）的新成立的中小企业的收入，包括开业年份，不征收所得税。超过上限的金额将收取所得税。

4. 费用支出扣除

（1）可扣除的费用：

①为赚取收入而产生的支出和折旧免税额；

②取得专业服务而支付的款项；

③利息；

④特许权使用费。

（2）不可扣除项目：

①资本支出；

②用于个人活动的支出；

③与业务量不相称的支出；

④向公司或联合体以外的成员支付的款项；

⑤支付给股东的股息；

⑥不适当的支出。

（3）折旧和摊销。根据缅甸计划和财政部（MoPF）第19/2016号文件，对建筑物、工厂和机器、家具、车辆等资产计提的折旧可在收入中进行扣除。具体资产类型和折旧率如表3-9所示。

表3-9　　缅甸的资产类型和折旧率

资产类型		折旧率（%）
1. 建筑物		
（1）	一级建筑（选用钢筋混凝土和精选材料）	
	①工厂	2.5
	②其他建筑	1.25
（2）	二级建筑（中等建筑）	
	①工厂	5
	②其他建筑	2.5
（3）	木质建筑（瓷砖或瓦楞铁皮屋顶）	
	①工厂	10
	②其他建筑	5
（4）	竹制建筑物	允许更新成本作为收入支出
2. 建筑物内的家具和配件		
（1）	杯子、玻璃器具、棉和塑料布	5

续表

资产类型		折旧率（%）
(2)	用于酒店、电影院、旅馆的家具配件、银器和厨房设备	6.25
(3)	各种机械设备	2.5～20
3. 机器和设备		
(1)	通用设备	5
(2)	机械设备及各种机床	2.5～20
4. 交通工具		
(1)	飞机	12.5
(2)	水路运输	5～10
(3)	陆路运输	10～20

未包含在该文件中的工具、设备和器具或其他资产按每年原始成本的5%的折旧额折旧。

无论在何时购买资产，都可以使用该文件中规定的折旧率计算提取全年的税收折旧。

(4) 亏损。任何来源的损失，都可以从该年度任何其他来源的应计收入中抵扣，但如果是来自资本资产或联合体的亏损份额，则属例外。未能在一年内全额扣除的损失，可以结转至以后并在未来三年内抵扣。

第三节 税率的比较

一、中国

(一) 基本税率

企业所得税的税率为25%。

（二）适用20%税率

（1）非居民企业在中国境内未设立机构、场所的，或者虽设立机构、场所但取得的所得与其所设机构、场所没有实际联系的所得。

（2）自2019年1月1日至2021年12月31日，对小型微利企业年应纳税所得额不超过100万元的部分，减按25%计入应纳税所得额，按20%的税率缴纳企业所得税；对年应纳税所得额超过100万元但不超过300万元的部分，减按50%计入应纳税所得额，按20%的税率缴纳企业所得税。

（三）适用15%税率

（1）国家需要重点扶持的高新技术企业。

（2）技术先进型服务企业。

（3）国家税务总局颁布的有关行业政策，如集成电路线宽小于0.25微米或投资额超过80亿元的集成电路生产企业，经认定后，减按15%的税率征收企业所得税；自2019年1月1日起至2021年12月31日，对符合条件的从事污染防治的第三方企业减按15%的税率征收企业所得税。

（四）适用10%税率

（1）国家规划布局内的重点软件企业和集成电路设计企业，如当年未享受免税优惠的，可减按10%的税率征收企业所得税。

（2）非居民企业在中国境内未设立机构、场所的，或者虽设立机构、场所但取得的所得与其所设机构、场所没有实际联系的所得减按10%的税率征收企业所得税。

二、新加坡

（一）企业所得税税率

自2010估税年度起（即在2010年度缴纳2009财年的所得税）企业所得税税率调整为17%。从1994年至2010年，新加坡经过多次调整，将27%的企业所得税税率逐步下调至17%。

（二）税率优惠

1. 发展和拓展优惠

从政府规定之日起，一定基数以上的公司所得可享受5%～15%的公司所得税税率，为期10年，最长可延长到20年。此项政策主要是为鼓励企业不断增加在高新技术和高附加值领域的投资并提升设备和营运水平。

2. 服务出口企业优惠

从政府规定之日起，向非新加坡居民或在新加坡没有常设机构的公司或个人提供与海外项目有关的符合条件的服务的公司，其符合条件的服务收入的90%可享受10年的免征所得税待遇，最长可延长到20年。

3. 金融和财务中心奖励

金融和财务中心从事符合条件的活动取得的收入可申请享受10%的企业所得税优惠税率，为期5～10年。如果事实显示金融和财务中心将对新加坡的发展具有显著推动作用，该项奖励可以延续。此项政策是为鼓励跨国企业在新加坡设立金融和财务中心（FTC），从事财务、融资和其他金融服务业务。

4. 国际贸易商优惠

为鼓励全球贸易商在新加坡开展国际贸易业务，对政府批准的"全球贸易商"给予3～5年的企业所得税优惠，税率减低为5%～10%。此项优惠项目由新加坡国际企业发展局（IES）负责评估。

三、文莱

（一）基础税率

2008年，文莱企业所得税税率为27.5%，后连续几次下调至20%。为促进国内经济发展及投资意愿，进一步推动国内非油气产业和中小企业发展，经文莱苏丹批准，文莱企业所得税税率2015

年进一步下调至18.5%，在东盟地区属较低税率。国内公司以及外国公司均按此税率进行纳税（从事石油行业经营的企业除外，石油所得税的税率为55%）。

对于首个应纳税收入的10万文元，企业可享受1/4税率的优惠，之后的15万文元则享受1/2税率优惠，余下的应纳税收入则按原有税率进行征收。对于新成立的公司，首个应纳税收入的10万文元是免税的，此项豁免适用于公司从成立起的2年。此外，某些对于国家发展至关重要的企业和行业，文莱政府也会对其实施税收豁免政策。

（二）预提税税率

文莱税法规定对业务的管理、控制均不在文莱境内的非本地主体征收各种预提税，包括利息、佣金或其他财务费用，动产使用费用，知识使用费，管理费用等。代扣所得税税率为10%～20%，具体税率如表3－10所示。文莱没有股息预提税。

表3－10　　文莱的预提税税率

预提税类型	税率（%）
利息、佣金或其他财务费用	15
动产使用费用	10
知识使用费	10
技术援助和服务费	20
管理费用	20
租金使用费	15
非本国董事的薪酬	20

四、马来西亚

（一）企业所得税税率

自2017评估年度起，马来西亚企业所得税的基础税率为24%；

居民公司的企业所得税税率将根据应税所得较上一年度相比增加的百分比，下降1~4个百分点，具体如表3-11所示。

表3-11 马来西亚居民公司的企业所得税税率

应税所得较上一年度增加的百分比（%）	税率下降的百分点	本年度适用税率（%）
≤5	0	24
5~9.99	1	23
10~14.99	2	22
15~19.99	3	21
≥20	4	20

从2017纳税年度起，对于在马来西亚成立的中小型居民企业（实收资本低于250万林吉特，且不属于拥有超过该限额的公司的企业集团），其取得的首50万林吉特以内的所得可以适用17%的税率，超过部分适用24%的税率。

（二）预提税税率

预提税是非居民收款人收入的一部分，由马来西亚的付款人直接向税务局代扣代缴。非本地公司或个人应缴纳预提税：特殊所得（动产的使用、技术服务、提供厂房及机械安装服务等）为10%；利息为15%；依照合同获得承包费用：承包商缴纳10%、雇员缴纳3%；佣金、保证金、中介费等为10%。

五、泰国

（一）一般税率

泰国的法定企业所得税税率为20%。以下情况可享受税率优惠：

（1）银行将非泰国居民企业的外币资金贷给非泰国居民企业从而取得的贷款利息收入，适用的企业所得税税率为10%。

（2）外国航空或运输企业在泰国境内经营，按照其取得的收入全额按3%计算缴纳企业所得税。

（3）符合以下条件的中小型企业（SME）可免征企业所得税，适用表3－12的税率：

①截至会计周期的最后一天，实收资本不超过500万泰铢；

②年度销售商品或提供服务的收入总额不超过3 000万泰铢。

表3－12　泰国中小型企业（SME）企业所得税税率

应纳税所得额	所得税税率
0～300 000泰铢（含）	免税
300 001～3 000 000泰铢（含）	15%
超过3 000 000泰铢	20%

（二）预提所得税税率

预提所得税（WHT）是指泰国纳税人在向外国法人实体支付指定收入时代扣代缴的税金，具体税率见表3－13。

表3－13　泰国预提所得税税率

收入类型	税率（%）
特许权使用费	15
利息	15
股利	10
资本利得	15
租金	15
经纪服务费	15
专业服务费	15

六、菲律宾

（一）正常税率

1. 一般性规定

菲律宾企业所得税税率原为30%，但依据菲律宾参议院于

2018年8月通过的自2019年1月1日生效的第1906号法案，即《企业所得税激励改革法案》，对于国内企业在每一纳税年度内从境内外取得的所有收入，均适用25%的税率。2018年9月10日，菲律宾众议院批准通过了综合税制改革的第二部法案（众议院第8083号法案），即《旨在吸引更好更优质的投资机会税收改革》，该法案（该法案尚未成为正式立法）提出，从2021年开始，企业所得税税率从原来的30%每两年降低2%，目标在2029年降至20%。

当企业的销售成本与其从境内和境外取得的总销售额或收入之比不超过55%时，该企业可选择适用以总收入乘以15%计算其应纳税额。企业一旦作出这一选择后，在其满足上述条件的连续三个纳税年度内不得撤回该选择。

2. 私人教育机构及医院

非营利的私人教育机构及医院应为其应纳税所得额按10%的税率纳税。但是，来自于不相关交易、业务或其他活动的总收益超过该私人教育机构或医院所有来源的收入总额的50%时，则全部应纳税所得额都应根据规定来征税。

3. 国有或国家控制企业、机构或部门

除法律另有规定以外，所有国有或国家控制的企业、机构或部门，除政府服务保险体系（GSIS）、社会保障系统（SSS）、菲律宾医疗保险公司（PHIC）和当地水利部门外，应根据税法中对从事类似商业、工业或活动的企业或组织的征税税率为其应纳税所得额缴纳税款。

（二）针对国内企业的最低企业所得税

上述国内企业开始从事经营活动年度后的第四个纳税年度起，若该企业截至纳税年度末的总收入的2%大于依据税法第27节规定的一般性税率计算的应纳税额，则应当适用最低企业所得税。即该国内企业的税负为正常企业所得税和最低企业所得税之间的较大者。最低企业所得税超出正常企业所得税的部分应当向后结转，可以抵免此后三个纳税年度的正常企业所得税。财政部长有权对处于持久的劳动纠纷、不可抗力或正当的商业逆境而遭受损失的企业，停止适用最低企业所得税。

七、印度尼西亚

（一）一般税率

2010 年起，印度尼西亚企业所得税税率为 25%。

2018 年 8 月 2 日，有关采矿企业的新税率生效，新税法规定采矿企业的企业所得税税率为 25%。同时，矿业企业还需要向中央政府缴纳净利润的 4%，向地方政府缴纳净利润的 6%。

（二）税率优惠

（1）根据 2013 年 11 月 21 日实施，经 2015 年 8 月 4 日修订的规章，满足以下条件的居民上市公司可以获得所得税 5% 的税收扣除：

①该公司至少有 300 人持有该公司已发行股份的 40% 或以上；

②每个持股方持股比例不超过 5%；

③上述条件在一个财政年度内维持 183 天以上。

（2）2018 年 6 月 8 日起，年营业额在 48 亿印尼盾以下的小微企业，所得税税率为年营业额的 0.5%（此前为 1%）。

（三）资本收益税税率

自 2016 年 9 月 7 日起，土地和建筑物转让或处置所得按售价的 2.5%（以前为 5%）征收所得税。主要业务为转让中等规模房屋或公寓的企业纳税人，按售价 1% 征税。

处置在证券交易所上市的股份应按交易总价值的 0.1% 缴纳最终税。

（四）预提所得税

1. 向居民企业或常设机构支付

无论以何种名义和形式支付、应付或达到付款日期需要由政府组织、居民应纳税实体、活动组织者、常设机构或任何其他非居民企业的代表向居民企业或常设机构支付的表3－14中的款项，都需要按表中所列税率扣缴预提所得税。

表3－14 印度尼西亚预提所得税税率

所得类型		税率（%）
股息		15
利息		15
特许权使用费		15
服务收入	房地产租赁、技术、管理、施工、咨询和其他服务	2
	建筑服务	2～6
租金收入	土地和建筑物租金	10
	除土地和建筑物以外的租金	2

2. 向常设机构以外的非居民企业支付

无论以何种名义和形式支付、应付或达到付款日期需要由政府组织、居民应纳税实体、活动组织者、常设机构或任何其他非居民企业的代表向常设机构以外的非居民企业支付的下列款项，都需要扣缴20%的预提所得税：

（1）股息；

（2）利息，包括股本溢价、股息折扣与偿还贷款保证金；

（3）特许权使用费、租金和其他与使用财产有关的收入；

（4）与服务、工程和活动有关的报酬；

（5）奖品和奖励；

（6）养老金和其他定期付款；

（7）溢价和其他对冲交易；

（8）从债务豁免中获得的收益。

另外，常设机构以外的非居民纳税人转让境内财产需要按照核定利润扣缴20%预提所得税。非居民通过导管公司或特殊目的公司间接转让境内财产所得同样适用20%预提所得税。

非居民企业的常设机构就税后所得对外支付，适用20%的预提所得税，除非该利润重新在境内进行投资。

3. 可免征预提税的纳税人

根据2014年7月25日第21/PJ/2014号文件，某些纳税人可通过获得豁免函或自由证书（Surat Keterangan Bebas，SKB）申请预提税豁免。这些纳税人包括：

（1）纳税人遭受财产损失的，如新成立的公司仍处于投资阶段而不是生产阶段或者经历过不可抗力因素的；

（2）纳税人可以证明他们因财产损失而没有任何应纳税额；

（3）纳税人能够证明已缴纳或将要缴纳的所得税超过应纳所得税的。

八、越南

（一）一般企业所得税税率

2014—2015年企业所得税税率为22%。自2016年1月1日起，企业所得税基本税率降至20%。

（二）资源型企业所得税税率

从事石油、天然气和其他珍贵、稀有自然资源的勘探、开发活动的企业，视投资项目及企业类型而定，适用比例为32%~50%。

（三）优惠税率

1. 10%的优惠税率

以下企业可享受为期15年10%的税率：

（1）在社会经济困难地区投资项目的新企业；

（2）在经济区、高新区投资项目的新企业；

（3）在以下领域投资新建的企业：

①高新技术、科学研究和技术开发；

②开展水厂、发电厂、给排水系统、桥梁、公路、铁路、机

场、海港、河港、车站等基础设施工程建设；

③软件产品制造。

某些项目规模较大、技术含量较高或者具有吸引投资的特殊需要的，免税优惠期可以延长至30年。

（4）从事以下领域的生产经营活动所产生的收入适用10%的优惠税率（无时间限制）：

①教育职业培训、医疗保健、文化和环境领域；

②出版社印刷业；

③社会住房投资项目。

2. 15%的优惠税率

不属于社会经济困难地区或者特别困难地区的农业和水产养殖业的种植、养殖和加工收入，适用15%的税率。该项没有时间限制。

3. 17%的优惠税率

以下企业可享受为期10年17%的税率：

（1）在社会经济困难地区投资项目的新企业；

（2）在优质钢材生产、节能产品、农林渔业、盐业的机械设备、动物饲养等领域的新投资项目。

提供农业服务的合作社和人民信贷基金可享受17%（无时间限制）的优惠税率。

4. 中小微企业的优惠税率

小微企业（年营业收入在30亿越南盾以下）适用税率为15%；中小企业（员工人数不超过200人，年营业收入为30亿~500亿越南盾）适用税率为17%。

九、柬埔寨

（一）企业所得税税率

柬埔寨的企业所得税税率一般为20%，但石油和天然气以及矿产开采企业的税率为30%。对于保险公司则按不同的保费收入规定了不同的税率：所收取的财产保险和财产再保险收入，按5%的税率计缴；所收取的人寿保险、再保险或其他非财产保险的保险业务收入，按20%的税率计缴。

（二）预提税税率

柬埔寨的下列收入需缴纳预提税：

（1）向居民企业（非柬埔寨银行）支付的利息应按15%的税率缴纳预提税。

（2）特许权使用费需缴纳15%的预提税。

（3）动产和不动产的租金须缴纳10%的预提税。

（4）居民企业提供服务的收费需缴纳15%的预提税，除非提供者是注册纳税人并且有有效的增值税发票。

十、老挝

（一）一般企业

有法人资格的企业按24%的税率缴纳利润税。

（二）烟草企业

进口、生产和销售烟草产品的企业需按26%的税率缴纳利润税，按照《烟草制品管理法》的规定，其中的2%需要缴给烟草制品管理基金会。

十一、缅甸

（一）企业所得税

从2012年4月1日起，企业所得税按25%的税率（以前居民为30%，非居民为35%）以缅元征收（2018年联合税法）。如公司在仰光证券交易所上市，自2017年4月1日起，公司所得税税率降至20%（计划与财政部2017年7月26日第76/2017号通知）。

对于包括开业之年，连续三年所得额不超过1 000万缅元的新成立的中小企业，不征收所得税。所得额超过标准的中小企业按

25%的标准税率征收所得税。

从2012年4月1日起，在相关财政年度内出售、交换或其他资本资产转移产生的资本利得按10%征税（以前居民为10%，非居民为40%）。但是，如果当年出售、交换或转让的资产总价值不超过1 000万缅元，则不征税（联合税法2018/19第27～28条）。

自2006年4月1日起，缅甸石油和天然气勘探部门的公司将按照累进税率对出售、交换或转让任何资本资产（包括股票）的外汇所得额征税（联合税法2018/19第27条）。

缅甸企业所得税现行税率见表3－15。

表3－15　缅甸企业所得税现行税率

企业类型	企业经营所得税率	资本利得税率	
		普通企业	石油石化类企业
居民企业	25%	10%	40%～50%的累进税率
非居民企业（外国企业在缅甸境内的分支机构）	25%	10%	

出售固定资产或转让股权所产生的资本利得，计算公式如下：

资本利得的企业所得税税额＝(出售价格－账面价格－累计折旧)×税率

在缅甸从事石油及天然气业务的公司，应就其通过任何途径销售、交易或转让的任何资本（包括股份、资本资产、所有权及利益）取得的资本利得按40%～50%的累进税率纳税，见表3－16。

表3－16　石油石化类企业资本利得税税率

收入	累进税率（%）
高达100 000 000 000缅元	40
100 000 000 001～150 000 000 000缅元	45
超过150 000 000 000缅元	50

（二）预提税税率

计划与财政部于2018年6月18日颁布了关于预提税的第47/

2018 号文件，阐述了对缅甸居民纳税人向非居民纳税人的付款规定，此通知自 2018 年 7 月 1 日起生效。预提税税率具体如表 3－17 所示。

表 3－17 缅甸预提税税率

付款方式	税率
股息	0
利息	0
使用许可、商标和专利权的使用费	10%（2017 年 4 月 1 日之前是 15%）
国家级组织、部委、内比都理事会、地区或州政府、国有企业或市政机构根据招标、投标、报价、合同、协议或其他方式在国内采购货物、完成工作或提供服务的款项	2%
与国家互利合作的企业、合营企业、合伙企业、公司、联合体、组织，根据现行法律登记的协会、合作社、外国公司或者外国企业为购买货物支付的款项及根据合同、协议或其他方式在国内完成的工作或提供的服务	0（2018 年 7 月 1 日之前是 2%）

第四节　启示与借鉴

通过前面的比较分析可以看出，东盟各国的企业所得税制度有很多方面值得我国借鉴。

一、居民公司来源于境外的所得只就其汇入我国境内的征税

新加坡对居民公司来源于境外的所得，只就其汇入新加坡的海外所得征税，而对没有汇入的暂不征税。而我国的企业所得税税法及其实施条例没有明确对居民公司来源于境外的所得，是否只就其汇入我国境内的海外所得征税。对居民企业来源于境外子公司的所得，如果不汇回也征税，从法理上说不过去，因为子公司和母公司

是两个独立的法人，子公司的所得在没有分配之前，不能被视为母公司的所得；而且子公司的所得中有多少所得应被确定为母公司的境外所得，也不易公平确定。子公司的所得在没有汇回之前，就让母公司申报纳税，母公司只能从境内的所得中来缴税，这不利于增强企业在海外市场上的竞争力。借鉴新加坡的做法，我国对居民公司来源于境外的所得，应该只就其汇入我国境内的海外所得征税，对没有汇入我国境内的所得暂不征税。

二、税率的制定要有一定的灵活性

柬埔寨、越南、泰国和马来西亚都对石油类企业规定了较高的所得税税率，泰国为50%，马来西亚为38%。越南对企业从事石油、天然气及其他珍贵、稀缺自然资源勘探、探测、开采的所得，依据其每一项目或营业处所不同确定30%～50%的税率。柬埔寨对从事石油、天然气和矿产开采活动的企业税率为30%，比普通公司高10个百分点。

稀缺的自然资源不是每一个国家都拥有的，拥有这一资源的国家也不是都愿意现时开采利用的，对开采利用稀缺自然资源的企业征收较高的所得税并不影响其国际竞争力。我国也应对开采利用稀缺自然资源的企业征以较高的税，调节资源的级差收入，体现国家对重要资源的掌控。

印度尼西亚2018年6月8日起，对年营业额在48亿印尼盾以下的小微企业，所得税税率为年营业额的0.5%（此前为1%）；新加坡政府充分利用税率这一杠杆，不断地进行小幅度调整，以保证新加坡投资环境有足够的吸引力，这些措施都非常有特色，值得借鉴。

三、允许企业设立科技发展基金并限期使用

越南对企业科技发展基金设立的扣除规定非常科学。

我国也可以允许企业从其应纳税所得额中扣除10%，设立企业的科技发展基金。如果企业没有及时将这一基金用于企业的科技发展，企业应补缴企业所得税及其利息。这一政策一方面为企业科技发展提供了资金来源，另一方面如果企业没有及时将这一基金用于企业的科技发展，将需要补税补息，这就迫使企业将这一资金尽快运用于科技开发，这对提高企业的科技竞争力有很重要的积极意义。

四、降低企业所得税税率，增强企业的国际竞争力

东盟十国自2008年以来对普通企业的企业所得税税率见表3－18。

表3－18　　2008—2019年东盟十国企业所得税税率　　单位：%

国家	2008年	2009年	2010年	2011年	2012年	2013年	2014年	2015年	2016年	2017年	2018年
文莱	27.5	25.5	23.5	22	20	20	18.5	18.5	18.5	18.5	18.5
柬埔寨	20	20	20	20	20	20	20	20	20	20	20
印度尼西亚	30	28	25	25	25	25	25	25	25	25	25
老挝	35	35	35	35	28	24	24	24	24	24	24
马来西亚	26	25	25	25	25	25	25	25	24	24	24
缅甸	30	30	30	30	25	25	25	25	25	25	25
菲律宾	35	30	30	30	30	30	30	30	30	30	30
新加坡	18	18	17	17	17	17	17	17	17	17	17
泰国	30	30	30	30	23	20	20	20	20	20	20
越南	28	25	25	25	25	25	22	22	20	20	20

从表3－18可以看出，我国2008年实施企业所得税法，在当时25%的税率还是比较适中的，除了柬埔寨和新加坡的税率比我国低之外，其他东盟国家的税率都比我国多少高一些，具有一定的竞争力。但随着近些年许多东盟国家为吸引外国直接投资，并防止本国资本外流，对企业所得税税率进行调整，目前除了菲律宾之外，

其他国家的税率都不比我国高，印度尼西亚和缅甸与我国相同，另外 7 个国家的税率都比我国低。与东盟国家相比，我国的企业所得税税率已经不再具有竞争优势，加之美国也已将企业所得税税率降至21%，我国也到了该考虑降低企业所得税税率，为所有企业减轻税收负担，增强企业的国际竞争力的时候了，建议将企业所得税税率降低到 20%。

五、税前加计扣除的支出项目应能增强企业发展后劲，增加未来的税源

泰国企业所得税法规定的税前可 100% 加计扣除的费用支出项目包括：(1) 企业内部图书室用的书籍及电子设备的支出；(2) 员工教育训练的费用；(3) 科技及创新服务的研究发展支出；(4) 小型企业支付借记卡付款的电子支付装置的费用。这一规定也颇具特色，与我国企业所得税中的相应项目相比优惠了许多。如员工教育培训的费用，我国是在职工工资薪金总额的 2.5% 内据实扣除，超过部分可以向以后年度结转，而泰国是可以加倍扣除；我国的“三新”研发费用是加计 50% 扣除，泰国是加计 100% 扣除，也比我们优惠。我国 100% 加计扣除的项目是残疾职工的工资，这一规定起到鼓励企业雇佣残疾人员的作用，但并不能增强企业的发展后劲，而泰国规定的 100% 加计扣除的项目，特别是前三项都会提升企业职工的素质和企业生产经营的创新能力，可使未来的税源更加充沛。

六、延长经营亏损的弥补期限，限定弥补范围

马来西亚的亏损处理较有特色，其规定：经营亏损在当年可以从其他所得中扣除。未被扣除的经营亏损在 2019 年之前可以向以后年度无期限结转，直到结转完毕，但只能冲抵经营所得。但自 2019 年起发生的亏损，可以向以后年度结转 7 年。我国企业亏损的

弥补期较短，只有 5 年，且以后年度没有只限于用经营所得来弥补。这使一些企业甚至上市公司，发行股票筹来的资金不是用来发展本业，而是在股市上兴风作浪，影响了国民经济的稳定和股市的健康发展。我国可以借鉴马来西亚的做法，将经营亏损的弥补期限延长，并规定经营亏损向以后年度只能冲抵经营所得。

第四章 个人所得税的比较

个人所得税是向自然人取得的各种所得征收的一种直接税。除文莱之外，中国和东盟其他国家都征收个人所得税。

第一节 判定纳税人税收居民身份标准的比较

东盟国家和中国都同时行使居民和地域两种税收管辖权。东盟国家和中国判定税收居民身份标准的不同点主要是时间标准不同。

一、中国个人所得税的纳税人

在中国境内有住所，或者无住所而一个纳税年度内在中国境内居住累计满 183 天的个人，为居民个人。居民个人从中国境内和境外取得的所得，依照税法规定缴纳个人所得税。

在中国境内无住所又不居住，或者无住所而一个纳税年度内在中国境内居住累计不满 183 天的个人，为非居民个人。非居民个人从中国境内取得的所得，依照税法规定缴纳个人所得税。

纳税年度，自公历 1 月 1 日起至 12 月 31 日止。

二、菲律宾个人所得税的纳税人

在菲律宾个人所得税的征管中，自然人可以分为四种类型，具体的税收待遇如下：

（1）居住在菲律宾的菲律宾公民：就其来源于菲律宾境内和境外的所得纳税；

（2）非居民的菲律宾公民：仅就其来源于菲律宾境内的所得纳税；

（3）作为海外劳工在境外工作并取得所得的菲律宾公民：仅就其来源于菲律宾境内的所得纳税，例如作为菲律宾公民并身为专门从事国际贸易的船只编制内的成员，在境外提供劳务取得报酬的船员，应当视为海外劳工；

（4）外国个人无论是否是菲律宾的居民，仅就其来源于菲律宾境内的所得纳税。

从上述规定可知，在菲律宾自然人居民纳税人身份的判定是两个条件“国籍”和“居住”缺一不可，也即居住在菲律宾的菲律宾公民是菲律宾的居民纳税人。没有居住在菲律宾的菲律宾公民、作为海外劳工在境外工作并取得所得的菲律宾个人公民、外国人都是菲律宾的非居民纳税人。

三、老挝个人所得税的纳税人

取得任何所得税应税所得的老挝居民都必须缴纳所得税；在老挝境内有固定居所、到国外工作并有取得老挝所得税应税收入的个人，如在国外免征所得税，也必须在老挝申报缴纳所得税；在国外大使馆、领事馆或者国际组织的老挝员工，在老挝境内获得的所得税应税收入需在老挝申报缴纳所得税。

老挝现行税法未对纳税人的居民身份进行明确定义。依据老挝税法，在老挝境内工作的外国人，无论是在老挝还是在国外领取工资薪金，都必须在老挝缴纳所得税。

四、马来西亚个人所得税的纳税人

马来西亚居民纳税人的划分标准是居住地和居住时间。从居住时间来看，符合以下四种情况之一的为居民纳税人：

（1）在一个纳税年度（公历年，下同）中在马来西亚居住至少 182 天；

（2）在一个纳税年度中在马来西亚居住不足 182 天，但与相邻纳税年度连续居住之和至少 182 天；

（3）在四个纳税年度中有三个纳税年度居住不少于 90 天；

（4）在该纳税年度的前三年是居民纳税人的。

如果在马来西亚一年内逗留不到 182 天，不论公民身份或国籍如何，都是马来西亚税法上的非居民纳税人。

五、缅甸个人所得税的纳税人

居民纳税人分为缅甸居民及外籍缅甸居民。所有缅甸公民都被视为纳税居民，需就其全球范围内的收入纳税。外籍人士某纳税年度内在缅甸居住时间超过 183 天，即构成缅甸居民纳税人。若外籍人士在依据《外国投资法》下成立的公司里工作，不论其当年在缅甸的居住时间是否超过 183 天，均属于缅甸居民纳税人。

某纳税年度内，在缅甸居住时间少于 183 天的个人为缅甸的非居民纳税人。

六、泰国个人所得税的纳税人

泰国个人所得税的纳税人包括四种：自然人、死亡但未分配遗产者、未登记的普通合伙组织、非法人团体。泰国居民是指在一个纳税年度内，在泰国境内居住满 180 天的单位或个人。泰国非居民指在一个纳税年度内，在泰国境内居住不满 180 天的单位或个人。

七、新加坡个人所得税的纳税人

新加坡个人所得税的纳税人分为居民个人和非居民个人两类：居民纳税人，一般是指居住在新加坡的个人，同时也指在一个自然年度中，居留在或受雇于新加坡的时间超过183天（含183天）的个人，或者在新加坡连续工作或生活超过三年[①]（无论其在这三年中的任何一年是否在新加坡超过183天）。非居民个人，主要是指在一个自然年度中在新加坡居住少于60天或在新加坡境外连续工作超过6个月的个人。任何新加坡公民如果在任何一年内在海外受聘至少6个月，他可以在受聘海外后的估税年度中选择被归类为非居民。

八、印度尼西亚个人所得税的纳税人

印度尼西亚个人所得税的纳税人被划分为居民纳税人和非居民纳税人。居民纳税人是指在印度尼西亚境内连续12个月内逗留超过183天，或在一个会计年度期间在印度尼西亚居住且有意向继续逗留的个人；非居民纳税人是指不在印度尼西亚境内定居，且在连续的12个月内在境内逗留不超过183天的个人。个人的纳税人身份应由税务总署根据具体情况确定。

九、越南个人所得税的纳税人

越南个人所得税的纳税人被划分为居民纳税人和非居民纳税人。

居民纳税人是指满足下列其中一个条件的个人：在一个年度内或从到达越南的第一天起计算的连续12个月内在越南居住183天或超过183天的个人；在越南拥有一个惯常居所（经常性住所），可以是在越南有一个登记的永久住所或者一个有期限的租赁合同所明确的用于居住的出租房，越南居民纳税人按其全球收入纳税。

非居民纳税人是指不满足上述居民纳税人判定标准条款所列的任一条件的个人。扣缴义务人是指法律、行政法规规定负有代扣代

---

① 在新加坡，连续居住达到3年以上的人，可以被认定为新加坡永久性居民。

缴、代收代缴税款义务的单位和个人。根据越南法律的规定，支付款项的组织和个人有义务按照规定扣缴并申报缴纳个人所得税。

十、柬埔寨个人所得税的纳税人

柬埔寨只对个人的工资所得征税，称为工资税。工资税的纳税人分为居民个人和非居民个人。一个人在 12 个月中居住在柬埔寨的时间超过 182 天，即被视为柬埔寨居民。

任何柬埔寨王国自然居民无论薪金来源于国内或国外，都负有缴纳工资税的义务。

任何非柬埔寨王国的自然居民，对来源于柬埔寨国内薪金负有缴纳工资税的义务。

十一、我国与东盟各国个人所得税纳税人的比较

（一）共同点

我国和东盟国家都将个人所得税的纳税人分为居民纳税人和非居民纳税人；中国与东盟国家在对自然人居民身份确认的时间标准上，都是选择半年期标准。

（二）不同点

虽然在对自然人居民身份确认的时间标准上，中国与东盟国家都是选择半年期标准，但因各国政治、历史、文化习俗等因素的影响而各具特色。

1. 具体天数有所不同

如泰国和老挝采取的是 180 天的标准，而马来西亚、柬埔寨是 182 天的标准，中国、越南和新加坡是 183 天的标准。

2. 认定天数所在周期的规定不尽相同

中国和老挝、泰国、马来西亚等国规定在一个纳税年度内，柬埔寨、印尼和越南规定在连续的 12 个月内。

3. 部分东盟国家在确定纳税人居民身份的时候还考虑以前年度

马来西亚规定：在一个纳税年度中在马来西亚居住不足 182 天，但与相邻纳税年度连续居住之和至少 182 天；在四个纳税年度中有三个纳税年度居住不少于 90 天；在该纳税年度的前三年是居民纳税人的个人仍是印度尼西亚的税收居民。新加坡规定在新加坡连续工作或生活超过三年（无论其在这三年中的任何一年是否在新加坡超过 183 天）的个人也是新加坡税收居民。

第二节　征税范围的比较

一、中国个人所得税的征税范围

根据个人所得税法和个人所得税法实施条例，中国个人所得税的征税对象是个人取得的应税所得，税法列举了如下 9 项：

（1）工资、薪金所得，是指个人因任职或者受雇取得的工资、薪金、奖金、年终加薪、劳动分红、津贴、补贴以及与任职或者受雇有关的其他所得。

（2）劳务报酬所得，是指个人从事劳务取得的所得，包括从事设计、装潢、安装、制图、化验、测试、医疗、法律、会计、咨询、讲学、翻译、审稿、书画、雕刻、影视、录音、录像、演出、表演、广告、展览、技术服务、介绍服务、经纪服务、代办服务以及其他劳务取得的所得。

（3）稿酬所得，是指个人因其作品以图书、报刊等形式出版、发表而取得的所得。

（4）特许权使用费所得，是指个人提供专利权、商标权、著作权、非专利技术以及其他特许权的使用权取得的所得；提供著作权的使用权取得的所得，不包括稿酬所得。

（5）经营所得，是指：

①个体工商户从事生产、经营活动取得的所得，个人独资企业投资人、合伙企业的个人合伙人来源于境内注册的个人独资企业、合伙企业生产、经营的所得；

②个人依法从事办学、医疗、咨询以及其他有偿服务活动取得的所得；

③个人对企业、事业单位承包经营、承租经营以及转包、转租取得的所得；

④个人从事其他生产、经营活动取得的所得。

（6）利息、股息、红利所得，是指个人拥有债权、股权等而取得的利息、股息、红利所得。

（7）财产租赁所得，是指个人出租不动产、机器设备、车船以及其他财产取得的所得。

（8）财产转让所得，是指个人转让有价证券、股权、合伙企业中的财产份额、不动产、机器设备、车船以及其他财产取得的所得。

（9）偶然所得，是指个人得奖、中奖、中彩以及其他偶然性质的所得。

纳税人取得第（5）至第（9）项所得，依法分项计算个人所得税。居民个人取得第（1）至第（4）项所得（称为综合所得），按纳税年度合并计算个人所得税；非居民个人取得第（1）至第（4）项所得，按月或者按次分项计算个人所得税。

二、菲律宾个人所得税的征税范围

根据《国家税务法典（1997）》第32节，无论收入取得的来源地是否是菲律宾，总收入包括但不限于以下项目：①以任何形式支付的服务酬劳，包括但不仅限于费用、薪酬、工资、佣金及类似项目；②从事交易或营业活动或从事职业取得的总收入；③处置财产取得的收益；④利息；⑤租金；⑥特许权使用费；⑦股息；⑧年金；⑨奖励及奖金；⑩养老金；⑪合伙人从普通专业合伙的净收入中获得的分配股。

有一些项目不包括在总收入中，例如根据税收协定给予免税的所得；销售债券、企业债券或其他五年期以上的负债证明取得的收益；赎回在共有基金中股份取得的收益等。

三、老挝个人所得税的征税范围

老挝所得税的应税所得具体如下：

（1）工资、劳务费、加班费、超时务工费、职务工资、职位工资、年度补贴、公司董事会或经理的会务费，以及其他货币或实物形式的个人收益。

（2）公司股东或持股人的股息分红或其他收益。

（3）贷款利息、佣金、担保费收益：贷款利息所得；个人、法人的代理费或委托费用；按照合同或者其他条约收取的保证金所得。

（4）从政府组织的非商业性活动、国家建设、大型组织或民间社团活动中获取的收益。

（5）500万老挝基普以上的奖金及彩票收益。

（6）租金收入：土地、房屋建筑物、交通工具、机械设备或其他资产的租金收入。

（7）知识产权收入：出让专利、版权、商标或者其他权益所取得的收入。

（8）房地产转让收入：土地、建筑物或土地连带建筑物使用权的转让所得，包括个人转让房地产所取得的收入以及不属于申报纳税体系中的事业单位转让房地产所取得的收入。

四、马来西亚个人所得税的征税范围

（一）居民纳税人

马来西亚个人所得税采用综合所得税制，对居民纳税人从境内、外取得总收入减除家庭负担和基本生活需要以及限额减除用于教育、培训、医疗、书籍、公益捐赠等支出后的余额计征所得税。同时，马来西亚还考虑低收入居民和妇女，对其给予特殊优惠，如全年收入低于 35 000 林吉特的居民纳税人免税，妇女单独作为一个主体扣减费用等。马来西亚个人所得税适用 1% ~28% 的十级超额累进税率。

（二）非居民纳税人

非居民纳税人在马来西亚所赚取或收取的收入将被以不同的税率征收个人所得税。法律规定对非居民纳税人以下行为征税：商业、贸易或专业；就业股息租金；公共娱乐；利息；特许权使用费；与使用从非居民处购买的任何工厂或机械的经营财产或安装有关的服务支付；与技术管理或任何科学或商业经营、创业、项目或计划的技术管理或管理相关的技术咨询、协助或服务支付；租用或其他付款使用任何动产。

五、缅甸个人所得税的征税范围

（一）居民纳税人

居民纳税人需就其所有来源于缅甸境内或境外的全部所得缴纳个人所得税。全年个人所得税的起征点为 480 万缅元。

（二）非居民纳税人

非居民纳税人仅就其来源于缅甸境内的所得缴纳个人所得税。

六、泰国个人所得税的征税范围

泰国税法典中规定了 8 类应税所得和 3 种免税和不征税情况。

1. 应税所得

（1）工资薪金所得（包括股票、其他权益报酬附加利益）；

（2）劳务所得；

（3）权利金所得（包括经营权、著作权、商誉、专利、其他特许权及年金收入等）；

（4）利息、股息、红利、合伙企业分配所得、因投资合并、收购、解散或股权交易增值部分所得（即超过原始投资成本部分）；

（5）租赁所得及因分期付款买卖合同产生的违约金所得；

（6）专业职业所得，包括会计、法律、医疗等；

（7）工程服务所得（工程主要材料由委托方提供）；

（8）除上述所得外的其他经营所得。

2. 免税所得

（1）符合免税规定的资本所得。

①在泰国证券交易所中买卖上市公司股票及出售信托基金相关投资所产生的资本利得；

②出售企业发行的无息债券、公司债或其他债权工具所产生的资本利得（不包括无息债券、公司债或其他债权工具为首次出售且出售价格低于赎回价格的情况）；

③在东盟国家（ASEAN）所属的证券交易所中买卖上市的公司股票所产生的资本利得，不包括短期国库券、债券、公债或公司债。

（2）符合规定的赠予资产免税限额。子女（不包括养子女）自父母处无偿取得的不动产所得，个别子女取得的不动产所得每年不超过 2 000 万泰铢的部分：

①从直系尊亲属、直系卑亲属及配偶处取得的受赠所得，每年不超过 2 000 万泰铢的部分；

②从直系尊亲属、直系卑亲属及配偶以外的对象处，取得依据道德义务及传统仪式或场合所需的相关受赠所得，每年不超过

1 000 万泰铢的部分；

③依法将受赠资产捐赠给符合条件及规定的宗教、教育或其他公共福利事业。

（3）特定所得不需计算缴纳个人所得税情况，如：

①因受雇产生的日常支出、差旅费及附加福利金（如医疗费用）；

②符合法定限额的赠予及遗产所得；

③符合规定的年金基金、退休基金、长期权益基金、国家储蓄基金、保险及社会保险基金取得的所得。

七、新加坡个人所得税的征税范围

（一）居民纳税人

个人应就其在新加坡境内提供服务获得的受雇所得纳税，而无论酬金是在新加坡境内还是境外支付。居民个人获得境外来源的受雇所得不必纳税，但如果国外来源所得是通过境内合伙企业获取的，则不适用于这种豁免。新加坡居民个人通过合伙企业取得的外国来源股息、服务报酬、外国分支机构利润，如果符合某些规定条件，将免征新加坡税收。在新加坡进行贸易、个体经营、专业服务或职业活动的个人将就其获得的利润征税，至于个人是否从事贸易性质的活动，视具体情况而定。

1. 应税所得

（1）受雇所得。应纳税的受雇所得包括现金报酬、工资、薪金、休假薪资、董事费、佣金、奖金、退休补贴、额外待遇、通过雇员股份计划获得的收益和作为服务补偿的津贴。雇主向任何境外公积金或养老基金的缴费，在支付时应当被课税，除非因某些优惠条例而得以免税。

（2）自我雇佣和个体经营所得。应税自我雇佣所得是依据在一般公认会计原则下编制的财务报告来确认的，并根据税法对利润和亏损作出调整。个体经营所得和其他类型的所得合计，来确定应纳税所得额。

（3）投资所得。单一公司税制下，由新加坡税收居民企业支付的股息，股东在取得时不再征收所得税，不管该股息是从税后收入还是从免税收益中支付的。

（4）对雇主提供期权和股权计划的课税。雇主提供的股票期权在行权而非授予时课税。股份奖励在授予时课税，如果设有等待期，则在达到行权条件时课税。应税所得额为纳税义务发生时股份的公开市场价值与雇员支付的金额的差额。

2. 非应税所得

在新加坡，资本利得不纳税。但在某些情况下，税务机关会将涉及收购和处置不动产、股票证券的交易视为实质上的贸易活动。相应地，从此类交易中产生的收益也应纳税。此类收益是否应纳税视具体情况而定。

3. 免税所得

（1）来源于新加坡的投资所得（即不被认定为从贸易、个体经营或专业服务中取得的收益或利润的所得），如果直接来源于个人的特定金融工具，包括标准储蓄、活期和定期存款，免征税收。例如债券利息收入、年金、单位信托基金分配的收益。

（2）居民个人在新加坡收到的所有国外来源的所得（通过合伙企业取得的除外）都是免税的。

（二）非居民纳税人

非居民个人应就其在新加坡境内提供服务获得的受雇所得纳税，而无论酬金是在新加坡境内还是境外支付。非居民个人在新加坡境内取得的外国来源的收入则明确免税。非居民个人在一个日历年中在新加坡就业不超过 60 天的，对其受雇所得中来源于新加坡的部分，免征所得税。这种免税不适用于公司董事、公众艺人或者从事专业工作的人员。

八、印度尼西亚个人所得税的征税范围

印度尼西亚针对个人与企业征收的所得税均适用同一部《国内所得税法》，因此其个人所得税的征税范围与企业所得税基本相同，列有19项所得项目。

九、越南个人所得税的征税范围

（一）居民纳税人

1. 应税所得

越南实行分类与综合相结合的个人所得税制。应税所得包括经常所得和非经常所得，经常所得如工资薪金、奖金、提供劳务所得等，非经常所得如科技转让所得、中奖所得等。

（1）经营活动所得，包括商品生产或者贸易、提供服务所得，依照法律取得个体经营许可证的独立自由职业者取得的收入。

（2）工资薪金所得，包括：①工资、薪金和类似的收入；②津贴，但不包括按照规定付给有功服役人员的优惠待遇、国防或者安全津贴、危险行业津贴等；③各种形式的报酬；④参与商业协会、董事会、理事会及其他组织取得的全部货币收入；⑤纳税人获得的其他货币性或非货币性所得；⑥红利、奖金，但国家或国际组织授予的荣誉称号取得的奖金、国家认可的技术革新、发明创造取得的奖金、举报非法活动取得的奖金除外。

（3）资本投资所得，包括利息、股息和其他形式的资本投资所得，政府公债利息除外。

（4）资产转让所得，包括在经济组织中财产的转让所得、有价证券转让所得和其他形式的资产转让所得。

（5）房地产不动产转让所得，包括土地使用权和地上附着物转让所得、住房所有权或使用权转让所得、土地或水面租赁权的转让所得和从房地产不动产转让中取得的其他所得。

（6）中奖所得，包括彩票中奖、促销中奖、博彩或娱乐中奖、有奖游戏和竞赛中取得的其他奖金所得。

（7）特许权使用费所得，包括知识产权的分配许可取得的所得、技术转让所得；政府规定的其他不具有工资薪金性质的津贴。

（8）个人继承来自经济组织或商业公司的有价证券、资本股份、房地产不动产和其他资产所有权等方面的遗产所得。

2. 不征税所得

（1）毒害或危险补贴、地区补贴、给予生活条件特别艰苦的远岛或边境地区居民的补贴、人才引进补贴等；

（2）技术改进、技术发明的奖金，国家、国际级的奖赏，获得国家封赠的称号时取得的奖金，从国家财政获得的其他奖金或待遇；

（3）国家法律规定的社会补助、保险赔偿、辞退补助、调动补助；

（4）应缴纳企业所得税的个体户业主的收入；

（5）依法从工资、薪金中缴纳的社会保险、医疗保险费用。

3. 免税所得

（1）配偶之间、父母与子女、养父母与养子女、岳父母与女婿、公婆与儿媳妇、祖父母与孙子女或者同胞兄弟姐妹之间的不动产转让收入；

（2）唯一住房的土地使用权、住房产权、土地附着物转让所得；

（3）因国家征用土地取得的个人土地使用权收入；

（4）因国家对家庭和个人的农用土地用途改变而取得的收入；

（5）从信贷机构取得的存款利息收入或者从人寿保险公司取得的利息收入；

（6）国外汇款收入；

（7）按照法律规定从事夜班或加班工作取得的超过日班及规定

时间工资的收入；

(8) 社会保险支付的退休金等。

(二) 非居民纳税人

非居民纳税人仅按其来源于越南的收入纳税。

十、柬埔寨个人所得税的征税范围

柬埔寨工资税的征税对象是工资、薪金收入。柬埔寨居民个人要就其来自柬埔寨境内、境外的工资收入纳税，非居民个人仅就其来源于柬埔寨境内的工资收入纳税。

应税工资分为现金工资和附加福利工资，两者适用不同的税率。现金工资包括工资、奖金、加班补助等。附加福利工资包括教育补助（与雇佣有关的教育除外）、住宿补助、特定保险的补助、社会福利等。

柬埔寨除对工资征收所得税外，还对下列收入征收预提税：①个人经营的咨询服务收入，无形资产的特许权收入；②动产、不动产的租赁收入；③居民定期储蓄的利息；④居民非定期储蓄的利息；⑤非居民的储蓄利息、经营收入、特许权使用费等。

十一、我国与东盟各国个人所得税征税范围的比较

东盟国家和中国都在各自的税法中列举了个人所得税的征税对象（范围）。

菲律宾《国家税务法典（1997）》规定，无论收入取得的来源地是否是菲律宾，总收入包括但不限于 11 项征税所得。新加坡列举了征税的 5 大类所得项目后，第 6 类是“性质无法归属于上述几类的任何所得”。马来西亚个人所得税采用综合所得税制，对居民纳税人从境内、外取得总收入减除家庭负担和基本生活需要以及限额减除用于教育、培训、医疗、书籍、公益捐赠等支出后的余额计

征所得税；对非居民列举了8类所得征税。缅甸居民纳税人需就其所有来源于缅甸境内或境外的全部所得缴纳个人所得税；非居民纳税人仅就其来源于缅甸境内的所得缴纳个人所得税。印度尼西亚针对个人与企业征收的所得税均适用同一部《国内所得税法》，因此个人所得税的征税范围与企业所得税基本相同，列有19项所得项目。老挝列举了8类所得，越南列举了8类所得，柬埔寨对5类所得征税。

中国在个人所得税法中只列举了征税的9类所得项目，没有一个兜底条款。因此，可以说菲律宾、新加坡、马来西亚、缅甸和印度尼西亚的个人所得税征税范围都比中国宽泛了许多。中国个人所得税的征税范围与老挝、越南相当，比柬埔寨稍宽泛一些。

第三节　税率的比较

一、中国个人所得税税率

（一）综合所得适用的税率

综合所得适用3%～45%的7级超额累进税率，见表4-1。

表4-1　　综合所得适用的个人所得税税率表

级数	全年应纳税所得额	税率（%）
1	不超过36 000元的	3
2	超过36 000～144 000元的部分	10
3	超过144 000～300 000元的部分	20
4	超过300 000～420 000元的部分	25
5	超过420 000～660 000元的部分	30

续表

级数	全年应纳税所得额	税率（%）
6	超过660 000～960 000元的部分	35
7	超过960 000元的部分	45

注：(1) 本表所称全年应纳税所得额，是指居民个人取得综合所得以每一纳税年度收入额减除费用6万元以及专项扣除、专项附加扣除和依法确定的其他扣除后的余额。

(2) 非居民个人取得工资、薪金所得，劳务报酬所得，稿酬所得和特许权使用费所得，依照本表按月换算后计算应纳税额。

(二) 经营所得适用的税率

经营所得适用5%～35%的5级超额累进税率，见表4－2。

表4－2　经营所得适用的个人所得税税率表

级数	全年应纳税所得额	税率（%）	速算扣除数（元）
1	不超过30 000元的	5	0
2	超过30 000～90 000元的部分	10	1 500
3	超过90 000～300 000元的部分	20	10 500
4	超过300 000～500 000元的部分	30	40 500
5	超过500 000元的部分	35	65 500

(三) 其他所得适用的税率

利息、股息、红利所得，财产租赁所得，财产转让所得和偶然所得，适用比例税率，税率为20%。

二、菲律宾个人所得税税率

(一) 居民纳税人

菲律宾的个人所得税属于并立型分类综合所得税模式，除了被动所得、销售不在证券交易所进行交易的股票的资本利得和出售不动产的资本利得分类征收之外，其他的所得都综合征税，适用税率见表4－3和表4－4。对于各项被动所得及资本利得所适用的税率，见表4－5。

表 4－3　菲律宾个人所得税税率表（2018 年 1 月 1 日至 2022 年 12 月 31 日）

应纳税所得额		上档累进税额（比索）	超过部分适用税率（%）
超过（比索）	至（比索）		
0	25 000	0	0
25 000	40 000	0	20
40 000	80 000	30 000	25
80 000	200 000	130 000	30
200 000	800 000	490 000	32
800 000		2 410 000	35

表 4－4　菲律宾个人所得税税率表（自 2023 年 1 月 1 日起施行）

应纳税所得额		上档累进税额（比索）	超过部分适用税率（%）
超过（比索）	至（比索）		
0	25 000	0	0
25 000	40 000	0	15
40 000	80 000	22 500	20
80 000	200 000	102 500	25
200 000	800 000	402 500	30
800 000		2 202 500	35

表 4－5　适用于被动所得和资本利得的税率表

<table>
<tr><th colspan="3">所得项目</th><th>税率</th></tr>
<tr><td rowspan="6">利息</td><td colspan="2">利息：从任一货币银行储蓄和收益中获得的利息，或从储蓄替代物、信托基金和类似协议取得的其他金钱收益</td><td>20%</td></tr>
<tr><td rowspan="4">长期存款或投资取得的利息</td><td>持有达 5 年以上</td><td>免税</td></tr>
<tr><td>持有 4 年以上，不足 5 年</td><td>5%</td></tr>
<tr><td>持有 3 年以上，不足 4 年</td><td>12%</td></tr>
<tr><td>持有不足 3 年</td><td>20%</td></tr>
<tr><td colspan="2">在外币储蓄扩张机制项下从储蓄银行获得的利息</td><td>15%</td></tr>
</table>

续表

所得项目		税率
特许权使用费	一般	20%
	书籍、其他文学作品和音乐作品	10%
奖金	菲律宾慈善抽奖和乐透奖金不超过1万比索	0
	一般	20%
股息	个人从国内企业、合资股份公司、保险公司、共同基金公司以及跨国企业的地区运营总部取得的现金或财产形式的股息；个人从合伙企业（除了普通专业合伙外）的税后分配取得的作为合伙人的净所得；个人从社团、联合账户、合资企业或财团的税收分配取得的作为成员之一的净所得	10%
资本利得	销售、交换、赎回有担保债券、无担保债权或者其他到期日长达5年以上的债权凭证的所得，或者赎回共同基金份额的所得	免税
	由销售、交换、兑换或以其他方式处置国内公司股份取得的净资本利得，不包括通过证券交易市场销售或处置股票	10%
	将不动产销售或处置给政府或者其他政治分区或机关，或由政府所有或控制的公司取得的所得	6%

自雇人士和/或专业人士可以选择对总销售额或毛收入和其他营业外收入超过25万比索的部分适用8%税率，替代个人所得税累进税率和比例税。

（二）非居民纳税人

1. 在菲律宾从事贸易或经营的非居民外国人

在菲律宾从事贸易或商业的非居民外国人就其从菲律宾取得的应纳税所得额纳税，在缴纳所得税的方式上，应视同个人公民和居民外国人。当外国人来到菲律宾，于任一纳税年度内在菲律宾累计的停留时间超过180天时，就应被视为“在菲律宾从事经营的非居民外国人”。其具体适用税率见表4-6。

表 4-6 在菲律宾从事贸易或商业的非居民外国人适用的税率

所得类型	税率
股息：个人从国内企业、合资股份公司、保险公司、共同基金公司以及跨国企业的地区运营总部取得的现金或财产形式的股息；非居民外国人从合伙企业（除了普通专业合伙外）的税后分配取得的作为合伙人的净所得；非居民外国人从社团、联合账户、合资企业或财团的税收分配取得的作为成员之一的净所得	20%
利息：一般的利息收入	20%
利息：长期存款或投资取得的利息，持有达 5 年以上	免税
利息：长期存款或投资取得的利息，4 年以上，不足 5 年	5%
利息：长期存款或投资取得的利息，3 年以上，不足 4 年	12%
利息：长期存款或投资取得的利息，不足 3 年	20%
特许权使用费：一般情况	20%
特许权使用费：书籍、其他文学作品和音乐作品	10%
特许权使用费：电影和类似作品	25%
奖金：其他奖项（除了菲律宾慈善奖金和乐透彩票）	20%
奖金：金额小于或等于 10 000 比索的	20%
资本利得：销售、交换、赎回有担保债券、无担保债权或者其他到期日长达 5 年以上的债权凭证的所得，或者赎回共同基金份额的所得	免税
资本利得：由销售、交换、兑换或以其他方式处置国内公司股份取得的净资本利得，不包括通过证券交易市场销售或处置股票，不超过 100 000 比索	5%
资本利得：由销售、交换、兑换或以其他方式处置国内公司股份取得的净资本利得，不包括通过证券交易市场销售或处置股票，超过 100 000 比索	10%
资本利得：将不动产销售或处置给政府或者其他政治分区或机关，或由政府所有或控制的公司取得的所得	6%

2. 不在菲律宾从事贸易或经营的非居民外国人

不在菲律宾从事贸易或经营的非居民外国人，就其从菲律宾境内取得的全部所得，在各纳税年度内缴纳所得税，各项收入包括：利息、现金或财产形式的股息、租金、工资、薪酬、保费、年金、补偿、报酬、酬金或其他固定或可确定年度、定期或偶然的收益、利润、所得及资本利得，按照此类所得25%的税率征收所得税。

3. 受雇于跨国公司地区或区域总部及区域运营总部的外国人

对于受雇于跨国公司在菲律宾境内设立的地区或区域总部以及区域运营总部的外国人，应就其从该总部取得的总收入在各纳税年度里缴纳所得税，包括工资、薪酬、年金、补偿、报酬和其他酬金（例如答谢礼和补贴），对于此类所得按照总收入的15%缴纳所得税。

4. 受雇于境外银行单位的外国人

对于受雇于设立在菲律宾境内的境外银行单位的外国人，应就其从该境外银行单位取得的总收入在各纳税年度里缴纳所得税，包括工资、薪酬、年金、补偿、报酬和其他酬金（例如答谢礼和补贴），对于此类所得按照总收入的15%缴纳所得税。

5. 受雇于石油服务承包商和转包商的外国人

作为国外永久居民的外国人，因受雇于在菲律宾境内参与石油作业的外国服务承包商或外国服务转包商而在菲律宾工作，应就其从该承包商或转包商取得的工资、薪酬、年金、补偿、报酬和其他酬金（例如答谢礼和补贴），按照15%的税率在菲律宾缴纳个人所得税。

三、老挝个人所得税税率

（一）老挝薪金所得适用的税率

老挝薪金所得适用的税率见表4－7。

表4－7　老挝薪金所得适用的税率表（自2013年适用）

级数	应纳税所得额	税率（%）
0	不超过1 000 000基普的部分	0
1	超过1 000 000基普至3 000 000基普的部分	5
2	超过3 000 000基普至6 000 000基普的部分	10

续表

级数	应纳税所得额	税率（%）
3	超过 6 000 000 基普至 12 000 000 基普的部分	12
4	超过 12 000 000 基普至 24 000 000 基普的部分	15
5	超过 24 000 000 基普至 40 000 000 基普的部分	20
6	超过 40 000 000 基普的部分	24

（二）自由职业者和个体企业的利润税税率

自由职业者和个体企业的利润的计算同企业。自 2013 年自由职业者和个体企业的利润税适用的税率，见表 4－8。

表 4－8　　自由职业者和个体企业的利润税税率表

级数	应纳税所得额	税率（%）
0	不超过 3 600 000 基普的部分	0
1	超过 3 600 000 基普至 8 000 000 基普的部分	5
2	超过 8 000 000 基普至 15 000 000 基普的部分	10
3	超过 15 000 000 基普至 25 000 000 基普的部分	15
4	超过 25 000 000 基普至 40 000 000 基普的部分	20
5	超过 40 000 000 基普的部分	24

（三）其他所得适用的税率

除薪金所得、自由职业者和个体企业的利润以外的其他所得的适用税率，见表 4－9。

表 4－9　　其他所得适用的税率表

收入类型		适用税率（%）
股息红利		10
股权转让所得	若可以提供相关证明材料确定股权转让收入与股权转让成本	10
	若不能提供相关证明材料确定股权转让收入与股权转让成本	2
贷款利息、佣金、担保费收入		10

续表

收入类型	适用税率（%）
从政府组织的非商业性活动、国家建设、大型组织或民间社团活动中获取的收益	10
500 万老挝基普以上的奖金及彩票收益	5
租金收入	10
知识产权收入	5
房地产转让收入	5 或 2

四、马来西亚个人所得税税率

（一）居民纳税人

近年来，马来西亚个人所得税的税率，见表 4－10、表 4－11 和表 4－12。

表 4－10　个人所得税税率表（2015 评税年度）

级数	应纳税所得额	税率（%）
0	不超过 5 000 林吉特	0
1	超过 5 000 林吉特不超过 20 000 林吉特的部分	1
2	超过 20 000 林吉特不超过 35 000 林吉特的部分	5
3	超过 35 000 林吉特不超过 50 000 林吉特的部分	10
4	超过 50 000 林吉特不超过 70 000 林吉特的部分	16
5	超过 70 000 林吉特不超过 100 000 林吉特的部分	21
6	超过 100 000 林吉特不超过 250 000 林吉特的部分	24
7	超过 250 000 林吉特不超过 400 000 林吉特的部分	24.5
8	超过 400 000 林吉特的部分	25

表 4－11　个人所得税税率表（2016—2017 评税年度）

级数	应纳税所得额	税率（%）
0	不超过 5 000 林吉特	0
1	超过 5 000 林吉特不超过 20 000 林吉特的部分	1

续表

级数	应纳税所得额	税率（%）
2	超过 20 000 林吉特不超过 35 000 林吉特的部分	5
3	超过 35 000 林吉特不超过 50 000 林吉特的部分	10
4	超过 50 000 林吉特不超过 70 000 林吉特的部分	16
5	超过 70 000 林吉特不超过 100 000 林吉特的部分	21
6	超过 100 000 林吉特不超过 250 000 林吉特的部分	24
7	超过 250 000 林吉特不超过 400 000 林吉特的部分	24.5
8	超过 400 000 林吉特不超过 600 000 林吉特的部分	25
9	超过 600 000 林吉特不超过 1 000 000 林吉特的部分	26
10	超过 1 000 000 林吉特的部分	28

表 4-12　个人所得税税率表（自 2018 评税年度）

级数	应纳税所得额	税率（%）
0	不超过 5 000 林吉特	0
1	超过 5 000 林吉特不超过 20 000 林吉特的部分	1
2	超过 20 000 林吉特不超过 35 000 林吉特的部分	3
3	超过 35 000 林吉特不超过 50 000 林吉特的部分	8
4	超过 50 000 林吉特不超过 70 000 林吉特的部分	14
5	超过 70 000 林吉特不超过 100 000 林吉特的部分	21
6	超过 100 000 林吉特不超过 250 000 林吉特的部分	24
7	超过 250 000 林吉特不超过 400 000 林吉特的部分	24.5
8	超过 400 000 林吉特不超过 600 000 林吉特的部分	25
9	超过 600 000 林吉特不超过 1 000 000 林吉特的部分	26
10	超过 1 000 000 林吉特的部分	28

马来西亚个人所得税各档税率的累进程度并不是等额增加，而是按逐渐增加再逐渐减少增加额累进，不仅体现“按能赋税”原则，也通过减少边际税率增长率鼓励工作，促进经济增长。

（二）非居民纳税人

非居民纳税人在马来西亚所赚取或收取的收入将被按表 4－13 中的税率征税。

表 4－13　马来西亚非居民纳税人个人所得税的税率

收入类型[①]	税率（%）
商业、贸易或专业、就业、股息、租金	28
公共娱乐、利息	15
与使用从非居民处购买的任何工厂或机械的经营财产或安装有关的服务支付	10
与技术管理或任何科学或商业经营、创业、项目或计划的技术管理或管理相关的技术咨询、协助或服务支付	
租用或其他付款使用任何动产的支付	

五、缅甸个人所得税税率

（一）居民纳税人

居民纳税人，适用于 0～25% 的超额累进税率，见表 4－14。

表 4－14　缅甸个人所得税税率表（自 2014/2015 纳税年度起）

级次	应纳税所得额	税率（%）
0	不超过 2 000 000 缅元的部分	0
1	超过 2 000 000～5 000 000 缅元的部分	5
2	超过 5 000 000～10 000 000 缅元的部分	10
3	超过 10 000 000～20 000 000 缅元的部分	15
4	超过 20 000 000～30 000 000 缅元的部分	20
5	超过 30 000 000 缅元的部分	25

① 居民支付是非居民的收入，居民支付这些款项时，需按税率扣缴税款。

（二）非居民纳税人

非居民纳税人，也适用于表4－14的0～25%的超额累进税率，且无权享受家庭津贴。如若属于非工资薪金所得需按照25%税率征收个人所得税，并不允许任何扣除。

六、泰国个人所得税税率

1992—2012年泰国个人所得税采用5%～37%的5级超额累进税率，具体情况见表4－15。

表4－15　　个人所得税税率表（1992—2012年）

应税所得	税率（%）
未超过100 000泰铢的部分	5
超过100 000泰铢未超过500 000泰铢的部分	10
超过500 000泰铢未超过1 000 000泰铢的部分	20
超过1 000 000泰铢未超过4 000 000泰铢的部分	30
超过4 000 000泰铢的部分	37

2013—2016年泰国个人所得税采用5%～35%的7级超额累进税率，且少于150 000泰铢的应税所得可获得税收豁免，相比原来的5级超额累进税率，纳税人的税收负担是下降的，具体情况见表4－16。

表4－16　　泰国个人所得税税率（2013—2016年）

应税所得	税率（%）
150 000泰铢以下的部分	豁免
超过150 000泰铢未超过300 000泰铢的部分	5
超过300 000泰铢未超过500 000泰铢的部分	10
超过500 000泰铢未超过750 000泰铢的部分	15
超过750 000泰铢未超过1 000 000泰铢的部分	20
超过1 000 000泰铢未超过2 000 000泰铢的部分	25

续表

应税所得	税率（%）
超过 2 000 000 泰铢未超过 4 000 000 泰铢的部分	30
超过 4 000 000 泰铢的部分	35

自 2017 年起泰国个人所得税仍采用 5% - 35% 的 7 级超额累进税率，但适用最高税率的应税所得额提高了，纳税人的税收负担相比原来是下降的，具体情况见表 4 - 17。

表 4 - 17　泰国个人所得税税率（2017 年以后）

应税所得	税率（%）
150 000 泰铢以下的部分	豁免
超过 150 000 泰铢未超过 300 000 泰铢的部分	5
超过 300 000 泰铢未超过 500 000 泰铢的部分	10
超过 500 000 泰铢未超过 750 000 泰铢的部分	15
超过 750 000 泰铢未超过 1 000 000 泰铢的部分	20
超过 1 000 000 泰铢未超过 2 000 000 泰铢的部分	25
超过 2 000 000 泰铢未超过 5 000 000 泰铢的部分	30
超过 5 000 000 泰铢的部分	35

七、新加坡个人所得税税率

（一）居民纳税人

新加坡作为一个国际自由港和地区性制造中心，人才和外资的引进成为其发展不可或缺的条件，因此，包括个人所得税在内的各项税收政策都较其他国家更具吸引力。近年来，新加坡同时顺应世界减税趋势，逐渐下调了个人所得税税率，2012 财年至 2016 财年所适用的税率被调到了最低点，纳税人的税收负担最轻；自 2017 财年较高收入者适用的税率，又有所调高，税收负担有所回升，见表 4 - 18。

表 4－18　　新加坡居民纳税人个人所得税税率表

<table>
<tr><th rowspan="2">应税所得</th><th colspan="3">税率</th></tr>
<tr><th>2007 财年至 2011 财年适用</th><th>2012 财年至 2016 财年适用</th><th>自 2017 财年适用</th></tr>
<tr><td>不超过 20 000 新元的部分</td><td>0</td><td>0</td><td>0</td></tr>
<tr><td>超过 20 000 新元不超过 30 000 新元的部分</td><td>3. 5</td><td>2</td><td>2</td></tr>
<tr><td>超过 30 000 新元不超过 40 000 新元的部分</td><td>5. 5</td><td>3. 5</td><td>3. 5</td></tr>
<tr><td>超过 40 000 新元不超过 80 000 新元的部分</td><td>8. 5</td><td>7</td><td>7</td></tr>
<tr><td>超过 80 000 新元不超过 120 000 新元的部分</td><td rowspan="2">14</td><td>11. 5</td><td>11. 5</td></tr>
<tr><td>超过 120 000 新元不超过 160 000 新元的部分</td><td>15</td><td>15</td></tr>
<tr><td>超过 160 000 新元不超过 200 000 新元的部分</td><td rowspan="4">17</td><td>17</td><td>18</td></tr>
<tr><td>超过 200 000 新元不超过 240 000 新元的部分</td><td rowspan="3">18</td><td>19</td></tr>
<tr><td>超过 240 000 新元不超过 280 000 新元的部分</td><td>19. 5</td></tr>
<tr><td>超过 280 000 新元不超过 320 000 新元的部分</td><td>20</td></tr>
<tr><td>超过 320 000 新元的部分</td><td>20</td><td>20</td><td>22</td></tr>
</table>

（二）非居民纳税人

非居民个人适用的所得税税率见表 4－19。

表 4－19　　非居民个人适用的所得税税率表

所得类别	税率（%）（a）
受雇所得（董事费除外）	15
董事费	22
专业服务所得	15（b）

续表

所得类别	税率（%）（a）
利息（不包括从经批准的银行、信贷公司、具备资格的债务证券和项目债务证券获得的免税利息）	15（c）
股息（免税股息和单一制股息除外）	0（d）
由动产和科学、技术、工业或商业知识/信息的使用或使用权产生的使用费	10（c）
使用动产的租金	15
公众艺人所得	10（e）
符合资格的国际仲裁员和调解员的收入	免税（f）
其他收入	22

注：（a）表示税率可根据双边税收协定（税收安排）的条款下调。

（b）表示这是对所得总额课征的最终预提税税率，除非非居民专业工作者选择对所得净额按22%纳税。

（c）表示此税率仅适用于所得并非来源于该非居民个人自己在新加坡从事的贸易、个体经营、专业服务或职业活动的情形。

（d）表示新加坡目前对股息不征预提税，但税收协定（税收安排）中规定了股息适用的预提税税率。

（e）表示此降低税率适用期为2010年2月22日至2020年3月31日。之后是否回调至15%，取决于政府未来的通告。

（f）表示这项豁免将于2020年3月31日重新审查。

八、印度尼西亚个人所得税税率

（一）居民纳税人

印度尼西亚居民纳税人取得的受雇所得、生产经营所得、专业服务所得和保险代理人佣金所得适用的个人所得税税率，见表4-20。

表4-20　印度尼西亚居民纳税人个人所得税税率

应税所得	税率（%）
不超过5 000万印尼盾的部分	5
超过5 000万~2.5亿印尼盾的部分	15

续表

应税所得	税率（%）
超过2.5亿~5亿印尼盾的部分	25
超过5亿印尼盾的部分	30

除上述规定以外，个人取得的股息分红的最终税率为10%。如果个人纳税人的纳税义务期间并非包括全年，其应纳税额应按照纳税义务天数除以360天得到的比例占全年收入的金额进行计算。

（二）非居民纳税人

非居民个人纳税人以受雇所得、股息红利、利息、特许权使用费、租金、奖励或特许权以及技术、管理和其他服务形式取得的所得需要按20%的税率缴纳预提税。若印度尼西亚与非居民纳税人所在国签订税收协定，该非居民个人纳税人就个人所得可以根据税收协定享受一定的减免。

九、越南个人所得税税率

越南个人所得税制度规定经常所得项目和非经常所得项目采用不同的税率，其中对经常所得项目分设了7档超额累进税率，对非经常所得项目采用差别税率，如科技转让所得及博彩所得分别适用5%和10%的税率。

（一）居民纳税人

从2009年1月1日起，越南人和居住在越南的外籍人士适用同一税率。适用于所有税收居民个人的经营所得、工资、薪金所得的同一累进税率如表4-21所示。

表4-21　居民经营所得、工资薪金所得适用的税率表

级次	每年应税所得（百万越南盾）	每月应税所得（百万越南盾）	税率（%）
1	60以下	5以下	5
2	60~120	5~10	10

续表

级次	每年应税所得（百万越南盾）	每月应税所得（百万越南盾）	税率（%）
3	120～216	10～18	15
4	216～384	18～32	20
5	384～624	32～52	25
6	624～960	52～80	30
7	超过 960	超过 80	35

居民资本投资所得、资产转让所得、房地产不动产转让所得、中奖所得、特许权所得、商业特许权所得、遗产或赠予所得适用税率如表 4－22 所示。

表 4－22　　居民其他所得个人所得税税率表

应税收入	税率（%）
资本投资所得	5
版权，商业特许权	5
中奖所得	10
遗产，赠予所得	10
费用能够确定的资产转让所得	20
费用无法确定的有价证券转让所得	0.1
费用能够确定的房地产转让所得	25
费用无法确定的房地产转让所得	2

（二）非居民纳税人

非居民工资薪金收入应纳税额等于工资薪金收入乘以 20% 的税率。非居民工资薪金所得的应税收入是非居民在越南工作取得的工资薪金收入总额，不管其收入支付人是谁。同时，对在经济特区工作的非居民减征 50% 的个人所得税，为官方发展援助项目工作的外国专家免征个人所得税。

非居民的其他类型所得的税率分别规定如下：

（1）商品贸易所得，税率为1%。

（2）劳务供应所得，税率为5%。

（3）生产、建筑、运输和其他经营活动所得，税率为2%。

（4）资本投资所得，税率为5%。应纳税额等于非居民从其在越南对组织或其他个人的资本投资中取得的全部货币所得乘以5%的税率。

（5）资产转让所得，税率为0.1%。应纳税额等于非居民将其资产的一部分转让给组织或个人取得的全部货币所得乘以0.1%的税率，不管转让发生在越南还是国外。

（6）房地产转让所得，税率为2%。应纳税额等于非居民房地产转让价格乘以2%的税率。

（7）版权所得（非居民纳税人每次转让使用权合同取得的超过1 000万越南盾的所得），税率为5%。

（8）商业特许权所得（非居民纳税人在越南从每个商业特许权合同取得的超过1 000万越南盾的所得），税率为5%。

（9）中奖、遗产或赠予所得，税率为10%。其中，非居民中奖所得的应税收入等于其在越南每次中奖取得的超过1 000万越南盾的奖金数额；遗产或赠予所得应税收入等于非居民在越南每次获得的超过1 000万越南盾的遗产或赠予数额。

十、柬埔寨个人所得税税率

柬埔寨对个人所得征税的项目有限，主要是对工资薪金所得征税，还有其他少量所得。

柬埔寨的工资税税率根据经济发展情况进行调整，2016年12月31日之前，居民工资税税率见表4－23；2017年1月1日至2017年12月31日，居民工资税税率见表4－24；自2018年1月1日起，居民工资税税率见表4－25。

表 4－23 柬埔寨居民工资税税率表（2016 年 12 月 31 日之前）

级数	月应纳税所得额	税率（%）
1	不超过 800 000 瑞尔的部分	0
2	超过 800 000 瑞尔至 1 250 000 瑞尔的部分	5
3	超过 1 250 000 瑞尔至 8 500 000 瑞尔的部分	10
4	超过 8 500 000 瑞尔至 12 500 000 瑞尔的部分	15
5	超过 12 500 000 瑞尔的部分	20

表 4－24 柬埔寨居民工资税税率表（2017 年 1 月 1 日至 12 月 31 日）

级数	月应纳税所得额	税率（%）
1	不超过 1 000 000 瑞尔的部分	0
2	超过 1 000 000 瑞尔至 1 500 000 瑞尔的部分	5
3	超过 1 500 000 瑞尔至 8 500 000 瑞尔的部分	10
4	超过 8 500 000 瑞尔至 12 500 000 瑞尔的部分	15
5	超过 12 500 000 瑞尔的部分	20

表 4－25 居民工资税税率表（自 2018 年 1 月 1 日起）

级数	月应纳税所得额	税率（%）
1	不超过 1 200 000 瑞尔的部分	0
2	超过 1 200 000 瑞尔至 2 000 000 瑞尔的部分	5
3	超过 2 000 000 瑞尔至 8 500 000 瑞尔的部分	10
4	超过 8 500 000 瑞尔至 12 500 000 瑞尔的部分	15
5	超过 12 500 000 瑞尔的部分	20

非居民个人的工资税税率为 20%。

附加福利部分的税款由雇主缴纳，税率为附加福利市场价值的 20%。

柬埔寨对下列收入征收预提税：

（1）个人经营的咨询服务收入、无形资产的特许权使用费等，税率为 15%；

（2）动产、不动产的租赁收入，税率为 10%；

（3）居民定期储蓄的利息，税率为 6%；

（4）居民非定期储蓄的利息，税率为 4%；

（5）非居民的储蓄利息、经营收入、特许权使用费等，税率为 14%。

2017 年 10 月 27 日，经济和财政部发布了第 1129 号法令，以降低小额贷款机构（MFIs）对非居民贷款机构的利息支付税率。该法令适用于在柬埔寨的银行和在金融法律和规定下管理的小额信贷公司。根据该法令的规定，在 2017 年（但在该法令发布之前支付的利息不适用）和 2018 年，小额信贷机构向非居民贷款机构支付的利息预扣所得税税率将减少到 10%。

十一、我国与东盟各国个人所得税税率的比较

中国和菲律宾、印度尼西亚、越南实行的都是并立型的分类与综合相结合的所得税制。老挝和柬埔寨实行的是分类所得税制，新加坡、缅甸、泰国和马来西亚都是综合个人所得税制。

在税率上，新加坡等实行综合所得税制的国家都采取超额累进税率；而实行分类所得税制和分类综合相结合所得税制的国家都同时采用超额累进税率和比例税率。新加坡、越南、柬埔寨、老挝、缅甸等国家对国内居民和非居民适用不同的税率。

从本节对中国和东盟国家个人所得税税率的介绍情况来看，虽然东盟国家对非居民多采用比例税率，但由于这一比例税率多是居民适用的超额累进税率的最高边际税率，所以，非居民纳税人的个人所得税税收负担一般高于居民纳税人。而我国个人所得税对居民纳税人和非居民纳税人适用相同的税率。

从表 4－26 中可以看出，菲律宾、泰国、越南是东盟国家中边际税率最高的国家，其最高边际税率是 35%，而我国的最高边际税率是 45%，比这三个国家高了 10 个百分点。最高边际税率最低的

国家是柬埔寨，只有20%，而新加坡作为发达国家，其最高边际税率也只有22%，对比这两个国家，我国分别高了25个和23个百分点，高了1倍多。

表4-26 中国和东盟国家个人所得税主要所得税率累进情况比较表

国别	税率级数	各级税率（%）	最高边际税率（%）
中国	7	3、10、20、25、30、35、45	45
菲律宾	6	0、15、20、25、30、35	35
老挝	7	0、5、10、12、15、20、24	24
马来西亚	11	0、1、3、8、14、21、24、24.5、25、26、28	28
缅甸	6	0、5、10、15、20、25	25
泰国	8	0、5、10、15、20、25、30、35	35
新加坡	11	0、2、3.5、7、11.5、15、18、19、19.5、20、22	22
印度尼西亚	4	5、15、25、30	30
越南	7	5、10、15、20、25、30、35	35
柬埔寨	5	0、5、10、15、20	20

与东盟国家相比，我国个人所得税的最高边际税率显得太高，不利于吸引国际高端人才，也不利于发挥高端人才工作、创新的积极性。

第四节 税收优惠的比较

中国和东盟国家个人所得税的优惠主要都是针对居民纳税人的，适用比例税率的所得项目应纳税所得额的计算也比较简单，本节主要就居民纳税人的税收优惠进行比较。

一、中国个人所得税税收优惠

中国个人所得税的税收优惠主要有以下几个方面：

（1）自然灾害受灾减免个人所得税优惠；

（2）残疾、孤老、烈属减征个人所得税优惠；

（3）个人转让5年以上唯一住房免征个人所得税优惠；

（4）随军家属从事个体经营免征个人所得税优惠；

（5）军转干部从事个体经营免征个人所得税优惠；

（6）失业人员从事个体经营减免个人所得税优惠；

（7）低保及零就业家庭从事个体经营减免个人所得税优惠；

（8）取消农业税从事四业所得暂免征收个人所得税优惠等。

二、菲律宾个人所得税税收优惠

菲律宾的税收优惠主要有：

1. 免征额

纳税人个人的免税额为50 000比索。

2. 家庭附加免征额

每个被抚养人最多可享有25 000比索的附加免征额，但人数不得超过4个。若为已婚个人，仅有配偶中的一方可申请家属附加免征额。

3. 个人纳税人的健康及医疗保险的保费支付

每个家庭不超过2 400比索或纳税人在一个纳税年度内每月为自己包括其家庭，支付的健康及医疗保险的保费，应准予从其总收益中进行扣除。所述家庭的总收益在纳税年度当年不超过250 000比索。

三、老挝个人所得税税收优惠

以下所得在老挝可免于缴纳个人所得税：

（1）不超过100万老挝基普的月薪收入；

（2）由老挝政府与相关方所签订的合同，并根据外交部的规定，在老挝境内工作的使馆员工、国际组织机构的人员以及外国专家的工资收入；

（3）在股票市场上出售个人或法人所持有的股权所得；

（4）给不超过 18 岁的未成年人、产妇、残疾人等的补助资金、一次性补贴、政府贫困补助等；

（5）上市公司的股东或持股人所取得的分红；

（6）所获取的上市公司债券收益；

（7）有相关组织证明的残疾人劳务费；

（8）价值在 500 万老挝基普以下的彩票奖金；

（9）企业经营者所获得的资产租赁收入；

（10）政府和企业缴纳的社会保险；

（11）从事取得相关部门许可的公益活动的所得；

（12）存款利息、政府债券收益；

（13）个人或组织的人身财产保险；

（14）政府奖励给在跟踪、搜寻、保卫、抵抗和阻止各种违法行为中作出突出贡献的奖金或补贴；

（15）向在国家解放斗争事业中有重要贡献的人员、烈士等给予的补贴；

（16）向在企业管理工作以及创新中获得成就给予的奖金；

（17）根据预算支出使用法的规定，使用政府预算或者援助项目资金从事重要工作的员工、政府公务员的餐费、路费、备用金以及住宿费；

（18）按照财务制度申报纳税的生产经营单位已计入企业收益的土地、建筑物的使用权转让所得，以及遗产继承所得。

四、马来西亚个人所得税税收优惠

在马来西亚，下列情况无须缴纳个人所得税：

（1）在马来西亚工作不到 60 天；

（2）在马来西亚的船上工作；

（3）年龄满 55 岁，并领取马来西亚就业养老金；

（4）收到银行的利息；

（5）收到免税股息。

五、缅甸个人所得税税收优惠

居民纳税人每项所得可享受 20% 的免税额，但全年免税总额不得超过 1 000 万缅元。人寿保险费、符合规定的捐赠等可税前扣除，但上限为总收入的 25%。此外，有配偶和子女的个人可享受一定的扣除额，见表 4 – 27。居住在境外的居民纳税人需以外币的形式缴纳占总收入 10% 的个人所得税。

表 4 – 27　　缅甸个人所得税免税及税前可扣除项目

减免类型	额度
基础型	20%（不超过 1 000 万缅元）
父母（必须与纳税人居住）	每人 100 万缅元
受扶养配偶	100 万缅元
年龄在 18 周岁以下子女	每人 50 万缅元
人身保险（自己或配偶）	实际支付的总保费
社会安全津贴（仅适用于缅甸居民纳税人）	总保费

此外，下列收入免征个人所得税：

（1）一个财务年度内，因逮捕违反使用麻醉药品和精神药品，一次或多次获得多达 10 000 000 缅元作为奖励的；

（2）一个财务年度内，因检获非法材料，一次或多次获得多达 10 000 000 缅元作为奖励；

（3）随同国家颁发的奖章一起发放的奖励；

（4）居住在国外的公民以外币形式所获得的工资薪金；

（5）公务员退休所取得的养恤金和酬金；

（6）通过国营彩票获得的奖金；

（7）税法规定的部分补贴福利。

六、泰国个人所得税税收优惠

（一）一般减免

（1）纳税人可减免 60 000 泰铢（不管在泰国境内居住时间是否达到 180 天）。

（2）纳税人的配偶可减免 60 000 泰铢。

（3）纳税人的婚生子女、养子女、继子女减免。25 岁以下并接受全日制教育的每个子女减免 30 000 泰铢（最多 3 个子女）。

（4）保险费减免。纳税人纳税年度实际支付不超过 10 000 泰铢的保险费，仅限于 10 年以上的人寿保险单保险，且只担保被保险人在泰国境内的人身安全。

（5）年金减免。按照规定存入职业年金的金额，实际支付不超过 10 000 泰铢的可减免。

（6）纳税人向银行、其他金融机构、人寿保险公司或合作信用社支付的房贷利息。

（7）社会保险金减免。纳税人按法律规定实际缴纳社会保险金的金额。

（8）赡养父母减免。纳税人赡养父母的费用，包括赡养配偶父母的费用，可每人减免 30 000 泰铢，父母年龄必须超过 60 岁且收入不能满足生活所需和需要纳税人赡养。

（二）夫妻双方都有收入的扣除

（1）受雇的收入，扣除收入的 40%，但扣除额不得超过 60 000 泰铢。

（2）特许权使用收入，扣除收入的 40%，但扣除额不得超过 60 000 泰铢。

（3）租赁收入：建筑和码头的租赁收入，扣除收入的 30%；来自农业用地的租赁收入，扣除收入的 20%，其他用地的租赁收入，扣除收入的 15%；机动车的租赁收入，扣除收入的 30%；其他财产的租赁收入，扣除收入的 10%。

（4）律师、工程师、建筑师、会计师和承包商等自由职业者的收入可按实际支出扣除，或者按收入的 30% 扣除，医疗专业人员的收入可扣除 80%。

（5）承包人取得的收入，可以扣除承包人提供必要的材料和工具的实际费用，或者收入的 70%。

（6）来自商业、农业、工业、运输或上述未列明活动中的收入，可扣除实际费用，或者根据收入的种类扣除收入的 40% 至 85%。

（三）其他减免

（1）纳税人死亡的减免，可以减免 30 000 泰铢。

（2）纳税人未分配遗产的减免，可减免 30 000 泰铢。

（3）纳税人为非法人合伙企业股东的减免，在泰国股东每人减免 30 000 泰铢，减免总额不得超过 60 000 泰铢。

七、新加坡个人所得税税收优惠

（一）税前个人扣除

准许新加坡个人居民进行个人扣除。表 4－28 总结了 2017 纳税年度（2016 日历年中获得的收入）的一些扣除项目。

表 4－28　新加坡居民个人所得税税前部分扣除项目

扣除类型		扣除额（新元）
配偶免征额		2 000
残疾配偶		5 500
劳动所得	55 岁以下	1 000
	55～59 岁	6 000
	60 岁以上	8 000

续表

扣除类型		扣除额（新元）
残障人士劳动所得	55 岁以下	4 000
	55～59 岁	10 000
	60 岁以上	12 000
子女免征额（每人）		4 000
残疾子女免征额（每人）		7 500
赡养父母（至多两人）	与纳税人共同生活	9 000
	未与纳税人共同生活	5 000
赡养残障父母	与纳税人共同生活	额外 5 000
	未与纳税人共同生活	额外 4 500

注：本表为部分扣除项目，配偶免征额是传统的妻子免征额的扩充，目的是对男性和女性纳税人扶养配偶的行为都给予褒奖。供养前任配偶的个人不再享受配偶免征额和残障配偶免征额。

（二）可限额扣除的费用项目

职业母亲的子女减免和外籍女佣的扣除项目适用于在新加坡工作的已婚女性。父母在一定条件下可以获得生育退税。预备役军人及其配偶或父母可享受特殊扣除项目。

准许以下针对人寿保险费用或者其他被认可的养老基金缴费的税前扣除项目：

对雇员而言，寿险保费总额、向中央公积金（CPF）以外的其他被认可的养老基金缴费，均可在税前扣除，上限 5 000 新元，前提是中央公积金缴费总额不低于 5 000 新元。

从事贸易、个体经营、专业服务或职业活动的个人，中央公积金缴费可以在税前扣除，2017 纳税年度的上限为 37 740 新元。

为纳税人自己、纳税人父母、纳税人祖父母的中央公积金退休账户进行现金缴费，可申请上限为 7 000 新元的税前扣除项目，包括纳税人为不工作的配偶或前一年赚取收入不超过 4 000 新元的兄弟姐妹缴费。

经批准的课程费用也可以在税前扣除，上限是 5 500 新元。

自 2018 纳税年度起，每个纳税人每年可申请 80 000 新元的税前扣除额。

根据所得税法案，非居民个人不得对相关费用进行税前扣除抵减，不享受个人所得税税收优惠。

八、印度尼西亚个人所得税税收优惠

以下收入类型在印度尼西亚免除个人所得税：

（1）由财政部所认定的，由印度尼西亚境内所设银行及境外银行印度尼西亚境内分行所发放的养老金利息；

（2）每人每年在 15 840 000 印尼盾以内的收入；

（3）已婚个人每年额外增加 1 320 000 印尼盾的免税收入额；

（4）联合报税的每位纳税人配偶可额外增加 15 840 000 印尼盾的免税收入额；

（5）纳税人每增加一位被抚养人（最多三位）可额外增加 1 320 000 印尼盾的免税收入额；

（6）境内外教育机构所发放的奖学金；

（7）日薪低于 150 000 印尼盾的短期劳动报酬；

（8）由国家指定机构发放的社会保险收入。

九、越南个人所得税税收优惠和应纳税额的计算

（一）免税所得

下列所得免税：

（1）家庭成员之间的房地产不动产转让所得；

（2）唯一一处住房的土地使用权、住房产权、土地附着物转让所得；

（3）因国家征用土地取得个人土地使用权所得；

（4）家庭成员之间的遗产或赠予所得；

（5）家庭和个人直接从农业或林业生产、食盐制造、水产业、渔业、未加工的水生资源贸易中取得的所得；

（6）为生产而进行的国家对家庭和个人的农用土地用途改变取得的所得；

（7）从信贷机构取得的存款利息所得或者从人寿保险公司取得的利息所得；

（8）国外汇款所得；

（9）按照法规规定从事夜班或加班工作取得的超过日班及规定时间工资的所得；

（10）社会保险支付的退休金；

（11）奖学金所得，包括国家预算支付的奖学金；

（12）国内和国外组织根据其学习促进计划给予的奖学金；

（13）人寿保险公司、非人寿保险公司给付的赔款，工伤事故赔偿，国家给予的赔偿和其他依法支付的赔偿；

（14）从经国家指定机构认可的慈善基金取得的出于慈善、人道主义目的或非营利的所得；

（15）由国家指定机构取得的出于慈善、人道主义目的的政府或非政府性外部援助。

（二）税前扣除

（1）基于家庭情况的扣除：对纳税人的扣除额为每月 900 万越南盾（每年 10 800 万越南盾）；对于负有抚养义务的纳税人，扣除额为每人每月 360 万越南盾。

（2）基于慈善或人道主义目的捐赠的扣除：可以从居民纳税人的经营、工资薪金税前收入中扣除向专门的儿童保育、残疾福利、无依靠老年人提供帮助的机构和组织提供的捐赠，向慈善基金、人道主义基金或者学习促进基金提供的捐赠。

（三）减征个人所得税的情况

若纳税人的生活遭受天灾、祸患影响，经核实可减征所得税，但减征额不得超过应纳税额。

九、柬埔寨个人所得税税收优惠

可以免税的工资包括得到认可的国际组织、外交机构的雇员的工资等。柬埔寨的国会议员不缴纳工资税。

从 2017 年 1 月 1 日起，如果居民纳税人的孩子在 14 岁以下（接受全日制教育则 25 岁以下），则纳税人可享受每月每人 150 000 瑞尔扣除；如果配偶只从事家务，也可享受每月 150 000 瑞尔扣除，仅限 1 名配偶。

十、我国与东盟各国税收优惠和应纳税额计算的比较

目前，中国个人所得税中工资薪金所得免征额为每月 5 000 元，个体工商户可扣除生产经营的成本和费用；劳务报酬、稿酬所得、特许权使用费所得、财产租赁所得等每次可扣 800 元或 20%，利息、股息、红利、偶然所得没有扣除项目。另外还有其他免税和减税的优惠政策，针对如国家发放的补贴、福利费、残疾人的所得等项目。菲律宾个人所得税的优惠政策虽不如中国的多样，但现有优惠政策设计更加科学，如准予扣除的项目除了法定免征额部分，还根据特殊情况设置了附加抵免额，有效地降低了一些困难家庭的税收负担，这也是中国个人所得税制改革正在考虑的内容。

新加坡和菲律宾在对个税的减免与税收优惠涉及家庭（个人）赡养问题、配偶关系问题比较详细，这个值得我们学习。个人所得税除了是筹集财政收入的手段外，更重要的是实现收入再分配达到公平的重要工具。社会的快速发展最大限度地推动了我国的法制建设，然而个人所得税制实施过程中仍然存在一些问题，这不仅不能实现有效调节个人收入分配的目的，同时还会对社会的稳定和谐发展造成一定程度的不良影响，我国个税应该进行更深入、更细化的改革和探究。

第五节　启示与借鉴

中国经济发展进入新时代，经济运行和外部环境发生了较大的变化。中国新修正后的《个人所得税法》及其实施条例，较之前在公平性方面有了很大的进步。通过比较中国与东盟国家个人所得税上的差异与共性，可以看出，我国现行个人所得税制度还可以在以下几个方面进行改革完善。

一、中国个人所得税制度可以采用综合所得税制

目前中国的个人所得税是并立型分类综合所得税制模式，虽然说较原来的分类所得税制，在公平性方面有了较大的进步，但仍存在着收入来源不同的纳税人之间税负不公平的问题。现行个人所得税制对劳动所得实行综合征收，解决了原有的在各种性质的劳动所得之间的税负不公平问题，但劳动所得与非劳动所得之间仍存在着税负差异、税负不公平的问题。同时，相同收入水平的纳税人，由于所得来源渠道不同而导致的税负不公平现象将仍然存在。例如，一个一家三口的家庭，父母都是工薪阶层，父亲的收入为每月 6 000 元，高于 5 000 元的免征额，所以要计征 30 元的个人所得税，母亲的收入为每月 4 000 元，低于免征额则不用交税，根据我国最新的个人所得税法，该月这个家庭所要负担的应纳税额为 30 元；另外一个一家三口的家庭，父亲是工薪阶层，每月收入也是 6 000 元，每月缴纳 30 元的个人所得税，而母亲无业，在家收自建房出租的租金，每月 4 000 元，那么个人出租房屋每月计征的税款为 320 元。所以计算这个家庭该月共要计征的税款是 350 元。通过对比我们可以知道，同样是每月 10 000 元收入的两个家庭，由于收入来源的渠道不同，在税负上仍存在差异。除此之外，综合所得只是

将个人所得的部分收入综合起来综合征收，适用超额累进税率，其他所得则仍实行分类征收，多采用比例税率，在税率上也容易造成税负不公平现象。

东盟国家中有四个国家——新加坡、泰国、马来西亚和缅甸的个人所得税都实行的是综合所得税制。我国作为世界第二大经济体、最大的发展中国家，从税负公平的角度出发，笔者建议我国的个人所得税应采用综合所得税制。

二、应降低最高边际税率

中国对综合所得征税适用的最高边际税率远高于东盟各国，与东盟国家中税率最高国家相比高出了 10 个百分点，与税率最低的国家相比高出了 25 个百分点。尽管在税收征收上要尽量做到低收入者少征，高收入者多征，但拉弗曲线表明税率高并不意味着实际税收收入就高，相反，适当降低税率至最优值，会使得实际税收更高。个税边际税率过高会使高收入的纳税人选择休息来代替部分工作时间，导致经济活动减少，从而能收上来的税就更少了。这是税率过高产生税收的替代效应所导致的一个结果。而且过高的边际税率，一定程度上会导致税收遵从度下降，使部分税源流失。所以美国供给学派经济学家拉弗主张政府必须保持适当的税率，才能保证较好的财政收入。

中国今后个人所得税制改革中应该较大幅度地降低最高边际税率。

三、应加快探索以家庭为单位征税的步伐

家庭是居民生活的基本单位，个人所得税税负应与家庭的生活水平和总体收入构成相适应。目前，个人所得税设置的纳税单位为个人，纳税标准只考虑了个人的收入水平，而忽视了家庭构成中其他成员的收入结构，容易导致税负不公平，造成税负量能不合理的情

况。当然，由面向个人征税转为以家庭为单位合并征税需要长期规划、逐步推进，兼顾行政效率、征税成本等多方面因素。首先，以家庭为单位的个税征收可以先从夫妻合并报税试点，允许收入分摊，允许一方纳税人扣除家庭免征总额，待税制成熟，再逐步拓展到涵盖子女、父母等直系亲属。其次，考虑到以家庭为单位征税的难度，如存在城乡差别、家庭成员跨地区和家庭成员计算标准等多方面的问题，可以长期适用由纳税人自主决定以个人还是以家庭为单位纳税，将两种纳税单位并存，为纳税人预留多种途径，让纳税人自由选择适合自己的纳税模式，能有效解决单一以家庭为单位征税的复杂性。

四、完善个人所得税费用扣除标准

我国新的个人所得税法在费用扣除的规定上与原来相比有了很大的进步，增加了子女教育、继续教育、大病医疗、住房贷款利息或者住房租金、赡养老人 6 项专项扣除。但与东盟多数国家相比，显得比较单一和一刀切，如赡养老人扣除纳税人是独生子女的统一规定每月扣除 2 000 元，不论要赡养几个老人，也不论老人是否有收入及收入的多少；纳税人是非独生子女的，赡养老人的每月 2 000 元扣除必须在兄弟姐妹之间分摊，不能由纳税人独自扣除。又如，没有设定配偶扣除，如果夫妻双方都有综合所得或其他收入还好，但如果只有一方有综合所得或收入，则税收负担就显得比较沉重了。住房贷款利息扣除的规定存在着对婚姻的歧视，两个青年男女分别购买了房子，不结婚两人都可以按规定标准扣除住房贷款利息，而他们一旦结婚了就只能选择一套按规定标准扣除住房贷款利息，或者各自按规定标准的 50% 扣除住房贷款利息，所以这一规定不利于年轻人正常进入婚姻家庭。

五、指数化税率级距及费用扣除标准

我国新的个人所得税法仍没有指数化处理的条款。由于通货膨

胀是现代社会的常态，当前比较合适的税率级距、费用扣除标准等随着时间的推移会越来越不合适，纳税人名义收入增加、实际收入不变的情况下，税收负担会越来越重，需要国家不断地修改税法以消除通货膨胀带来的不利影响。建议在个人所得税法中引入指数化处理条款，形成税率级距、费用扣除标准的自动调整机制，使纳税人的税负不因通货膨胀而加重，也减轻国家不断地修改税法的压力。

六、提高税收征管效率，促进税收收入增加

税收征管是保证税收制度顺利运行的重要手段。

中国的个人所得税制仍相对复杂，对于居民个人的工资薪金所得、劳务报酬所得、稿酬所得和特许权使用费所得实行综合征收，其他所得实行分类征收。我国税收法律制度、税收政策等在不断完善，但从实际征收效果来看并不乐观，究其原因，税收征管不力是其中一个主要的因素。所以，税制改革与税收征管改革应该是相辅相成的。目前中国“金税三期系统”已全面上线，税务总局的个人所得税 App 也已经上线，纳税人可以通过手机个人所得税 App 申报专项附加扣除信息，但在自然人税收管理系统中，扣缴客户端和远程端还存在一些上传不了信息、系统出错等问题，这也是之后要不断完善升级的地方。

综上所述，我国个人所得税制改革可以向综合税制转化，降低税率，以家庭为单位纳税，完善费用扣除标准，向指数化税率级距及费用扣除标准等方面发展，同时还要完善税收征管手段，与之相辅相成，达到公平税负、调节收入水平、缩小贫富差距的目的。

第五章　其他税种的比较

第一节　不动产税的比较

不动产税是对纳税人保有、持有的不动产征收的税，一般按不动产的价值（或评估价值等）每年征收，在不同的国家有不同的称谓。由于资料所限，对不动产的征税我们只能对中国与部分东盟国家的不动产税进行比较。

一、中国的房产税和城镇土地使用税

中国的不动产税包括房产税和城镇土地使用税。

（一）房产税

1. 纳税人

房产税的纳税人是指在我国城市、县城、建制镇和工矿区内拥有房屋产权的单位和个人。

具体规定如下：

（1）产权属于国家的，其经营管理的单位为纳税人；产权属于集体和个人的，集体单位和个人为纳税人。

（2）产权出典的，承典人为纳税人。

（3）产权所有人、承典人均不在房产所在地的，产权代管人或

者使用人为纳税人。

（4）产权未确定以及承典纠纷未解决的，房产代管人或者使用人为纳税人。

（5）纳税单位和个人无租使用房产管理部门、免税单位及纳税单位的房产，由使用人代为缴纳房产税。

2. 征税对象和范围

房产税的征税对象是房屋，有屋面和围护结构，能遮风避雨，是可供人们生产、学习、工作、娱乐、居住或储藏物资的场所。征税范围为城市、县城、建制镇和工矿区的房屋。

3. 计税依据

房产税的征收方式有从价计征和从租计征两种。

（1）从价计征——以房产余值为计税依据。

房产余值 = 房产原值 ×（1 - 扣除比例）

房产原值是指纳税人在会计账簿“固定资产”科目中记载的房屋原价。

房产原值应包括与房屋不可分割的各种附属设备或一般不单独计算价值的配套设施的价值。具体的扣除比例由省、自治区、直辖市人民政府在10% ~30% 幅度内确定。

（2）从租计征——以房屋出租取得的租金收入为计税依据。计征房产税的租金收入不含增值税。以劳务或其他形式为报酬抵付房租收入的，应根据当地同类房产的租金水平，确定一个标准租金从租计征。

4. 房产税税率与应纳税额计算

中国的房产税税率和应纳税额的计算方法见表5-1。

表5-1　房产税税率与应纳税额计算表

计税方式	计税依据	税率	数额计算
从价计征	房产余值	1.2%	全年应纳税额 = 应税房产原值 ×（1 - 扣除比例）×1.2%
从租计征	房屋租金	12%	全年应纳税额 = 租金收入 ×12%（或4%）

5. 税收优惠

（1）国家机关、人民团体、军队自用的房产免征房产税。自 2004 年 8 月 1 日起，对军队空余房产租赁收入暂免征收房产税。

（2）由国家财政部门拨付事业经费（全额或差额）的单位（学校、医疗卫生单位、托儿所、幼儿园、敬老院以及文化、体育、艺术类单位）所有的、本身业务范围内使用的房产免征房产税。

（3）宗教寺庙、公园、名胜古迹自用的房产免征房产税。

（4）个人所有非营业用的房产免征房产税。对个人拥有的营业用房或者出租的房产，不属于免税房产，应照章征税。

（5）经财政部批准免税的其他房产：

①损毁不堪居住的房屋和危险房屋，经有关部门鉴定，在停止使用后，可免征房产说。

②纳税人因房屋大修导致连续停用半年以上的，在房屋大修期间免征房产税。

③在基建工地为基建工地服务的各种工棚、材料棚、休息棚和办公室、食堂、茶炉房、汽车房等临时性房屋，施工期间一律免征房产税。但工程结束后，施工企业将这种临时性房屋交还或估价转让给基建单位的，应从基建单位接收的次月起，照章纳税。

④对房管部门经组的居民住房，在房租调整改革之前收取租金偏低的，可暂缓征收房产税。

⑤对高校学生公寓免征房产税。

⑥对非营利性医疗机构、疾病控制机构和妇幼保健机构等卫生机构自用的房产，免征房产税。

⑦老年服务机构自用的房产免征房产税。

⑧对公共租赁住房免征房产税。公共租赁住房经营单位应单独核算公共租赁住房租金收入，未独立核算的，不得享受免征房产税优惠。对廉价住房经营管理单位按照政府规定价格、向规定保障对象出租廉住房的租金收入，免征房产税。对个人出租住房，不区分用途，按4%的税率征收房产税；对企事业单位、社会团体以及其他组织按市场价格向个人出租用于居住的住房，减按4%的税率征收房产税。

⑨国家机关、军队、人民团体、财政补助事业单位、居民委员会、村民委员会拥有的体育场馆，用于体育活动的房产，免征房产税。

（二）城镇土地使用税

1. 纳税人

城镇土地使用税的纳税人，是指在城市、县城、建制镇、工矿区范围内使用土地的单位和个人。具体包括以下几类：

（1）拥有土地使用权的单位或个人；

（2）拥有土地使用权的纳税人不在土地所在地的，其土地的实际使用人或代管人为纳税人；

（3）土地使用权未确定或权属纠纷未解决的，其实际使用人为纳税人；

（4）土地使用权共有的，共有各方都是纳税人，由共有各方分别纳税。

2. 征税范围

在城市、县城、建制镇、工矿区内国家所有和集体所有的土地。

3. 计税依据——实际占用的土地面积

具体占用面积确定如下：

（1）凡由省级人民政府确定的单位组织测定土地面积的，以测定的土地面积为准。

（2）尚未组织测定，但纳税人持有政府部门核发的土地使用证书的，以证书确定的土地面积为准。

（3）尚未核发土地使用证书的，应由纳税人据实申报土地面积，并据以纳税，待核发土地使用证书后再作调整。

4. 城镇土地使用税税率与应纳税额计算

（1）税率。城镇土地使用税采用定额税率，其规定幅度税额，且每个幅度税额的差距为20倍（见表5－2）。

表5－2　城镇土地使用税税率表

级别	人口	每平方米年税额（元）
大城市	50万人以上	1.5～30
中等城市	20万～50万人	1.2～24
小城市	20万人以下	0.9～18
县城、建制镇、工矿区		0.6～12

各省、自治区、直辖市政府可根据市政建设情况和经济繁荣程度在上述规定税额幅度内，确定所辖地区的适用税额幅度。经济落后地区的适用税额标准可适当降低，但降低额不得超过上述规定最低税额的30%。经济发达地区的适用税额标准可适当提高，但须报财政部批准。

（2）应纳税额的计算。

$$\text{年应纳税额} = \frac{\text{实际占用应税土地}}{\text{面积(平方米)}} \times \frac{\text{适用税额}}{\text{(定额税率)}}$$

5. 税收优惠

免征城镇土地使用税的情形如下：

（1）国家机关、人民团体、军队自用的土地；

（2）由国家财政部门拨付事业经费的单位自用的土地；

（3）宗教寺庙、公园、名胜古迹自用的土地；

（4）市政街道、广场、绿化地带等公共用地；

（5）直接用于农、林、牧、渔业的生产用地；

（6）经批准开山填海整治的土地和改造的废弃土地，从使用的月份起免缴土地使用税5~10年；

（7）由财政部另行规定免税的能源、交通、水利设施用地和其他用地。

二、新加坡的财产税

（一）纳税人

财产税的纳税义务人是指不动产的所有权人。

（二）征税范围

新加坡的所有不动产都应征收财产税，包括房屋、建筑物、酒店、土地和经济公寓等。

（三）税率

自2011年1月1日起，对自用型住宅房产实施累进财产税制度（PPTR），在此之前，自用住宅的税率为4%。自2014年1月1日起，非自用型住宅房产也适用PPTR，此类住宅以前的税率为10%。对其他房地产，如商业及工业房地产，采用10%的税率。

自2015年1月1日起，对自用型房产及非自用型房产实施的累进财产税税率规定如表5-3和表5-4所示。

表5-3　自用型住宅房产税率

级次	房地产年值	税率（%）
0	不超过8 000新元的部分	0
1	超过8 000新元至55 000新元的部分	4
2	超过55 000新元至70 000新元的部分	6
3	超过70 000新元至85 000新元的部分	8
4	超过85 000新元至100 000新元的部分	10
5	超过100 000新元至115 000新元的部分	12
6	超过115 000新元至130 000新元的部分	14

续表

级次	房地产年值	税率（%）
7	超过 130 000 新元的部分	16

表 5－4　非自用型住宅房产税率

级次	房地产年值	税率（%）
1	不超过 30 000 新元的部分	10
2	超过 30 000 新元至 45 000 新元的部分	12
3	超过 45 000 新元至 60 000 新元的部分	14
4	超过 60 000 新元至 75 000 新元的部分	16
5	超过 75 000 新元至 90 000 新元的部分	18
6	超过 90 000 新元的部分	20

此外，如非自用型住宅房产取得规划批准后用于以下用途的，仍适用 10% 的财产税税率，无须向税务局另行申请：

（1）体育及休闲俱乐部内的住宿设施；

（2）木屋；

（3）托儿所、学生护理中心或幼儿园；

（4）福利院；

（5）医院、收容所或康复、复原、护理或类似目的的场所；

（6）酒店、背包客旅舍、招待所或宾馆；

（7）酒店式公寓；

（8）根据《财产税》第 6（6）条中规定豁免缴税的员工宿舍；

（9）学生公寓或宿舍；

（10）工人宿舍。

（四）税收优惠

用于以下目的的建筑免税：

（1）公共的宗教礼拜场所；

（2）获得政府财政补助的公共学校；

（3）慈善目的；

（4）其他有利于新加坡社会发展的目的。

（五）应纳税额计算

财产税的应纳税额 = 房地产的年价值 × 税率

出租房产的年价值等于若将其出租预计可获得的年租金，扣除家具、设备的租金和维修费后的余额，而并非基于其实际收到的租金收入。

三、泰国的房屋及土地税、地方开发税

泰国的不动产税有房屋及土地税、地方开发税。

（一）房屋及土地税

1. 纳税人及征税范围

房屋及土地税是对房屋或土地的所有权人，就非自用土地或房屋缴纳的一种税。若土地与该土地上的建筑物不属于同一人持有，则建筑物的所有权人应缴纳相关税款。

2. 税率

房屋及土地税适用税率 12.5%。

3. 应纳税额

房屋及土地税以一年实际取得的租赁收入的 12.5% 计算。损坏的建筑物可根据损坏程度，按比例计算当年度可减免的房屋及土地税。

4. 免税情形

免税情形包括：皇室拥有的宫殿建筑物；建筑物的所有权人为政府机关且该建筑物用于公共用途；非营利为目的的医院及教育机构；宗教建筑物；超过 12 个月未使用的建筑物；用于所有权人自住的建筑物。

（二）地方开发税

1. 纳税人及征税范围

地方开发税是针对应税土地评估价值（不包括土地改良物）按适用税率计征的一种税。应税土地包括土地、山地及水域。除特定区域大型开发土地之外，地方开发税的征税范围不包括用于所有权人个人居住用的土地。

2. 税率

地方开发税适用税率为0.25%～0.95%。

3. 应纳税额

地方开发税是以应税土地评估价值（不包括土地改良物）按照0.25%～0.95%税率计算缴纳。

应税土地评估价值是按照各地政府所能取得的信息，根据该地区土地价值的中位值计算。超过免税范围的耕作用地，按照标准的地方开发税率减半计征；闲置土地则按照标准税率的2倍计征。

4. 免税情形

以下土地免征地方开发税：政府机关所有的土地；宫殿所在的土地；公共医院、公共教育机构或其他公共设施所在的土地；宗教团体所有或作为宗教用途的土地；非营利公墓所在的土地；已计征房屋及土地税的土地；私人所有但为政府机关用于公共目的的土地；外国大使馆、领事馆或国际外交机关办公室所在的土地。

四、印度尼西亚的土地和建筑物税

印度尼西亚征收的不动产税称为土地和建筑物税，是对位于印度尼西亚的土地和建筑物征收的年度财产税。无论其是属于印度尼西亚居民还是非居民所有。

对于参与勘探石油、天然气和地热资源的公司，征税对象是用于采矿活动区域内的土地和建筑物。

农村和城市地区的土地和建筑税由地方政府管理，而其他部门

(如采矿和林业)的土地和建筑税由中央政府通过税务局管理。除此之外的土地和建筑税遵循财政部第139号条例规定。

(一)税率

土地和建筑税按评估价值的0.5%征收。评估价值按公允市场价值的百分比确定如下:

(1)林业种植园土地和采矿用地按40%确定;

(2)任何类型的超过10亿印尼盾售价的土地和建筑物按40%确定;

(3)任何类型的低于10亿印尼盾售价的土地和建筑物按20%确定。

(二)免税规定

土地和建筑税的免税适用于以下方面:

(1)由公务员、军队和退休人员拥有、控制或使用的财产,且其收入仅来自工资或养老金;

(2)指定国际组织使用的财产;

(3)用于宗教礼拜、社会事务、卫生、国民教育、文化、考古遗址、国家公园和领事馆等的土地和建筑物。

在地震、洪水和害虫侵害等特殊情况下,可以减少土地和建筑税的征收。如果土地或建筑物由低收入个人拥有、管理或使用,或者由于发生严重损失问题的公司,也可以减少征收额。

五、越南的非农业用地使用税

越南的不动产税主要是非农业用地使用税。

(一)纳税人

根据越南《非农业用地使用税法》和《非农业用地使用税法指导意见》,非农业用地使用税的纳税人是使用非农业生产和经营用地的组织和个人。若组织或个人尚未获得土地使用权、房屋及其他附属资产的土地使用权证书,则目前的土地使用者为纳税人。

（二）征税范围

1. 应征税范围

（1）工业园区建设用地，包括工业集群、工业园区、出口加工区和其他受公共土地制度管理的综合生产经营区。

（2）生产经营场所的建设用地，包括工业生产、家庭手工业和手工业企业用地；服务贸易设施和其他服务生产经营业务的设施用地（包括高新园区和经济区的生产经营场所建设用地）。

（3）矿产资源开采和加工用地，除不影响土壤表层或土地表面的开采活动外。

（4）建筑材料或陶器生产用地，包括作为原材料、建筑材料加工和陶器生产用地。

2. 不征税范围

（1）公共事业用地；

（2）宗教团体使用的土地，包括宝塔、教堂、祈祷室、圣坛、寺庙、宗教培训机构和其他经国家允许的宗教团体办公室；

（3）陵园、墓地用地；

（4）用于河流、运河、沟渠、溪流和特殊用途的水下土地；

（5）公共房屋、寺庙、修道院、宗教祭祀厅，包括用于该工程的建筑用地，此类土地必须符合 2003 年颁布的土地法及其指导性文件相关规定的土地使用权证书中的所有条件；

（6）工作室和非商业建设用地；

（7）国防安全用地；

（8）农业、林业、水产养殖业、盐业合作社建设的非农业用地；在城市地区的温室和其他建筑物用地，包括不直接在土地上种植作物的用地；饲养牲畜、家禽和其他法律允许动物的马厩和农场建设用地；农业、林业和渔业研究和试验站用地；实生苗种植和动物养殖建设用地；储存农产品、植物保护药品、化肥、农业机械和工具的家庭和个人仓库建设用地。

（三）税率

（1）住宅用地包括用于商业用途的住宅用地，适用累进式税率（见表5-5）。

表5-5　越南非农业用地使用税住宅用地累进税率表

税级	应税土地面积（平方米）	税率（%）
1	指标内面积	0.03
2	指标 < 面积 ≤ 3 × 指标	0.07
3	面积 > 3 × 指标	0.15

注：多用户公寓、公寓和地下工程用地适用0.03%的税率。

（2）用于商业用途的非农业生产经营用地和非农业用地，适用0.03%的税率。

（3）用途不当或违规使用的土地，适用0.15%的税率。

（4）由投资者注册以及经国家主管机关批准的阶段性投资项目用地，适用0.03%的税率。

（5）被侵占或挪用的土地，适用0.2%的税率。

（四）税收优惠

1. 免税

（1）属于特别鼓励投资领域的投资项目用地、位于社会经济条件特别困难地域内的投资项目用地、位于社会经济条件困难地域内且属于鼓励投资领域的投资项目用地、50%以上劳动力为荣兵或患病士兵的企业用地。

（2）教育、职业培训、健康、文化、体育和环保等社会化活动场所所用地。开展社会化教育、职业培训、医疗保健、文化、体育和环境活动的场所，必须符合有关规定。

（3）福利房、单位房和为孤寡老人、残疾人或孤儿建立的疗养院和社会疾病治疗机构用地。

（4）在社会经济条件特别困难地区的住宅用地指标内的土地。

（5）在1945年8月19日前从事革命活动的、1/4或2/4级荣军、符合 1/4 或 2/4 级荣军等相关政策的人、1/3 级伤残士兵、人民军队英雄、越南英雄母亲、烈士的亲生父母和童年时期的养育者、烈士配偶、享受每月津贴的烈士子女、从事革命活动的橙剂受害者（橙剂受害者指在越战时被美军使用的一种高效落叶剂所感染而受到伤害的人）的家庭住宅用地。

（6）贫困线标准下的贫困家庭住宅地，如果省级人民委员会有明确规定在其所在地适用的贫困线，则按省级人民委员会划分的标准来确定。

（7）根据已通过的总体规划或计划，在一年内被国家收回的家庭或个人住宅用地的。

（8）由主管国家机构认证的作为历史文化遗产的花园住房用地。

（9）纳税人因不可抗力而面临困难，且与土地和房屋有关的价值损失超过土地应税价格的 50% 的，该情况需要有该土地所在地的乡级人民委员会的认证。

2. 减税

下列情形可减半征税：

（1）属于鼓励投资领域的投资项目用地、位于社会经济条件困难地域内的投资项目、有 20% ~50% 的员工为荣军或患病士兵的企业用地；

（2）在社会经济条件困难地区的指标住宅地；

（3）3/4 或 4/4 级荣军的指标住宅地、享受如 3/4 或 4/4 级荣军政策的人、享受每月津贴的烈士子女；

（4）纳税人因不可抗力而面临困难，且与其土地和房屋相关的价值损失达到应税土地价格的 20% 至 50% 的，该情况需要有该类土地所在地的乡级人民委员会的认证。

（五）应纳税额

（1）住宅用地、生产经营用地以及用于商业用途的非农业用地，其应纳税额应按下列公式计算：

$$\text{应纳税额} = \text{发生税额} - \text{减免税额}$$

$$\text{发生税额} = \text{应税土地面积(平方米)} \times \text{每平方米应税土地价格} \times \text{税率}$$

（2）复式公寓或公寓住宅用地（包括地下室）和地下工程，应纳税额应确定如下：

$$\text{应纳税额} = \text{发生税额} - \text{减免税额}$$

$$\text{发生税额} = \begin{matrix}\text{每个组织、家庭或}\\\text{个人的房屋面积}\end{matrix} \times \begin{matrix}\text{分配}\\\text{系数}\end{matrix} \times \begin{matrix}\text{对应土地每}\\\text{平方米价格}\end{matrix} \times \text{税率}$$

（3）对于地下工程：

$$\text{发生税额} = \begin{matrix}\text{每个组织、家庭或}\\\text{个人使用的工程面积}\end{matrix} \times \text{分配系数} \times \begin{matrix}\text{对应土地每}\\\text{平方米价格}\end{matrix} \times \text{税率}$$

（4）用于商业用途但面积尚未确定的非农业用地，发生税额应确定如下：

$$\text{发生税额} = \begin{matrix}\text{用于商业用途}\\\text{的土地面积}\end{matrix} \times \text{每平方米土地价格} \times \text{税率}$$

$$\begin{matrix}\text{用于商业用途}\\\text{的土地面积}\end{matrix} = \begin{matrix}\text{现行使用的}\\\text{总土地面积}\end{matrix} \times (\text{商业营业额} \div \text{年营业总额})$$

六、柬埔寨的未使用土地税和不动产税

柬埔寨对不动产的征税包括未使用土地税和不动产税。

（一）未使用土地税

未使用土地税对城市和指定地域的土地上没有从事建设的，或者有建筑物没有使用的，以及特定的开发地的未使用土地征收，税额于每年6月30日由未使用土地评价委员会决定，按照土地市场价格的2%计算，1 200平方米以内的土地免税。应税土地的所有者必须在每年的9月30日以前缴纳未使用土地税。

（二）不动产税

2010年的《财政管理法》规定，自2011年起，对位于首都和各省市的不动产征收不动产税。不动产包括土地、房屋、建筑物和

建在该土地上的其他建筑物。市场价值超过1亿瑞尔的不动产，超过部分将征收0.1%的税。不动产的市场价值由不动产评估委员会评估。所有价值超过1亿瑞尔（约合25 000美元）且位于城市地区的不动产必须在当地管理局进行登记。登记、纳税申报和纳税必须在当年9月30日之前完成。

以下不动产免税：

(1) 农业用地；

(2) 属于政府或其相关机构的不动产；

(3) 属于社区的不动产或仅为宗教或慈善目的的不动产；

(4) 属于外交或领事使团、国际组织和其他政府技术合作机构的不动产；

(5) 视为基础设施的不动产，例如道路、桥梁、生产清洁用水或发电系统、港口、火车站，包括直接服务于这些基础设施活动的建筑物和办公室；

(6) 在农业用地上建造的房屋、建筑物和其他直接或永久地为农业活动服务的建筑物；

(7) 因不可抗力而严重损坏的不动产；

(8) 80%以上仍在建设中，尚未使用的房屋、建筑物和构筑物；

(9) 位于经济特区，直接为生产活动服务的不动产。

七、缅甸的不动产税

在缅甸，外国公司不被允许拥有缅甸的不动产，因此不动产税不适用于外国公司。

位于仰光开发区内的不动产（土地和建筑物）须缴纳以下不动产税：

(1) 普通税不超过年值的8%；

（2）照明税不超过年值的5%；

（3）水税不超过年值的3.25%；

（4）保护税不超过年值的8.5%。

年值是指土地和建筑物预计的年租金总额。它也是由仰光市发展委员会确定的被征税财产价值的一定比例。

八、东盟国家的不动产税给我们的启示

对个人住房征收房产税，关系到公民的切身利益，是公权力对公民财产权利的介入，因此，对房产税的改革完善不应只是对《中华人民共和国房产税暂行条例》的修改，而应将其上升为由全国人大制定的法律，维护依法治税的权威性。在对房产税的改革完善立法中，我们可以借鉴新加坡等东盟国家不动产税的良好做法。

（一）应将所有的房产都纳入征税范围

新加坡的不动产税按房产单元征税，将所有的不动产都纳入了征税范围，只是对自住的房产单元有免征额的规定，这样使得低收入家庭（自住房产年值低的家庭）免予缴纳不动产税。而拥有多套住房的家庭是一定要缴税的，而且要多缴。

而在我国，由于房产税暂行条例中对“个人所有非营业用的房产”是免税的，拥有多套住房的家庭，只要不出租，并不需要缴纳房产税。在我国基本上对个人所有的房产，特别是住房基本上是不征税的。我国税务机关依赖于用票管税，个人出租的住房，如果承租人不要求房东开具发票的话，房东是不会主动去税务机关申报纳税的，税务机关也不会去查。所以，我国的房产税对个人拥有住房完全没有调节作用。

未来在我国房产税的立法中，建议将所有的房产都纳入征税范围，对闲置的住房、出租的住房、用于经营的各种房产都应该征税。对自住的住房单元也要征税，但可以通过规定合理的免征额，达到对城镇、城市中的小户型自住住房以及农村中普通住房实际不征税的目的，切实减轻低收入者的负担。

（二）应统一各种房产的计税依据

新加坡的不动产税，都是以房屋的年值作为计税依据。房屋的年值是由新加坡国内税务局（IRAS）按照房屋每年可赚取的租金净收入进行综合评估得出的一个年价值。根据其适用税率的高低，很容易比较不同用途的房产的税收负担的高低。

而我国房产税暂行条例中规定的房产税的计税依据有两种：一种是房产余值，即房产原值一次减除10%～30%后的余值，税率为1.2%；另一种是房产租金收入，税率为12%。同样的房产购进时间不同，原值不同，税收负担就不同。按房产余值计税和按房产租金收入计税，税负的高低不易比较出来。

未来在我国房产税的立法中，可以考虑按使用房屋的评估年值作为各种房产的计税依据，以增强税制的透明度，平衡不同时期建成的、购进的房产的税收负担。

（三）应按房屋的用途制定不同的税率

新加坡的不动产税，特别是2014年1月1日后，按不动产的用途分别制定不同的税率，使得在不动产年值低于215 400新元（2015年及以后这一数值为190 333.33新元，下同）时，自用住宅类不动产税收负担低于非住宅类不动产；在不动产年值等于215 400新元时，两者税收负担相同；在不动产年值高于215 400新元时，自用住宅类不动产税收负担才高于非住宅类不动产。不过，年值等于或高于215 400新元的自用住宅类单元不动产，可能极少。所以，可以说新加坡的不动产税的税收负担是出租的住房大于非住房，而非住房又大于自住的住房，对家庭拥有多套住房起到相当大的抑制作用。

我国的房产税未来改革方向，可以借鉴新加坡的做法和经验，对自住的住房单元规定免征额，适用较低的税率，对非自住的住房（不论出租或者闲置）均不规定免征额并适用较高的税率。对非住房可以适用中等税率，以利于各种实业的发展。

第二节 印花税的比较

印花税是一个古老的税种，是以经济活动和经济交往中书立、领受、使用应税凭证的行为为征税对象征收的一种税，中国和东盟各国都征收印花税。

一、中国

（一）纳税人

订立、领受在中华人民共和国境内具有法律效力的应税凭证，或者在中华人民共和国境内进行证券交易的单位和个人，为印花税的纳税人，应当依法缴纳印花税。

（二）税目和税率

印花税共有13个税目，两种税率形式，即比例税率和定额税率，具体见表5-6。

表5-6　中国印花税税目、税率表

税目	范围	税率	纳税人	说明
1. 购销合同	包括供应、预购、采购、购销结合及协作、调剂、补偿、易货等合同	按购销金额0.3‰贴花	立合同人	
2. 加工承揽合同	包括加工、定做、修缮、修理、印刷、广告、测绘、测试等合同	按加工或承揽收入0.5‰贴花	立合同人	
3. 建设工程勘察设计合同	包括勘察、设计合同	按收取费用0.5‰贴花	立合同人	
4. 建筑安装工程承包合同	包括建筑、安装工程承包合同	按承包金额0.3‰贴花	立合同人	

续表

税目	范围	税率	纳税人	说明
5. 财产租赁合同	包括租赁房屋、船舶、飞机、机动车辆、机械、器具、设备等合同	按租赁金额1‰贴花；税额不足1元的，按1元贴花	立合同人	
6. 货物运输合同	包括民用航空运输、铁路运输、海上运输、内河运输、公路运输和联运合同	按运输费用0.5‰贴花	立合同人	单据作为合同使用的，按合同贴花
7. 仓储保管合同	包括仓储、保管合同	按仓储保管费用1‰贴花	立合同人	仓单或栈单作为合同使用的，按合同贴花
8. 借款合同	银行及其他金融组织和借款人（不包括银行同业拆借）所签订的借款合同	按借款金额0.05‰贴花	立合同人	单据作为合同使用的，按合同贴花
9. 财产保险合同	包括财产、责任、保证、信用等保险合同	按保险费收入1‰贴花	立合同人	单据作为合同使用的，按合同贴花
10. 技术合同	包括技术开发、转让、咨询、服务等合同	按所记载金额0.3‰贴花	立合同人	
11. 产权转移书据	包括财产所有权和版权、商标专用权、专利权、专有技术使用权等转移书据、土地使用权出让合同、土地使用权转让合同、商品房销售合同和股权转让书据	按所载金额0.5‰贴花；股权转让书据，按书立时实际成交金额1‰贴花	立据人	

续表

税目	范围	税率	纳税人	说明
12. 营业账簿	生产、经营账册，包括资金账簿和其他账簿	资金账簿，按实收资本和资本公积的合计金额0.5‰贴花；其他账簿按件贴花5元	立账簿人	自2018年5月1日起，资金账簿减半征税，其他账簿免税
13. 权利许可证照	包括房屋产权证、工商营业执照、商标注册证、专利证、土地使用证	按件贴花5元	领受人	

（三）计税依据

1. 合同

合同的计税依据为合同列明的价款或者报酬（不包括增值税税款；合同中价款或者报酬与增值税税款未分开列明的，按照合计金额确定）。

2. 产权转移书据

产权转移书据计税依据为产权转移书据列明的价款（不包括增值税税款；产权转移书据中价款与增值税税款未分开列明的，按照合计金额确定）。

3. 营业账簿

营业账簿中资金账簿的计税依据为“实收资本”与“资本公积”两项的合计金额。其他账簿的计税依据为应税凭证件数。

4. 权利、许可证照

权利、许可证照的计税依据为应税凭证件数。

5. 证券交易

证券交易的计税依据为成交金额。

（四）应纳税额计算

1. 实行比例税率的凭证

印花税应纳税额 = 应税凭证计税金额 × 比例税率

2. 实行定额税率的凭证

印花税应纳税额=应税凭证件数×定额税率

（五）税收优惠

1. 法定凭证免税

下列凭证，免征印花税：

（1）应税凭证的副本或者抄本，免征印花税；

（2）农民、农民专业合作社、农村集体经济组织、村民委员会购买农业生产资料或者销售自产农产品订立的买卖合同和农业保险合同，免征印花税；

（3）无息或者贴息借款合同、国际金融组织向我国提供优惠贷款订立的借款合同、金融机构与小型微型企业订立的借款合同，免征印花税；

（4）财产所有人将财产赠予政府、学校、社会福利机构订立的产权转移书据，免征印花税；

（5）军队、武警部队订立、领受的应税凭证，免征印花税；

（6）转让、租赁住房订立的应税凭证，免征个人（不包括个体工商户）应当缴纳的印花税；

（7）国务院规定免征或者减征印花税的其他情形。

2. 免税额

应纳税额不足1角的，免征印花税。

3. 特定情形免征

（1）对商店、门市部的零星加工修理业务开具的修理单，不贴印花；

（2）对铁路、公路航运、水运承运快件行李、包裹开具的托运单据，暂免贴花；

（3）对企业车间、门市部、仓库设置的不属于会计核算范围的账簿，不贴印花。

二、新加坡

新加坡只对不动产、股票和股份的相关凭证征收印花税。印花税的税率根据凭证的类型和交易的价值有所不同。与不动产有关的文件包括不动产的买卖、交换、抵押、信托、出租等；与股份有关的文件包括股份的派发、转让、赠予、信托、抵押等。

（一）租赁印花税

租赁的印花税是根据已申报的租金或市场租金孰高者，按租赁印花税税率缴付（见表5－7）。

表5－7　　租赁物业的印花税税率及计算方式

年平均租金	印花税税额
不超过1 000新元	免税
租期≤4年	租期内总租金×0.4%
租期>4年或不定期	租期内年平均租金的4倍×0.4%

（二）房产买卖方印花税

1. 买方印花税

买方印花税（BSD）按照买入价或市场价孰高者进行缴付。从2018年2月20日起，房产买方印花税税率见表5－8。

表5－8　　自2018年2月20日起房产买方印花税税率

房产买入价或市场价两者中的高者	税率（%）	
	住宅房产	非住宅房产
不超过180 000新元的部分	1	1
超过180 000新元未超过360 000新元的部分	2	2
超过360 000新元未超过1 000 000新元的部分	3	3
超过1 000 000新元的部分	4	3

2. 买方额外印花税

自2011年12月8日起，购买住宅用房地产（包括住宅用地）

者除了缴纳买方印花税外，还需缴纳买方额外印花税（ABSD）。买方额外印花税的计税基础与买方印花税相同，为购买成交价和市场价值中的较高者，自 2018 年 7 月 6 日起，税率如下：

（1）25%，非法人团体、联合投资的受托方、商业信托的基金管理人和合伙企业购买任何住宅用房地产；

（2）20%，外国人购买任何住宅用房地产；

（3）5%，新加坡永久居民购买其首套住宅用房地产；

（4）15%，新加坡永久居民购买其非首套住宅用房地产；

（5）12%，新加坡公民购买其第二套住宅用房地产；

（6）15%，新加坡公民购买其第三套及更多的住宅用房地产。

新加坡公民购买其首套住宅用房地产不适用 ABSD。

3. 卖方印花税

卖方印花税（SSD）适用于 2010 年 2 月 20 日及之后购买的住宅用房地产。卖方印花税以销售对价和市场价值中的较高者为计税基础，根据标准从价税税率对转让、分配或转移的财产征收。

对于 2011 年 1 月 14 日至 2017 年 3 月 10 日期间购买并在 4 年内出售或处置的住宅物业，卖方印花税的税率见表 5－9。

表 5－9　卖方印花税税率（2011 年 1 月 14 日至 2017 年 3 月 10 日）

持有期（年）	税率（%）
≤1	16
1＜持有期≤2	12
2＜持有期≤3	8
3＜持有期≤4	4
4＜持有期	无须缴纳

但是，对 2017 年 3 月 11 日及之后购买的住宅用房地产，如果其在持有 3 年后再进行出售，那么该卖方无须缴纳印花税。如果其在持有 3 年内进行出售，根据持有时间的不同，税率亦不同，具体

见表 5－10。

表 5－10　卖方印花税税率（自 2017 年 3 月 11 日起）

持有期（年）	税率（%）
≤1	12
1＜持有期≤2	8
2＜持有期≤3	4
3＜持有期	无须缴纳

自 2013 年 1 月 12 日起，对 2013 年 1 月 12 日及之后购买或获得的，并且在 3 年内出售或处理的工业用途房地产，同样征收卖方印花税。如果其在持有 3 年后再进行出售，那么该卖方无须缴纳印花税。根据持有期的不同，以销售对价和市场价值中的较高者为计税基础，税率分别为 5%、10% 或 15%。

（三）股票印花税

企业签订购买或获得股票的合同需要缴纳印花税，并按照股票的成交价格或价值孰高缴付税款。

转让股票时，按照买入价或股票价值孰高者的 0.2% 缴付印花税。

三、文莱

文莱对各种书立凭证课征印花税。税率根据书立凭证性质不同而有别。其主要征收范围包括抵押、房屋租赁、转让。所有在文莱使用的应税凭证应在签署或使用前贴花。迟缴 14 日且在文莱使用或第一次收到凭证不足 3 个月的，罚 10 文元或应纳税额的 2 倍，按大的罚。迟缴 3 个月以上的，罚 25 文元或应纳税额的 5 倍，按大的罚。

其印花税税率如下：

1. 抵押贷款

主要证券：每 500 文元征税 1.0 文元；

其他抵押品：主要证券税额的1/5。

2. 租赁合同

租赁期不超一年的（年租金）每250文元征税1.0文元；

租赁期超一年不超五年的（年租金）每250文元征税2.0文元；

租赁期超五年或没有期限的（年租金）每250文元征税4.0文元。

3. 股份转让

合同中有受让人姓名的每100文元征税0.1文元。

合同中没有受让人姓名的每100文元征税0.3文元。

四、马来西亚

（一）纳税人

协议或协议备忘录首次执行文书的人；证券债务人或其他提供担保的人；收费或抵押扣押人，抵押人或债务人；合同首次执行文书的人；合同注明购买或销售账户的人；输送受让人或承让人；交换平等股份的各方；租赁或租赁协议承租人和出租人；取回受让人或承让人或赎回担保的人。

（二）征税对象

印花税以多种文件为对象征收。应税文件包括宣誓书、汇票、提单、销售票据、合约、收据及证券等。

需缴纳印花税的文书必须在马来西亚签署之日起30天内盖章。如果该文书在马来西亚境外执行，则必须在马来西亚首次收到后30天内盖章。

（三）税率

1. 股票和有价证券

对于股权转让文件，按照应付对价或股权的价值（以较高者为准）的0.3%征收。

2. 出售不动产

根据应付对价的金额或财产的市场价值中的较高者征收的，实行超额累进税率，见表5-11。

表5-11 出售不动产印花税税率表

不动产价值（MYR）	印花税（MYR+较低金额的百分比）
0~100 000	0+较低金额×1%
100 001~500 000	1 000+较低金额×2%
500 001~1 000 000	9 000+较低金额×3%
超过1 000 000	24 000+较低金额×4%

3. 贷款协议

所有贷款协议文书按0.5%的税率征收（适用10林吉特固定税率的教育贷款协议除外）。

4. 服务协议

2011年1月1日起签订的服务协议征收0.1%的从价税或每件50林吉特的从量税。

征收0.1%从价税的项目：

（1）私有实体与服务提供商之间签订的服务协议；

（2）免税实体与服务提供商之间签订的服务协议。

其他服务协议按每件50林吉特征收印花税。

（四）税收优惠

（1）在公司重组、合并或在联营公司之间转让财产的情况下，可免除印花税。

（2）对于马来西亚公民购买一套住宅房产，在2019年1月1日至2020年12月31日期间执行的转让和贷款协议的印花税免税。前提是购房不超过300 000林吉特且买方在签订买卖协议之日不拥有任何其他住宅房产。在2019年7月1日至2020年12月31日之间签订的买卖协议，房产价值在300 001~500 000林吉特之间的可获得5 000林吉特的印花税免税额。

(3) 由日本国际合作银行（Japan Bank for International Cooperation）担保的，于2019年2月26日至2019年12月31日期间签署的与马来西亚日元债券发行、担保和服务相关的文书，均豁免印花税。

(五) 逾期加盖印花的处罚

(1) 如果该文书在规定期限后3个月内加盖印花，罚款为25林吉特或不足税款的5%中的较高者；

(2) 如果该文书在规定期限后3个月但不迟于6个月加盖印花，则罚款为50林吉特或不足税款的10%中的较高者；

(3) 如果该文书在规定期限后6个月加盖印花，罚款为100林吉特或不足税款的20%中的较高者。

五、泰国

(一) 纳税人

一般情况下，合同的接收方为印花税的纳税人。

(二) 征税范围

泰国税法规定对28种凭证及文件征收印花税。其中，缴纳印花税的凭证及文件包括：

(1) 合同或契约：租赁土地或建筑、雇用采购、雇佣关系、借款、合伙契约。

(2) 金融或商业文件：股权或债权转让、商业汇票、本票、借据、海运提单、有价证券或债券、支票或旅行支票、信用状、银行计息存款收据、提货收据、担保、抵押品、仓库收据、出货单。

(3) 代理或委任状。

(4) 文件的副本。

(5) 有限公司组织的备忘录。

（6）代理投票委托书。

（7）保险证书。

（8）不动产转让契约或所有权转让证书。

（9）车辆所有权转让证书金融/商业文件。

（三）税率

印花税根据凭证及文件的性质不同而使用不同的税率。大部分情况下，印花税以合同或收据金额的 1 000 泰铢计算缴纳 1 泰铢的印花税，或以凭证或合同的数量计算缴纳一定固定金额的印花税。

六、菲律宾

（一）征税对象

菲律宾印花税的征税对象包括单据、文书、贷款协议，以及证明接受、分配、销售、转移某一责任、权利或资产的文件。无论这些单据的制作、签署、发行、接受或转让的地点何在，当权利或义务是从菲律宾产生，或者财产位于菲律宾，并且该行为在菲律宾发生，就会在菲律宾产生缴纳单据印花税的义务。

（二）纳税人

印花税的纳税人为上述文件或文书的制作者、签字人、接收者或转移者。如果应税文件的其中一方享有免税待遇，则由不享受免税待遇的另一方直接承担纳税义务。

（三）税目和税率

菲律宾印花税的税目和税率见表 5－12。

表 5－12　　菲律宾印花税的税目和税率表

税目	税率（比索）
原始的债权凭证，包括债券、贷款协议、期票、由政府或其部门发行的凭证和证券、类似存款、债权凭证、存款证明和其他不要求立即付款的文书	按发行价格每 200 比索征收 2 比索

续表

<table>
<tr><th>税目</th><th>税率（比索）</th></tr>
<tr><td>有/没有票面价值的原始股份凭证</td><td>按票面价值每 200 比索征收 2 比索；如果没有票面价值，则按照发行股票公司实际收取的对价，或在股票红利的情况下，每股所代表的实际价值</td></tr>
<tr><td>销售协议、买卖通知书、交付和转移账单、义务凭证、股票凭证</td><td>按协议金额每 200 比索征收 1.5 比索</td></tr>
<tr><td>在菲律宾销售或转让在国外发行的债券、股票或债务凭证</td><td>与在菲律宾发行、转让、销售的类似工具适用相同的法定税率</td></tr>
<tr><td>财产或资本增益中利润或权益的证明</td><td>按协议金额每 200 比索征收 1 比索</td></tr>
<tr><td>银行支票、汇票、不产生利息的存款单和其他凭证</td><td>每份 3 比索</td></tr>
<tr><td>与菲律宾境内有关的汇票</td><td rowspan="3">按票面金额每 200 比索征收 0.6 比索</td></tr>
<tr><td>在外国开具但可在菲律宾支付的汇票</td></tr>
<tr><td>在菲律宾开具的外国汇票或信用证但可在菲律宾境外支付</td></tr>
<tr><td>人寿保险合同</td><td>基于被保险的价值确定：
不超过 100 000 比索的，免税；
100 000 ~ 300 000 比索，单张 20 比索；
300 000 ~ 500 000 比索，单张 50 比索；
500 000 ~ 750 000 比索，单张 100 比索；
750 000 ~ 1 000 000 比索，单张 150 比索；
超过 1 000 000 比索的，单张 200 比索</td></tr>
<tr><td>财产保险合同</td><td>每收取 4 比索的保费征收 0.5 比索</td></tr>
<tr><td>养老金、年金或其他文书</td><td>按保费或分期付款或所收取的合同价格，每 200 比索征收 1 比索</td></tr>
</table>

续表

税目		税率（比索）
预先计划		按保费或所收取的缴款，每200比索征收0.4比索
赔偿债券		按保费每4比索征收0.3比索
根据法律规定由海关、船舶检验员、公证人开具的损害证明或其他文件，以及法律或政府规章规定的证书		每份30比索
仓单收据		单张30比索
赛马、乐透奖或其他经授权的数字博彩		单张游戏券0.2比索，根据彩票费用超过1比索的，对于超过的部分，每1比索征收0.2比索
提单或收据（不包括租船合同，以及主要从事旅客运输的公司的包含旅客陪同行李的票据）		货物价值超过100比索但不超过1 000比索的为单张2比索，超过1 000比索的为单张20比索
选举代理人		每份代理投票30比索
委托书		每份10比索
租赁协议的备忘录或租赁或使用土地、公寓或其部分的合同（合同每年）	最初的2 000比索	6比索
	超过2 000比索的每1 000比索或余数部分	合同期限内每年2比索
抵押贷款、土地、房屋或财产的抵押和信托协议	最初的5 000比索	40比索
	超过5 000比索后，每5 000比索或不足5 000比索的部分	基于担保的数额，20比索
销售契约、不动产的转让证书（不包括授予、专利或政府的原始证书）	最初的1 000比索	15比索
	对于每1 000比索或其中部分，超过1 000比索	根据不动产的售价或公允价值或区域价格中的最高者确定，每100比索的金额征收15比索

续表

税目		税率（比索）
船舶租用合同及类似合同	大于 1 000 吨	最初的 6 个月内 1 000 比索；之后的每月或不足一月为 100 比索
	1 001 吨至 10 000 吨	最初的 6 个月内 2 000 比索；之后的每月或不足一月为 200 比索
	超过 10 000 吨	最初的 6 个月内 3 000 比索；之后的每月或不足一月为 300 比索

七、印度尼西亚

印度尼西亚的印花税是对一些合同及其他文件的签署征收 3 000 印尼盾或 6 000 印尼盾的税收，包括：

（1）在法律民事诉讼中用作证据而签立的合约或协议书；

（2）公证书及其副本；

（3）土地契约及其副本；

（4）收款、银行存款证明等财务文件；

（5）银行汇票、本票和承兑汇票等可转让票据；

（6）支票；

（7）证券；

（8）法律诉讼中使用的文件。

印度尼西亚的印花税税目税率见表 5－17。

表 5－13　　印度尼西亚的印花税税目税率表

文件类型	印花税
①上文（1）（2）（3）	6 000 印尼盾
②上文（4）（5）：	
价值≤250 000 印尼盾	豁免

续表

文件类型	印花税
价值在 250 000 印尼盾至 1 000 000 印尼盾之间	3 000 印尼盾
价值≥1 000 000 印尼盾	6 000 印尼盾
③支票和银行转账票据	3 000 印尼盾
④证券	
名义价格≤1 000 000 印尼盾	3 000 印尼盾
名义价格超过 1 000 000 印尼盾	6 000 印尼盾

八、越南

越南的印花税是对各种性质企业每年必征的税种，印花税以企业注册资金为依据，每年初按公司注册金额的一定比例交纳当年的税款，最高缴纳金额为 300 万越南盾。

注册资金在 100 亿越南盾（约合 50 万美元）以上征收 300 万越南盾（约合 150 美元）；50 亿 ~100 亿越南盾（约合 25 万 ~50 万美元）征收 200 万越南盾（约合 100 美元）；20 亿 ~50 亿越南盾（约合 10 万 ~25 万美元）征收 150 万越南盾（约合 75 美元）；20 亿越南盾（约合 10 万美元）以下征收 100 万越南盾（约合 50 美元）。新成立企业在上半年完成税务登记并获得纳税识别号的按全年征收印花税，下半年获得按 50% 缴纳。对个人而言，资产转让时适用 0.5% ~2% 的税率。

九、柬埔寨

（一）柬埔寨印花税的征收

（1）转让不动产的所有权或占有权，如建筑或土地：按不动产价值的 4% 征收；

（2）转让运输工具或车辆的所有权或占有权：按运输工具或车辆价值的 4% 征收；

(3) 转让公司部分或所有股份：按股份价值的0.1%征收；

(4) 使用国家预算供应货物或服务的合同：按合同价格的0.1%征收；

(5) 法定规范证件，如公司注册证书、公司并购证书和公司清盘证明：100万瑞尔。

(二) 印花税的免征

根据2017年文件规定，以下各项免缴印花税：

(1) 皇家政府授予的特许土地所有权或占有权的转让；

(2) 转让具有高达150马力发动机的各类摩托车、三轮车、拖拉机和水车的所有权；

(3) 经柬埔寨证券交易委员会批准，向公众发行证券的公司的股份转让、股份接收、公司合并、股东重组和股份分割；

(4) 对不动产和在政府机构登记名单下的各类车辆的所有权或占有权的转让；

(5) 对不动产和属于外交使团、外国领事馆或国际组织的所有类型的车辆或其他政府的技术合作机构的所有权或占有权的转让；

(6) 购买运输工具或车辆或转售在税务部门（GDT）注册的企业的商品。

以下交易有权在计算印花税的金额时扣除：

(1) 将所有权或占有财产权从父母转让给子女或兄弟姐妹：分别为2亿瑞尔和1亿瑞尔；

(2) 配偶之间以及亲生父母、祖父母向没有配偶或配偶的生育子女、孙子女捐赠同一财产：1亿瑞尔。

此项必须为纳税人提供证明文件（例如家庭户口本、出生证明、结婚证明或证明其关系的其他文件）。

十、老挝

在老挝进行经营活动的组织、法人实体、公民，在老挝政府机关提交或取得文书时需缴纳印花税。根据文书类型，印花税额从

8 000 基普到 10 000 基普不等。

十一、缅甸

根据 2017 年修订的 1891 年颁布的缅甸《印花税法》，缅甸对各种类型的文书征收印花税。部分税率如下：

（1）协议或协议备忘录：按 300 万缅元或总金额 1% 孰高的原则征收，但最高上限为 150 000 缅元。

（2）抵押契约：如果不转让财产占有权，为 0.5%；如果转让，则为 2%。

（3）租赁协议：

①租期不到 1 年：总租金的 0.5%；

②租期 1 ~ 3 年：平均年租金的 0.5%；

③租期超过 3 年：平均年租金的 2%；

④无限期：前 10 年平均年租金的 2%；

⑤永久性：租赁前 50 年应付总租金的 2/5 的 2%。

（4）公司章程：50 000 ~ 150 000 缅元。

（5）汇票：450 ~ 650 缅元，若超过 1 亿缅元的，每增加 1 000 万缅元加 650 缅元。

（6）债券：价值的 0.5%。

（7）运输协议：价值的 2%。根据物业所在地区的不同，可能需要额外的市政费用和印花税。

第三节 社会保障税（费）的比较

一、中国

（一）中国社会保险费缴纳基本情况

中国的社会保险费的缴纳和使用原来是各地区自行制定缴纳标

准和发放标准的，政策不统一。2015 年前中国社会保险项目及缴费比例如表 5－14 所示。

表 5－14　2015 年前中国社会保险项目及缴费比例

社会保险项目	雇主缴费比例（%）	个人缴费比例（%）	合计（%）
基本养老保险	20	8	28
基本医疗保险	6	2	8
失业保险	2	1	3
工伤保险	1	0	1
生育保险	1	0	1
住房公积金	5～12	5～12	10～24
企业年金	0～8.33	0～8.33	0～16.66
职业年金	8	4	12

（二）2015—2018 年社会保险缴费比例的四次调整

自 2015 年以来国务院已经连续 5 年对社会保险费的缴纳进行了调整。2015—2018 年的调整项目及费率变化情况见表 5－15。

表 5－15　2015—2018 年社会保险缴费比例的四次调整

<table>
<tr><th rowspan="2">项目</th><th colspan="2">2015 年调整后</th><th colspan="2">2016 年调整后</th><th colspan="2">2017 年调整后</th><th colspan="2">2018 年调整后</th></tr>
<tr><th>雇主</th><th>个人</th><th>雇主</th><th>个人</th><th>雇主</th><th>个人</th><th>雇主</th><th>个人</th></tr>
<tr><td rowspan="2">基本养老保险</td><td rowspan="2">20%</td><td rowspan="2">8%</td><td colspan="2">2016 年 5 月 1 日起</td><td rowspan="2">19%～20%</td><td rowspan="2">8%</td><td colspan="2">可阶段性执行至 2019 年 4 月 30 日</td></tr>
<tr><td>19%～20%</td><td>8%</td><td>19%－20%</td><td>8%</td></tr>
<tr><td rowspan="2">失业保险</td><td colspan="2">2015 年 3 月 1 日起</td><td colspan="2">2016 年 5 月 1 日起</td><td colspan="2">2017 年 1 月 1 日至 2018 年 4 月 30 日</td><td colspan="2">延长阶段性降低费率的期限至 2019 年 4 月 30 日</td></tr>
<tr><td>1.5%</td><td>0.5%</td><td>0.5～1%</td><td>≤0.5%</td><td>0.5%</td><td>≤0.5%</td><td>0.5%</td><td>≤0.5%</td></tr>
</table>

续表

<table>
<tr><th rowspan="2">项目</th><th colspan="2">2015 年调整后</th><th colspan="2">2016 年调整后</th><th colspan="2">2017 年调整后</th><th colspan="2">2018 年调整后</th></tr>
<tr><th>雇主</th><th>个人</th><th>雇主</th><th>个人</th><th>雇主</th><th>个人</th><th>雇主</th><th>个人</th></tr>
<tr><td rowspan="2">工伤保险</td><td colspan="2">2015 年 10 月 1 日起</td><td rowspan="2">0.2% ~ 1.9%</td><td rowspan="2">0</td><td rowspan="2">0.2% ~ 1.9%</td><td rowspan="2">0</td><td colspan="2">有条件降低费率期限至 2019 年 4 月 30 日</td></tr>
<tr><td>0.2% ~ 1.9%</td><td>0</td><td>工伤保险基金累计结余可支付月数在 18 ~ 23 个月的地区，下调 20%：0.16% ~1.52%；工伤保险基金累计结余可支付月数在 24 个月以上的地区，下调 50%：0.1% ~0.95%</td><td>0</td></tr>
</table>

（三）2019 年社会保险费率的调整

2019 年 4 月 1 日，国务院办公厅印发了《降低社会保险费率综合方案》给各省、自治区、直辖市人民政府、国务院各部委、各直属机构，让其贯彻执行。[①]

该方案在社会保险费的缴纳方面主要有三个方面的要求：

（1）自 2019 年 5 月 1 日起，降低城镇职工基本养老保险（包括企业和机关事业单位基本养老保险，以下简称养老保险）单位缴费比例。各省、自治区、直辖市及新疆生产建设兵团（以下统称省）养老保险单位缴费比例高于 16% 的，可降至 16%；目前低于 16% 的，要研究提出过渡办法。

（2）自 2019 年 5 月 1 日起，实施失业保险总费率 1% 的省，延长阶段性降低失业保险费率的期限至 2020 年 4 月 30 日。自 2019 年 5 月 1 日起，延长阶段性降低工伤保险费率的期限至 2020 年 4 月 30

① 参见《国务院办公厅关于印发降低社会保险费率综合方案的通知》（国办发〔2019〕13 号），http：//www.gov.cn/zhengce/content/2019 –04/04/content_ 5379629.htm.

日，工伤保险基金累计结余可支付月数在 18～23 个月的统筹地区可以现行费率为基础下调 20%，累计结余可支付月数在 24 个月以上的统筹地区可以现行费率为基础下调 50%。

（3）调整社保缴费基数政策。

①调整就业人员平均工资计算口径。各省应以本省城镇非私营单位就业人员平均工资和城镇私营单位就业人员平均工资加权计算的全口径城镇单位就业人员平均工资，核定社保个人缴费基数上下限，合理降低部分参保人员和企业的社保缴费基数。调整就业人员平均工资计算口径后，各省要制定基本养老金计发办法的过渡措施，确保退休人员待遇水平平稳衔接。

②完善个体工商户和灵活就业人员缴费基数政策。个体工商户和灵活就业人员参加企业职工基本养老保险，可以在本省全口径城镇单位就业人员平均工资的 60%～300% 选择适当的缴费基数。

二、新加坡

新加坡的社会保障基金——中央公积金由政府于 1955 年设立。

雇主和雇员应支付公积金的缴款比率取决于雇员的年龄，并根据雇员在一个日历月内的工资总额计算。计算缴款的工资应按每月 5 000 新元的普通工资上限和 85 000 新元的普通和附加（奖金、奖励金等）工资总额上限计算。从 2016 年 1 月 1 日起，最高限额分别增至 6 000 新元和 102 000 新元。雇主和雇员的缴款比率见表 5－16。

表 5－16　新加坡的社会保障缴款比率（自 2016 年 1 月 1 日起）

员工年龄（岁）	雇主缴款（工资的百分比）	雇员缴款（工资的百分比）
≤50	17	20
51～55	17	20

续表

员工年龄（岁）	雇主缴款（工资的百分比）	雇员缴款（工资的百分比）
56 ~ 60	13	13
61 ~ 65	9	7.5
>65	7.5	5

三、马来西亚

（一）员工公积金

根据雇员公积金法（EPFA），雇主有责任为雇员支付公积金的费用。雇主必须为所有雇员取得公积金资格证书，但新雇员在完成1个月的工作后，才需为其缴款。从2019年1月1日起，雇主的缴费率如下：

（1）60岁以下的员工：员工薪酬的12%（月薪为5 000林吉特或以下的员工为13%）；

（2）60岁及以上员工：员工薪酬的4%。

（二）工伤保险

根据服务合同受雇领取工资的任何雇员，必须参加由社会保障组织管理的工伤保险计划，该计划在发生残疾、死亡或雇员工伤时提供现金和医疗保障。

缴款比率分两种情况规定：

（1）年龄在60岁以下的员工，但55岁或55岁以上且在55岁之前未进行任何缴款的员工除外。雇主的缴款率为雇员每月工资的1.75%，基于最高月工资4 000林吉特的最高缴款额为69.05林吉特。

（2）60岁及以上仍在工作的员工；首次注册并向社保机构缴款的55岁以上的员工；领取伤残抚恤金的被保险人，在伤残前仍在工作并领取不到平均月工资的1/3的抚恤金。仅由雇主缴款，雇主的缴费率为雇员月工资的1.25%，基于最高月工资4 000林吉特的最高缴款额为49.40林吉特。

四、印度尼西亚

从2014年1月1日起，印度尼西亚国家社会保障制度分为医疗保障和就业保障，包括工伤事故保险、晚年补偿、养老金保障、死亡补偿和健康保障。每个印度尼西亚公民和每位员工，包括在印度尼西亚停留超过6个月的外籍人士，都必须参加社会保障。

（一）工伤事故保险

对雇员进行与工作有关的意外伤害的赔偿完全由雇主承担。

缴款率取决于雇主所从事行业的风险。最低风险组缴费率为贸易或银行业为其工资的0.24%，最高的是火药和烟花行业，为1.74%，具体见表5-17。

表5-17 印度尼西亚工伤事故保险缴款比率

组别	费率（%）
极低风险组	0.24
低风险组	0.54
中等风险组	0.89
高风险组	1.27
极高风险组	1.74

（二）晚年补偿

对工人晚年补偿方案的缴费总额为工资的5.70%，其中3.70%由雇主承担，2%由雇员承担。

晚年补偿的数额由雇主和雇员共同支付的缴款决定，并加上利息以给予最低的晚年补偿。

已满56岁但仍在工作的员工可以选择在当下或退休时领取福利金。

（三）死亡补偿

死亡补偿的缴款由雇主承担，缴费率为月薪的 0.30%。

如果雇员在其工作期间去世，则死亡赔偿金将支付给雇员的后代，包括：

（1）一次性补偿 1 620 万印尼盾；

（2）定期赔偿 20 万印尼盾的 24 倍，一次性支付 480 万印尼盾；

（3）300 万印尼盾丧葬费用；

（4）1 200 万印尼盾的孩子教育金。

这些福利是为每一位在其工作过程中死亡的员工支付的，这些员工的死亡并非由于意外事故，且至少为社会保障计划缴款 5 年。

（四）养老金保障

对员工养老基金的总缴款为其月薪的 3%，其中，2% 由雇主承担，1% 由雇员承担。国家根据上一年的通货膨胀率和国内生产总值增长率，调整每年最高工资。

从 2018 年 3 月 1 日起，最高工资上限为每月 8 094 000 印尼盾。从 2019 年 3 月 1 日起，最高工资上限提高至每月 8 512 400 印尼盾。

如果员工在社会保障计划的缴款时间少于 15 年，退休后将一次性全额支付福利。但是，为该计划缴款超过 15 年的员工将在退休后按月领取福利。政府支付给达到退休年龄的参保员工的最低养老金月薪设定为每月 30 万印尼盾或每年 360 万印尼盾（将不时调整）。

（五）健康保障

自 2015 年 7 月 1 日起，每月的健康保障保费为月收入的 5%（以前为 4.5%），其中，4% 由雇主承担，1%（以前为 0.5%）由员工支付。从 2016 年 4 月 1 日起，保费缴款按每月最高 800 万印尼盾的收入计算。

五、越南

（一）社会保障税

雇主按照雇员工资的15%按月缴纳社会保障税，雇员个人按其个人工资的5%按月缴纳社会保障税。外国人免缴社会保障税。

（二）社会保障费

越南社会保障局（VSS）是由劳动、残疾人和社会事务部直接指导的政府机构，负责在全国范围内实施社会保障政策并管理社会保障基金。

用人单位必须按照规定的标准为劳动者代扣代缴社会保险费、职业病保险费、失业保险费和健康保险费。

1. 社会保险

越南国民议会于2014年11月20日通过了《社会保险法》，该法于2016年1月1日生效，取代了2006年6月1日通过的《社会保险法》。该法规定了以下保险福利：疾病、生育、养老金、幸存者基金。

越南公民必须缴纳社会保险费。从2018年1月1日起，持工作许可证或执业执照在越南工作的外国人也需缴纳社会保险费。

从2017年6月1日起，雇主的缴费率为17.5%，而雇员的缴费率为8%。雇主必须为所有类型的雇佣合同提供职业事故和疾病保险，包括计件工资制度。

社会保险缴费的工资基数上限为最低工资的20倍。从2018年7月1日起，国民议会批准的最低工资标准为每月139万越南盾，即每月超过2 780万越南盾的工资都不需要缴纳任何费用。但从2019年7月1日起，国民议会批准的最低工资标准增加到了每月149万越南盾。因此，每月超过2 980万越南盾的工资不需要缴纳任何费用。

2. 健康保险

2010 年 1 月 1 日第 23 号《健康保险法》生效，该法经第 46/2014/QH13 号法案修订。根据该法，健康保险的强制缴款改为合同工资的 4.5%，但最高缴款额为最低工资的 20 倍。该保险的 2/3（3%）由雇主缴纳，1/3（1.5%）由雇员缴纳。

健康保险缴费的工资基数上限与社会保险缴款上限一致。

健康保险适用于在越南签署劳动合同且期限超过 3 个月的越南公民和外国人。

3. 失业保险

失业保险于 2009 年 1 月 1 日生效，经 2013 年 11 月 16 日第 38/2013/QH3 号法案修订，失业保险的缴纳仅对越南公民是强制性的，非越南雇员无须缴费。雇主、雇员和政府必须按合同工资的 1% 各自缴纳，直至缴纳上限。

计算失业保险缴款的依据上限为区域最低工资的 20 倍。四个地区在 2018 年的最低工资分别为 398 万越南盾（1 区）、353 万越南盾（2 区）、309 万越南盾（3 区）和 276 万越南盾（4 区）。因此，最低工资最高的地区每月最低缴款额为 7 960 万越南盾。自 2019 年 1 月 1 日起，四个地区的最低工资分别提高至 418 万越南盾、371 万越南盾、325 万越南盾和 292 万越南盾。因此，对于最低工资最高的地区，缴款的最高基数为每月 8 360 万越南盾。

六、柬埔寨

根据劳动法（社会保障法）规定的“社会保障计划法”，柬埔寨全国社会保障基金（NSSF）计划包括三大支柱：职业风险（工伤事故和职业病）保险、医疗保险和养老金。国家社会保障基金自 2008 年开始实施职业风险保险计划，随后于 2016 年实施医疗保险。养老金计划在 2019 年实施。

根据职业风险计划，雇主必须根据雇员的月平均工资向 NSSF

支付每月0.8%的缴费（每位员工每月0.40～2.40美元）。注册企业必须在每个月20日前向NSSF报告员工人数。

根据医疗保健计划，雇主必须根据员工的月平均工资向NSSF支付每月2.6%的员工医疗保险费（每位员工每月1.3～7.8美元）。

七、老挝

社会经济领域里的各劳动单位要建立和支付社会保险基金，以便按社会保险制度保障劳动者的生活。劳动者和用工者要按照国家作出的社会保险规定，缴纳社会保险金。

现阶段，劳动单位须按劳动者工资的6%缴纳社会保险金，劳动者按个人工资的5.5%缴纳社会保险金。劳动单位缴纳最高限额为12万基普，劳动者为11万基普。

八、缅甸

缅甸在1954年和2012年颁布的社会保障法要求所有机构在社会保障体系下注册。这些机构的雇主和工人都必须向社会保障基金缴款。缅甸社会保障基金有以下类型：

（1）卫生和社会保健基金；

（2）残疾补助金、退休养老补助金和困难补助金；

（3）失业救济金；

（4）由社会保障局和劳动部规定的强制登记和缴费社会保障制度下的其他社会保障基金。

雇主和雇员缴纳各种社会保障基金的比率将以雇员的每月薪酬为基础。具体如下：

（1）雇主：工资的3%或300 000缅元的3%，以较低者为准；

（2）员工：工资的2%或300 000缅元的2%，以较低者为准。

此外，雇主必须为其雇员购买保险。雇主的社会保障缴款可以进行税前扣除。

九、东盟国家社会保障税（费）的特色

新加坡雇主和雇员的社会保障缴款比率取决于雇员的年龄，年龄越大缴款比率越低，起到提高年长者参加工作积极性的作用。马来西亚的社会保障缴款均由雇主缴纳，缴款比率根据员工的年龄，对年龄在60岁以上的员工缴款比例较低。印度尼西亚的工伤事故保险缴款比率取决于雇主所从事行业的风险，低风险行业的缴费比率低于高风险行业，高风险行业的缴费比率是低风险行业的7倍多。

第四节　自然资源税的比较

自然资源，是指在其原始状态下就有价值的货物。自然资源就是自然界赋予的，可直接或间接用于满足人类需要的所有有形之物与无形之物。资源可分为自然资源与经济资源，能满足人类需要的整个自然界都是自然资源，它包括空气、水、土地、森林、草原、野生生物、各种矿物和能源等，亦称天然资源。自然资源为人类提供生存、发展和享受的物质与空间。社会的发展和科学技术的进步，需要开发和利用越来越多的自然资源。一般来说，假如获取这个货物的主要工程是收集和纯化，而不是生产的话，那么这个货物是一种自然资源。因此，采矿、采油、渔业和林业一般被看作获取自然资源的工业，而农业则不是。

矿产资源是一种未经人类加工而天然存在的物质财富，因而它的地理分布、储量大小、品位高低、开采难易等都不是人为决定的。同样的资源，有的储量大、品位高、开采条件优越，有的则储量小、品位低、开采条件差，这必然会产生开采同样资源的企业和

个人因成本水平不同而导致利润水平的畸高畸低。为适当调节资源级差收入，为各类企业和个人创造平等竞争的条件，为促进矿产资源的合理开采和有效利用，许多国家针对资源的开采和利用开征了资源税和特别所得税，如文莱的石油企业所得税、泰国的石油所得税。

一、中国的资源税

（一）资源税纳税人

资源税的纳税人是指在中华人民共和国领域及管辖海域开采或者生产《资源税暂行条例》规定的生产应税产品的单位和个人。

（二）征税范围

《资源税暂行条例》只将原油、天然气、煤炭、其他非金属矿原矿、黑色金属矿原矿、有色金属矿原矿和盐列入了征税范围。自2016年7月1日起，水资源在河北省试点，2017年12月1日，水资源税改革试点进一步扩大到9个省（自治区、直辖市）。这样，现行资源税征税范围可以分为矿产品、盐和水资源三大类。

（三）税率

资源税采用从价定率或从量定额征收，税率形式有比例税率和定额税率两种。对《资源税税目税率幅度表》中列举名称的21种资源品目和未列举名称的其他金属矿实行从价计征。

对经营分散、多为现金交易且难以控管的黏土、砂石，按照便利征管原则，仍实行从量定额计征。

对《资源税税目税率幅度表》中未列举名称的其他金属矿产品，按照从价计征为主、从量定额为辅的原则，由省级人民政府确定计征方式。

（四）计税依据

资源税以纳税人开采或者生产应税矿产品的销售额或者销售数量为计税依据。

1. 销售额

销售额是指纳税人销售应税矿产品向购买方收取的全部价款和价外费用，但不包括收取的增值税销项税额和运杂费用。

价外费用，包括价外向购买方收取的手续费、补贴、基金、集资费、返还利润、奖励费、违约金、滞纳金、延期付款利息、赔偿金、代收款项、代垫款项、包装费、包装物租金、储备费、优质费以及其他各种性质的价外收费。

运杂费用是指应税产品从坑口或洗选（加工）地到车站、码头或购买方指定地点的运输费用、建设基金以及随运销生产的装卸、仓储、港杂费用。

运杂费用应与销售额分别核算，凡未取得相应凭据或不能与销售额分别核算的，应当一并计征资源税。但下列项目不包括在内：

（1）同时符合以下条件的代垫运输费用：

①承运部门的运输费用发票开具给购买方的；

②纳税人将该项发票转交给购买方的。

（2）同时符合以下条件代为收取的政府性基金或者行政事业性收费：

①由国务院或者财政部批准设立的政府性基金，由国务院或者省级人民政府及其财政、价格主管部门批准设立的行政事业性收费；

②收取时开具省级以上财政部门印制的财政票据；

③所收款项全额上缴财政。

2. 销售数量

（1）纳税人开采或者生产应税产品销售的，以实际销售数量为销售数量。

（2）纳税人开采或者生产应税产品自用的，以移送时的自用数量为销售数量。自产自用包括生产自用和非生产自用。

（3）纳税人不能准确提供应税产品销售数量或移送使用数量

的，以应税产品的产量或按主管税务机关确定的折算比换算成的数量为计征资源税的销售数量。其中，纳税人将其开采的矿产品原矿自用于连续生产精矿产品，无法提供移送使用原矿数量的，可将其精矿按选矿比折算成原矿数量，以此作为销售数量。

（4）纳税人的减税、免税条目，应当单独核算销售额和销售数量；未单独核算或者不能准确提供销售额和销售数量的，不予减税或者免税。

（五）应纳税额计算

资源税应纳税额按照从价定率或者从量定额的办法，分别以应税产品的销售额乘以纳税人具体适用的比例税率或者以应税产品的销售数量乘以纳税人具体适用的定额税率计算。

（1）实行从价定率计征办法的应税产品：

应纳税额 = 应税产品的销售额 × 适用的比例税率

（2）实行从量定额计征办法的应税产品：

应纳税额 = 应税产品的销售数量 × 适用的定额税率

（3）扣缴义务人代扣代缴资源税应纳税额：

扣缴义务人代扣代缴资源税应纳税额 = 收购未税矿产品的数量 × 适用的定额税率

（六）税收优惠

（1）开采原油过程中用于加热、修井的原油免税。

（2）纳税人开采或者生产应税产品过程中，因意外事故或者自然灾害等原因遭受重大损失的，由省、自治区、直辖市人民政府酌情减税或者免税。

（3）对依法在建筑物下、铁路下、水体下通过填充开采方式采出的矿产资源，资源税减征 50%。

（4）对实际开采年限在 15 年以上的衰竭期矿山开采的矿产资源，资源税减征 30%。

（5）纳税人开采销售共伴生矿，共伴生矿暂不计征资源税；没有分开核算的，共伴生矿按主矿产品的税目和适用税率计征资源税。

二、马来西亚的石油所得税

（一）纳税人

石油所得税对在马来西亚进行石油作业的所有人征收，包括马来西亚国家石油公司或马来西亚—泰国联合发展机构签署石油行业相关协议的纳税个体。

（二）税率

自1998年起，石油所得税按应税收入的38%征收。

（三）税收优惠

2013年3月29日，对较小的油田颁布了以下税收优惠政策：

（1）符合条件的法定有效所得税税率为25%。

（2）5年期15%的资本补贴，以及收购合格厂房、机械和设备当年的额外25%补贴。这适用于2010—2024课税年度之间发生的所有符合条件的支出。

（3）对于核准项目（如提高石油采收率、高二氧化碳气体等），在其10年期内，对合格资本支出给予60%的年度投资补贴。

三、泰国的石油所得税

泰国石油所得税（石油税）是对在泰国开采或生产石油业务的企业征收的一种直接税。

（一）纳税人及征收范围

根据石油所得税法（PITA），取得经营石油购销业务特许的企业，或按照新版石油法以共享合约取得业务资格的企业（以下简称“石油企业”）需计算缴纳石油税。根据PITA计算缴纳石油税的石油企业，不需再按照泰国所得税法缴纳企业所得税；根据新版石油法以服务合约取得业务资格的企业，仍须按照泰国所得税法缴纳企业所得税。

（二）税率

取得特许营业资格的石油企业按照其石油业务的年净利润（包括经营特许权移转收益及其他由石油业务衍生的收益）的50%计算缴纳石油税。

（三）应纳税额

纳税义务人在经营石油业务中发生的正常及必要的支出、折旧、资本支出、石油权利金等可在计算应税所得前扣除。对于特定项目支出，如利息费用，不得在税前扣除。

根据2017年6月23日生效的新版石油法，以共享合约取得业务资格的石油企业，按照其经营石油业务的年净利润（包括权利移转收益、因权利移转而产生的年金或其他固定收益）的20%计算缴纳石油税。

四、越南的自然资源税

2009年11月25日，越南国民议会通过了自然资源税法（第45/2009/QH12号），该法经2014年11月26日第71/2014/QH13号法修订，适用于所有从事自然资源开发的实体。以产值为基础的1%～35%征税。

自然资源税计算如下：

自然资源税 =（A × B × C）－ D

其中，A = 提取的资源量

B =（B1 － B2）× B3 － B4

B1 = 单位资源的总价

B2 = 单位资源加工成本

B3 = 以百分比表示的资源纯度

B4 = 流转税或增值税

C = 规定的税率

D = 减税和免税

如果由于不可抗力因素导致开采资源的质量被稀释，例如在洪水或地震中，则可减少应纳税额。其他免税和减税由国民大会常务委员会决定。

五、老挝的天然资源税

天然资源税对石油和天然气工业和开采稀有和珍贵资源的企业征收。应税资源包括油页岩，石油和天然气，金属、非金属矿产，建筑材料，泥炭，无烟煤，水力发电和土地特许权。烟草、咖啡、茶叶、花卉种子也要缴纳自然资源税。

按销售或出口价格适用5%～25%的税率或规定了每立方米的税款。对于石油和天然气的征税，是以政府协议规定的。对于木材的征税，木材的种类不同，其税收也不同。

六、东盟国家对资源征税的特色分析

越南征收的自然资源税与中国开征的资源税存在着很大的不同。从越南自然资源税的计算公式看，因为可以从资源的总价中扣除资源加工成本，它实质上是对开采的自然资源产品的所得征税。

老挝征收的天然资源税与中国开征的资源税比较相似，但其征税范围比中国更广。老挝对烟草、咖啡、茶叶、花卉种子也要征收自然资源税，而中国则不征。

马来西亚和泰国的石油所得税虽然可以算是所得税类的税种，但因其税率比一般企业所得税的税率高，可以说高出的部分是对开采石油这一资源所获超额收益的一种调节。

第六章　税收征收管理的比较

第一节　影响东盟国家税收征管的因素分析

20 世纪 90 年代，东盟国家顺应世界税收征管改革的趋势，开始加强对税收征管制度的变革创新，同时也对一些原有过时的政策进行重新评估与调整，以此达到堵塞税收漏洞、加强税源监控、减少税源流失的目的。由于各个国家在经济发展水平、政治、文化环境等方面存在差异，导致东盟各国税收征管方式不同。自中国—东盟贸易区建立以来，我国与东盟十国的联系不断紧密，本章通过比较分析东盟各国与我国税收征管方式的差异，取长补短，有利于进一步完善我国税收征收管理机制。

一、经济环境

税收征管工作的质量和效率与经济发展水平密不可分。经济发展水平高、生产力发达的国家，其拥有的税源规模大，规模效应也越强。但从税收征管方面来说，随着税源的增加，应征的税额就越大，政府在征税的过程中所耗费的成本也会相应提高，对税收征管工作的效率造成一定的影响。在东盟十国中，经济发展水平较高的新加坡、文莱、马来西亚以及印度尼西亚等国家，在其经济发展的过程中，逐渐形成本国特色的税收征管体系。

新加坡的经济发展水平是东盟十国中较为突出的一个国家。近几十年来，新加坡由一个经济发展落后、经济结构单一且工业基础薄弱的国家，跻身于亚洲富国的行列，经济平稳运行，为新加坡的税收征管工作提供了保障。2017 年，新加坡国内生产总值为 3 239 亿美元，国内生产总值增长率为 3.6%。同年，由于劳动力市场萧条，失业率达 2.2%。较高的失业率不利于税收征管工作的开展，失业者应负担的税款难以征收。但是，新加坡经济的快速发展，成功推动新兴产业转型升级，为科技创新企业提供了一个发展的契机，同时也为征管信息网的建设提供一定的经济基础。新兴科技产业的升级发展有效完善了新加坡的电子报税系统，促进信息推动型的纳税服务体系。新加坡国内信息科技服务体系包括国内税收综合系统、电子申报系统、机构服务系统和办公自动化系统，这四个系统相互独立，实现纳税数据共享。

文莱经济发展水平良好，国家富裕，税负较低且基础设施完善。由于文莱经济发展受到 1997 年亚洲金融危机的影响，政府对于投资项目变得更加谨慎，大型项目随之减少，导致中小企业发展缓慢。2000 年，文莱成立国际金融中心，为文莱向金融业、保险业、证券业和银行业等行业深入发展打下基础。石油和天然气是文莱主要的经济支柱产业，约占全国 GDP 的 2/3。非油气产业有制造业（主要是服装，绝大部分出口到美国、加拿大）、金融业、建筑业以及农、林、渔业等，产业结构不够均衡。第二、第三产业所占的比重越高，税源相对集中，税收征管效率相对较高。所以，提高第二、第三产业占 GDP 的比重是一个国家或地区经济发展水平逐步提高的主要表现，也是提高该国或该地区税收征管效率的根本思路。

近年来，马来西亚经济增长情况良好，保持平稳增长。经济的发展为税收征管工作奠定了基础，使马来西亚顺利研发并有效推行网上电子报税系统。2006年，马来西亚内陆税务局与马来西亚商业银行联合，在全国推行网上电子报税，纳税人可通过商业银行的互联网缴纳个人所得税和财产税，这一方式大大提高了纳税部门收缴税款的工作效率，同时，便捷的缴税方式也简化了办税流程，提高了纳税人的税收遵从度，增加税收收入。2009年4月，马来西亚政府为了进一步吸引外资，刺激本国经济发展，开放了八个服务业领域的27个分支行业，允许外商独资不设股权限制，该政策进一步提升了马来西亚国际税收方面的收入。为全方位拉动经济发展，马来西亚相继出台了一系列税收优惠政策。如获得新兴工业地位（Pioneer Status，PS）称号的企业可享受为期5年的所得税部分减免，仅需就其法定收入的30%征收所得税。马来西亚符合税收优惠条件的农业企业与合作社，也可申请新兴工业地位或投资税务补贴的优惠，获得农业补贴。一系列吸引外资的税收优惠政策的出台，在促进国际税收收入增长的同时也加大了税收征管工作的难度，可能会造成滥用税收协定、资本弱化等避税手段的产生，导致一部分税源的流失。而且外国企业由于身份特殊，不利于税收征管工作的实际开展，降低了征管效率。

印度尼西亚是东盟最大的经济体，农业、工业和服务业均在国民经济中有着重要地位。印度尼西亚2014年受全球经济波动的影响，印尼盾贬值，经济增长率为5.02%，人均GDP为3 531美元；2015年经济增长率4.80%，人均GDP为3 377美元；2016年的GDP为12 406万亿印尼盾，经济增长率为5.02%，较2015年有所回升。为发展本国经济，印度尼西亚颁布了许多区域性优惠。印度尼西亚有各种特殊区域，包括经济特区、综合经济开发区、保税区、自由贸易区和工业园区等，注册在上述区域内的居民公司，享受所得税返还或者免税，进口环节关税、增值税、奢侈品销售税免税等税收优惠。由于优惠政策的多样化，纳税人可能存在一些税收盲区，并且一些税收优惠的计算方式复杂，不利于纳税人及时更新税收知识，影响了税收征管的质量和效率。

东盟其他较为落后的国家如柬埔寨、老挝、缅甸等，税务信息化并不普及，纳税信息网并没有全面建立，纳税申报没有全面实现电子化，不利于提高税款征收效率，同时很难全面对纳税人的各项收入实行监控把握，造成部分纳税人偷逃税款。此外，经济规模的大小也决定了一国的税制结构，经济较为落后的国家所需设立的税种也较少。如缅甸只有所得税、商品税、关税以及其他小税种，主要税种不超过十个，这也从另一方面减轻了税务部门的征收压力，提高征纳双方各自的工作效率。

而我国自全面深化改革以来，在拉动经济增长的同时也致力于纳税信息体系的建立，使税务信息化得以在我国全面普及。由于经济的快速发展，且税种较多，使提高税收征管工作效率，优化办事流程成为我国发展的一大目标。我国近年来简化办税手续，有效提升办税效率，特别是在国地税合并后，两个部门信息实现了共享，对纳税人来说，多项收入所得以及是否需要申报等都有了更准确的信息。不仅实现一个账号完成各种税费的申报，还实现了税收业务"一窗通办"，做到办业务只排一次队。此外，我国还设立 24 小时自助办税服务区，专门用于方便纳税人办理涉税业务，一般性的业务无须亲自去往税务局。

与东盟国家相比，我国税务信息化开始的较晚，而新加坡等发展较快的国家早已开始建设税务信息系统。但是近十年来，我国的经济发展水平有了质的飞跃，GDP 也位于世界前列，这就需要税收收入为发展经济提供保障。这也从另一方面提升了我国税收征管工作的效率，以保证税收收入的应收尽收。总之，经济的快速发展对税收征管的影响具有两重性，一方面扩大了税源，更好地推进纳税信息化的普及；另一方面，税款的增多，税源监控难度的加大以及缴纳方式的复杂化又在一定程度上不利于征管工作的开展。

二、政治环境

政治稳定是保障税收征管工作顺利开展的前提，动荡的政治局面不利于税款的征收以及税收法律制度的制定。大部分东盟国家的政治局面是较为稳定的，如新加坡、菲律宾等国家，各大权力机构相互制约，使税收征收管理机构的工作得以顺利实施，提高了税务行政效率。与之相反的越南，政治权力分配不均衡，直接导致了越南国家权力的相对分散，对税收征管产生了消极的影响。而小部分东盟国家如菲律宾、印度尼西亚等，近年来也一直遭到恐怖主义的威胁，导致政治局面不稳，引起社会恐慌，危害公共安全。

稳定是新加坡政治最大的特点。自 1965 年 8 月新加坡脱离马来西亚联邦成立新加坡共和国以来，政治方面较为稳定。新加坡目前有政党 24 个，其中人民行动党从 1959 年至今一直是执政党。在李光耀卸任该党秘书长后，1992 年由吴作栋接任。2004 年李显龙接替吴作栋职位，成为该党秘书长。2018 年，李显龙表示在下一届大选卸任的意愿后，16 名内阁成员经过数月协商共同确定支持新加坡财政部部长王瑞杰成为下一任总理候选人，并改组内阁，增加未来经济理事会成员，以保障政治的稳定。在稳定的政治背景下，通过不断地改革，新加坡政府决定对国内税务局实行董事会管理制度。政府对国内税务局所提供的服务支付一定的代理费用。代理费用包括规定当年所征税收的一个固定比例以及根据其表现政府再给予另外的代理费。因此，这不仅有利于调动国内税务局工作人员的积极性，也有利于税务局更严格地实行税源监控和税款征收，提高税务征管工作的效率。

菲律宾是总统制国家。总统为国家、政府首脑兼武装部队总司令。最高立法机构由参、众两院组成。菲律宾政治结构较为成熟，各部门之间分工明确，对税收征管工作起到了一定的促进作用。菲律宾的国内税务局将全国的大型纳税户都集中由大户司管理，大户司直接由总局局长分管，在首都之外的一些地区设有分支机构，方便对大型纳税户的管理，保证税收征管工作的顺利开展，以确保主要的税收收入。此外，菲律宾在税收政策方面透明度极高，在国内税务局的网站上不仅可以获得详细的政策法规资料，还能查到菲律宾国内税务局的各项统计报表，包括各城市、各税种的实际征收情况详细报表。这说明菲律宾的政治公开制度较为完善，有利于纳税人了解实际的税款征收情况以及增大对政府税收工作的认可，提高纳税人的税收遵从度，更加支持和配合政府的税收征管工作。

相反，虽然越南是东南亚地区首个社会主义国家，但是政治权力机构分工不够明确，越南共产党领导层的权力结构相对分散，并在发展中形成了党的总书记、国家主席、总理以及国会主席四大最高权力机构之间相互制衡的局面，造成了“超前民主化”的现象。这种现象阻碍了税收征管体系的进一步完善与发展，制约了税务部门的自由度，不利于征管工作的实施。此外，越南政策法规还存在透明度低、随意性强、申请手续烦琐等问题，这将会对税收征管产生负面影响，造成税收制度的随意性，使税收收入在权力分散的过程中流失。

恐怖主义也是近些年来国际热点之一，它对国家的政治造成的影响不可估量。近年来，印度尼西亚一度成为恐怖主义重灾区，印度尼西亚政府不断加大打击恐怖主义力度，并与美国等国家加强反恐合作，维护社会治安稳定，为实施税收征收管理制度奠定了社会基础。此外，2017 年，菲律宾也陷入反恐战争危机。虽然最后政治局面已经稳定，但是这场对抗对菲律宾的社会稳定与政治发展造成了极大的破坏，同时影响了地方税款征收工作的进行，造成税源流失。

而对于中国来说，自改革开放以来，我国的政治局面稳定，各大机构各司其职，使国家的各项工作得以有效开展，为我国税收征收管理工作的实施奠定了基础。所以，稳定的政治局面对税收征收管理是有利的。首先，政局的动荡会影响民众的信心，一些纳税者会选择观望或停止扩大生产，伺机进行偷逃税行为；其次，如果政府高层经常变动会使其税收征管效率降低，各项目审批程序复杂，周期变长。

三、文化环境

文化环境是影响税收征收管理工作不可忽视的一个重要因素。每个国家在风俗习惯以及劳动力受教育程度方面都存在差异。文化对税收征收管理的影响因国而异，如泰国由于少子化而专门设置的个税扣除政策，无形中降低了税收的征管效率，使个税缴纳的手续更复杂；又如缅甸的民族关系较为敏感，不利于税收工作的顺利实施。此外，各国的劳动力素质水平也在无形中影响税收工作，一些劳动力文化程度较高的国家，如新加坡、菲律宾、马来西亚等，不仅有利于税款的征纳，也有利于营造社会依法纳税的良好氛围。

泰国政府于 1971 年在全国实施非强制性的计划生育政策，泰国民众逐渐意识到多子带来的经济压力以及社会压力，随后泰国的生育率急速下降，甚至在 2015 年成为东南亚生育率最低的国家之一。为缓解少子化压力，泰国开始实施鼓励生育的政策，用降低税收压力的手段，设置了个人所得税中子女相关的扣除政策。但是，从另一个方面看，多加了扣除环节，则会加重税务部门的工作，而且人口增长率提高之后也不利于税收征收管理。

长期以来，缅甸中央政府和部分少数民族之间的关系十分微妙。多数外国投资者会尽量避免在缅甸地方政府或在少数民族控制区投资，这在一定程度上影响了当地政府的税收收入。而且政府与少数民族关系也间接影响了政府的征管工作，纳税人的遵从度不能得到保证。

劳动力素质高的国家相对来说税收遵从度也高。公民受教育程度越高，越能认识到税收对国家整体发展的意义，更能做到依法纳税。新加坡、菲律宾、马来西亚公民总体文化水平高，税收意识较好、主动申报纳税多，在一定程度上促进了良好的税收征管环境的形成。此外，这些国家还注重提高税务人员的工作素质，注重为纳税人提供各种服务及咨询，在全国各地开设多个柜台专门为纳税人服务，受到了社会的广泛好评。

在我国，多民族是我国的一大特色，但是在历史的演进过程中，我国各民族逐渐形成了多元一体的格局，各民族之间和睦相处，共同繁荣发展，所以民族问题对于我国税收征收的影响不大。我国的劳动力素质确实存在发展不均衡的问题，东部沿海地区的劳动力文化水平较高，税收遵从度也相应较高，税务部门在征收管理的过程中所耗费的时间、成本也相对较低。而在一些欠发达西部地区，纳税人的纳税意识有待加强，增加了税务部门征管工作的难度。总而言之，文化环境对税收征收管理工作起着重要作用，无论是文化习俗还是劳动力的素质水平，都对征管工作有着不可小觑的影响。

第二节　中国与东盟国家税收征管制度比较

税收征管作为税务工作的重要环节之一，无论是我国还是东盟国家，在征管政策方面都具有本国的特色。

近年来，依托“互联网+税务”，我国税收在现代化的道路上不断前进。大数据时代下对企业资金、物流的相关数据更容易掌握，有利于减少税收流失。国地税合并后，有效精简人员设置，提高税收征管效率。在涉税服务方面，简化办税流程，提供操作指引，整体提升办理效率。

但与此同时，随着我国税收法律法规的不断完善，补充条例的相继出台，税金核算的难度加大，增加了税务会计工作的复杂性。这也导致很多企业在会计核算、纳税申报中的失误。此外，我国现行的个人所得税税收征管仍然面临诸多难题，如征管能力不足、数据信息平台建设滞后等问题。

以下将具体列出东盟国家与我国的部分税收征管政策，通过学习东盟国家的税收征管制度，对比我国与东盟国家的不同之处，以此取长补短，开拓创新。

一、新加坡

（一）申报方式

由于新加坡经济发展水平较高，所以政府对于税收征管方面所投入的人力与财力是较为充分的。新加坡是东盟十国中拥有最先进的税收申报和征收管理手段的国家之一。新加坡国内税务局成立于1992 年，主要负责所得税与财产税的征收管理，并在较短的时间内建立和完善税收电子化征管体系。1995 年和 1998 年分别引入电话报税和电子报税系统。

为提高征管工作的效率和质量，新加坡国内税务局专门建立了税收电子中心，负责各税种的征收、纳税资料的储存及整理，通过电子计算机把税务局内部的工作连成一个整体。此外，新加坡税务局通过奖励地铁预付费用卡、所得税彩票等方式鼓励纳税人使用电子报税。新加坡的报税程序也在不断完善和改进，纳税人除了可以使用电子报税，还可通过网上银行和电话转账等方式进行纳税申报。

（二）申报时间

新加坡货物劳务税实行季度申报，每个季度结束后的一个月之内要缴清所有税款并完成相应的手续。此外，纳税人如有特殊情况，也可向税务局申请以一个月或半年为纳税周期，同样也是在申请的纳税周期结束后一个月内申报并缴清税款。

新加坡所得税包括个人所得税与企业所得税，实行年度申报。个人所得税申报时间是每年的 4 月 15 日之前申报上一年度（从 1 月 1 日至 12 月 31 日）的税款。而企业所得税的纳税年度则是由会计年度所确定的。企业按照自身实际情况填写纳税申报表，在税务部门发出申报通知的 21 天内向国内税务局进行申报。

（三）申报资料

纳税人缴纳个人所得税需填写个人所得税纳税申报表（表 B 或 B1）。如独资企业主和合伙人年收入超过 500 000 新元，还需附上经审查的财务报表。企业所得税的申报资料为申报表 C、审计报告、税款计算表以及相关文件。货物劳务税需准备货物劳务税申报表。

（四）处罚规定

如纳税人未在规定时间内缴纳货物劳务税税款，将处以应交税款 5% 的罚款。此外，如超过规定应缴税款日期的 60 天，纳税人还应当多缴纳应交税款 2% 的额外罚款，但罚款总额不超过未缴纳税款的 50%。

二、文莱

（一）税款缴纳方式

文莱税款缴纳方式主要有现金、支票、网上银行或电汇等。所得税必须通过现金或支票进行缴纳，支票票面必须划线，并注明支付给“文莱达鲁萨兰国政府”。

如纳税人通过网上银行支付，则手续较为烦琐。首先纳税人需联系文莱税务司获取税款缴纳的银行账户才能进行网上支付，且对信息填写有详细的要求，如收款人（注明税务司）、纳税申报编号（参考文莱网上银行编号登记）以及应纳税金额等。

此外，通过电汇方式也可进行税款缴纳，具体流程以及所需材料可直接向税务司进行咨询。

（二）机构设置

文莱税务司是文莱税收的主要管理部门，属于文莱财政部下的部门之一。税务司负责制定税收政策，管理和征收所得税。文莱税收司共有6个部门，各部门分工明确，分别是：审计与评估部门、公司与政策部门、财务部门、执法部门、国际部门、会计部门。其中，审计和评估部门负责所得税、印花税和预提税的评估。公司与政策部门负责制定税收政策、公司注册、管理人力资源和培训、收集统计数据和维护网站。财务部门负责所得税、印花税和预提税的征收和退税。执法部门负责加强征税的执行力度，促进纳税人遵守提交和缴纳税款方面的规定。

（三）申报时间

政府规定文莱的纳税年度为公历年度，且纳税申报表必须通过线上的税收征管和税收服务系统（https：//www. stars. gov. bn）进行提交。

纳税人应根据相应所得税法主动缴纳相关税款，并且应在规定时间内，按税收要求申报收入，准备好确定收入所需要的材料，如必要的文件、账目和报税单等。如纳税人在该课税年度开始后的3个月内，没有收到相关的报税通知，须在该期限届满后14天内，向税收官提交申请，具体说明其应课税的义务。对于企业所得税，企业必须在每年的6月30日或之前，提交年度纳税申报，并同时缴纳所有税费。

（四）处罚规定

如果纳税人未在每年的6月30日或之前进行纳税申报以及缴纳企业所得税税款，则按照纳税金额的5%缴纳罚款。

如纳税人有违规申报行为，逃避纳税责任、不履行纳税义务并提供不真实纳税资料，即属犯罪，一经定罪，可处罚款10 000文元，以及由于这种不正确的纳税申报或信息而逃征税额的2倍罚款，直到纳税人进行正确的申报或者提供正确的材料。

（五）纳税评估

纳税评估工作由税收官展开，税收官应当在纳税人报税之后马上进行税收评估。如纳税人已交付报税单，则税收官可以根据报税单作出相应的评估。如存在报税单有误的情况，税收官可以拒绝接受报税单，并自行公正地确定该纳税人的应课税收入的金额，且作出相应的评估。如纳税人未交付报税单，而税收官认为该纳税人须缴纳税款，则可根据纳税人基本情况确定该纳税人的应课税收入的金额，并作出相应的评估。

三、马来西亚

（一）征管机构

马来西亚联邦政府和各州政府实行分税制。税收的征管实施工作主要由内陆税务局（IRBM）和皇家关税局负责。内陆税收局的责任是管理直接税征收，并且统筹管理全国各地直接税的评估和调查工作，以实现可持续的经济增长为目标。而皇家关税局主要负责制定管理间接税种，如海关税、国内货物税及消费税。其下设六个主要部门：统筹管理和财务处、关税处、国内税收处、预防处、研究、规划和培训处以及税收处。

（二）申报时间

对于个人所得税，纳税人必须在每年 4 月 30 日之前将填写完成的所得税申报表（ITRF）发送或提交到马来西亚内地税收局信息处理中心。同样，马来西亚对于企业所得税的纳税时间也有严格规定。企业必须依据预计的应纳税额每月分期缴纳，可按照 12 个月分期缴纳，分期缴纳的税款需要在每月 15 日之前缴纳。在纳税年度结束后 7 个月之内，公司必须进行年度纳税申报并缴清税款。

消费税的纳税时间是在应课税期结束的下一个月最后一天前按照纳税人收益，以相应的方式向总干事提交报税表并结清税款。

（三）处罚规定

纳税人有迟缴企业所得税或存在预缴税款不足的情况，则会有迟缴税款额10%的罚款。如果应缴税额超过预缴税额的30%，少计的税额部分也相应会有应缴税额超过预缴税额30%部分10%的罚款。

（四）税务登记

1. 单位纳税人

公司在开始经营之前需要申请税务登记。单位可通过 e-Daftar 在线注册或者向距通信地址最近的分行或任何 IRBM 分行进行书面申请。注册表格可以从 IRBM 网站进行下载。

2. 个体纳税人

个体纳税人进行税务登记需要所得税注册参考号码，参考号码可以在距通信地址最近的分行或任一 IRBM 分行进行申请。税务登记申请表可以通过 e-Daftar 在线注册或者在距通信地址最近的任一 IRBM 分行获得申请表。以下为申请需要的文件：

（1）最新薪金表（EA/EC）或最新薪金单的复印件；

（2）身份证/警官证/军官证/国际护照的复印件；

（3）结婚证复印件（如有）。

（五）税务调查

税务调查是对涉及纳税人的业务和金融事务的账簿、文件、物品、材料进行的审查，其中也包括个人文件的审查。目的在于核定收入数额，减少税收流失。选案来源主要为举报、对所得税申报表的复查以及风险分析等。调查的程序包括检查访问、检查文档、记录声明以及定稿的检查四项内容。

四、泰国

（一）征管机构

泰国税务厅是负责税收征管的最高管理机关，主要征收和管理以下税种：个人所得税、企业所得税、增值税、特别营业税、印花税和石油所得税。而国货税务厅则负责征收特定商品消费税；海关厅负责征收进出口关税；地方政府负责征收财产税以及地方税。

（二）申报缴纳时间

泰国政府规定个人所得税申报时间有两个，一是在纳税年度1—6月内，如果存在纳税人在国外，让支付收入方代替申报，或者纳税人在申报前死亡，让遗产代理人、遗产继承人或遗产持有者代替申报等情况，需在9月份内进行申报，即“半年度个人所得税”，此次缴纳的税款可作为抵免税额在全年度个人所得税中扣除；二是纳税年度终了后3个月内对全年度的所有收入进行申报纳税，也称“全年度个人所得税”。

对于企业所得税的申报，缴纳净利润所得税的公司或法人股份公司，需要提交纳税申报表并在规定期限内缴税。

一般情况下，泰国的增值税必须按月缴纳，时间为次月的15日之前。根据法律规定，纳税人在申报之前还应整理各种税务发票、报表和提供相关税务证明。

（三）处罚规定

对于增值税，如纳税人违反增值税相关法律条例规定，将会受到罚款、增补款或惩罚等相应的处罚。罚款将根据实际情况以税额的倍数或百分比来计算。出现推迟纳税的情况，则纳税人还需缴纳“增补款”，类似于利息，按照每月1.5%的利率计算缴纳。如情节严重的，纳税人有可能被追究法律责任。

个人所得税纳税人不在规定时间内缴纳税款，主要有三种承担责任的方式，即罚金、额外费用和处罚。纳税义务人未在规定时间内支付个人所得税税款的，自超过提交税务清单的规定时间起至支付税款之日，每月需加付应支付税款的1.5%的额外费用，如纳税人确实存在特殊情况无法按时缴纳，可向税务厅厅长申请，即可延长支付税款的时间，但要加付0.75%的额外费用。关于个人所得税处罚，可分为以下几种情况：

（1）纳税人不提交纳税人识别号的，处以 2 000 泰铢以下的罚款；

（2）不作账目写明收入或每日收入的情况的，处以 2 000 泰铢以下的罚款；

（3）不在规定时间内提交个人所得税相关表格的，处以 2 000 泰铢以下的罚款；

（4）为了逃税漏税而故意提供虚假信息、虚假证据或诈骗的情况，将处以 3 个月到 7 年有期徒刑，并处以 2 000 泰铢到 20 000 泰铢的罚款；

（5）为了逃税漏税而故意忽视且不提交税务清单的情况，将处以5 000 泰铢以下罚款，或处以 6 个月以下有期徒刑，或两者并罚。

五、菲律宾

（一）征管机构

菲律宾国家税务局（BIR）是财政部的下属机构，主要负责全国税收的评估和征收工作，并有权在必要时采取强制措施和实施惩罚。BIR 下设服务管理司、项目管理司以及大型纳税人管理司（大户司）。其中，大户司是菲律宾税收征管的特色机构之一，菲律宾的国内税务局将全国的大型纳税户都集中由大户司管理，大户司直接由菲律宾税务局局长分管，在首都之外的一些地区设有分支机构。国家税务局根据法律法规实施财政税收的管理、监督和强制执行权。菲律宾国家税务局设一位局长，四位副局长。

（二）税务登记

在纳税人就业后 10 日内、企业开业时或开业前、纳税义务发生前或根据法典规定的填写税收申报表时，菲律宾纳税人必须到所属的地区税务官处登记纳税人姓名、类型、住所、行业和其他由税务局长要求的相关信息。此外，同一纳税人所承担的不同税负应分别登记，每年的登记费为500比索，应在注册后的每年1月份的最后几天前完成支付。

进行税务登记后，每个纳税人都会有自己的纳税人识别号码。为鉴别纳税人的身份，在填写纳税申报表、核定计征税款，以及纳税人与税收管理机构进行通信往来时，必须使用该号码。

（三）纳税申报

菲律宾的主要税种的纳税申报规定如下：

1. 个人所得税

根据《国家税务法典（1997）》规定，居住在菲律宾的菲律宾公民的收入；居住在境外的菲律宾人在境内的收入；居住在菲律宾的外侨在境内的收入以及非居民外侨在菲律宾境内的收入都须缴纳个人所得税。纳税人应向授权的代理银行、地方税务当局、税务代理人，或者市政当局授权的财务人员申报纳税。个人应在每年4月15日或之前上交纳税年度的申报表。所得税申报表（ITR）应以纸质表格或电子形式，最多包含4页，并且只包含以下信息：①个人简介和信息；②根据本守则规定提供服务补偿收入，从事贸易或经营业务或从事专业工作的总收入，但不包括最终税收的收入；③依法可扣除额；④应纳税所得额；⑤应付所得税。

2. 企业所得税

除在菲律宾境内没有商事活动的外国公司外，其他所有的公司和企业都应当如实申报所得税。申报工作由公司董事长、副董事长或其他主要负责人来完成。菲律宾公司申报所得税时应当选定一个固定的应税年度——财政年或公历年，并且未经税务局同意不得随意变更。对于指定的纳税人，尤其是大型纳税人，必须通过电子填写进行申报。

3. 增值税

增值税纳税人应在每个指定纳税季度结束后的25天内就其当期的总销售或总收入金额向税务机关提交季度纳税申报表。通过电子申报纳税的纳税人，则另行规定截止日期。但是，所有增值税登记人都应按月缴付增值税。除国家税务局局长另有规定，增值税申报表应提交至位于菲律宾境内该纳税人登记或被要求登记的税收区内的城市或自治市的授权代理银行、税收区官员或经授权的财政主管，并缴付相应税款。

4. 特定商品消费税

对于国内商品消费税的纳税申报和缴纳，根据《国家税务法典(1997)》第六编第129节，消费税纳税人应在所规定的各个生产地分别提交申报表，列明将要转移的产品描述、质量或体积，适用的税基以及应纳税款。对于本国石油、天然气或液化天然气，消费税应由进行本地销售、易货或交易的首个买家、购置人或受让人缴付，而出口商品的消费税应由有采矿权的所有者、承租人、特许权获得者或经营者缴付。若本国产品被转移出生产地时未缴付税款，则该产品的所有者或占有人有义务缴付应纳税款。

（四）账簿凭证管理

根据《国家税务法典（1997)》第232节规定，企业、法人、合伙企业及个人应依法设立日记账和分类账，并自行保存。账簿的所得税报税表应附有妥善完成的账户信息表，账户信息表应包含资产负债表、损益表、收入产出资产列表以及其中相关报表中的有关信息。

在菲律宾，账簿和凭证应当使用英语或西班牙语登记。如未使用英语或西班牙语，纳税人需提供账簿和凭证的翻译版本。

（五）处罚规定

附加税是在纳税人违反税收法律规定的情况下，如未按时按额缴纳税款，由税款征收机关对其在原税款基础上加征的税款。附加税适用于税法规定的所有税种，征收规则与主税款征收的时间、方式一致，并作为税款的一部分。附加税主要分为两种，一种为加征的民事处罚，加征比例为税款的25%或50%；另一种则是税款滞纳金，一般为税款的20%。

违反菲律宾税法并构成犯罪的，除应缴纳税款外，还应受到相应的处罚。帮助犯罪或教唆犯罪的人也将受到相同的处罚。若罪犯不是菲律宾公民，在服刑后将被驱逐出境；公职人员犯罪，应从重处罚；注册会计师犯罪，将自动吊销其注册会计师资格。

六、印度尼西亚

（一）征管机构

印度尼西亚的税务征管工作由所属财政部的税务总署负责，税务总署机构之间相互协调，共同提升税收服务质量，其机构主要包括以下七个：

（1）税务总署办公室；

（2）税务数据及文档处理中心；

（3）雅加达特殊税务区域办事处；

（4）税务总署区域办事处；

（5）大企业税务办公室；

（6）税务主管办公室；

（7）税务咨询办公室。

（二）纳税申报

对于印度尼西亚企业所得税及个人所得税，纳税年度为公历年，但纳税人可以根据实际情况选择使用与该日历年不同的12月制会计年度。企业所得税纳税申报截止日期为下一纳税年度4月底之前。而且，纳税人应每月申报预缴企业所得税，月度预缴税金金额应等于上年最后一个月纳税申报表的税额扣除根据法规代扣代缴的企业所得税、境外已缴纳可用于抵免的税金的余额。个人纳税申报截止日期为下一纳税年度3月底前。

对于增值税，纳税人申报截止日期为有关交易发生次月的月度纳税申报表提交日。

此外，每个居民纳税人有义务提交纳税申报表，纳税人可通过DGTSP系统在线（网址为 http：//www. pajak. go. id/aplikasi-perpajakan）上传纳税申报表，不需要亲自前往税务机关进行纳税申报。

（三）处罚规定

如纳税人存在未按月足额预缴税款或年度纳税截止日前未足额缴纳税款的情况，印度尼西亚税务总署可每月向纳税人收取2%的滞纳金。同时，纳税人支付的滞纳金不得在计算所得税时税前扣除。

（四）税务登记

根据纳税人自行评估制度，纳税人有义务通过所属住宅或办公区域的税务局或税务咨询办公室进行登记，并获得纳税人识别号。纳税人也可在网站上进行税务登记，通过税务总署网站（www. pajak. go. id）获得纳税人识别号。个人和企业（包括有限公司、有限合伙企业、独资企业、合资企业、非营利组织、基金会、大众组织等）在营业前都需要在当地税务局登记并注册，以获得纳税人识别号。

（五）税务检查

税务总署为检查纳税人履行纳税义务的情况，会定期进行纳税检查。税务检查的范围可以分为案头检查和现场检查。案头检查工作一般持续不超过3个月，最多可延长至6个月，具体时间从纳税人接到审查机构通知的日期起计算，直到出具检查报告当日为止。现场检查一般不超过4个月，最多可延长至8个月，具体时间从检查通知书的日期起计算，直到出具检查报告当日为止。

七、越南

（一）征管机构

越南税款征收的主要负责机构是国家税务局和海关。海关负责关税的征收，国家税务局负责国内税收的征收。越南国家税务局下设省市局、郡局、支局。国家税务局有税政部门、收入计划部门、国有企业征税部门、外国投资企业征税部门、私营和其他企业征税部门、个人所得税征税部门、财产和其他税费征税部门等 14 个内设机构。此外，其还有三个附属事业单位，即情报和统计中心、税务培训中心、税务杂志部门。

税务机关职责主要包括依法征收税款；对税收法律进行宣传、普及和指导；公开各种办税程序；向纳税人解释、提供与应纳税款计算有关的信息等。

（二）纳税申报

越南目前的税收征管实行“纳税人自行申报，税务机关提供服务，严格清查”的模式。

1. 企业所得税

在每年 1 月 25 日最迟不超过下月 25 日，企业按税务机关第 02A/TNDN 号模板填报。外资企业的计税年度为公历 1 月 1 日至 12 月 31 日。报税手续较简单，企业须按规定填写报税单，并提供相关文件，缴纳税款后，当地税务机关即出具完税证明。由纳税人自行计算税款的，缴纳税款的最后期限为纳税申报资料报送期的最后一天。如纳税人有特殊情况，由税务机关计算税款、核定税款的，缴纳税款的最后期限为税务机关通报上注明的期限。

2. 个人所得税

越南个人所得税采用源泉申报和个人自行申报相结合的方式，并实行按月申报，年终合并全年收入按 12 个月平均进行结算。对能认定支付单位的，由支付单位代扣代缴。个人所得税由企业到主管税务机关办理相关申报登记手续，在次月 20 日之前按税务机关第 05A/BK-TNCN 模板填报。

3. 增值税

增值税税款缴纳的期限为提交纳税申报表的期限。增值税申报时间主要分为以下两种情况：

（1）上一年度销售货物和提供劳务的总营业收入在500亿越南盾以上的企业按月申报增值税，申报期限为次月20日前；

（2）上一年度销售货物和提供劳务的总营业收入在500亿越南盾以下的企业按季申报增值税，申报期限为次季首月30日前。

（三）处罚规定

越南对于税收处罚规定较为详细严格，主要包括以下几个方面：

1. 未按规定填写申报违法处罚

纳税人在申报过程中有减少应纳税款或增加可退税金额的，纳税人须补缴不足的税款或退还多余的退税款且处以10%的罚款。

2. 对逾期报送纳税申报材料的处罚

（1）纳税资料报送期届满后的第5～10天，向税务机关报送纳税申报材料的，处以警告处罚或10万到100万越南盾的罚款；

（2）纳税资料报送期届满后的第11～20天，向税务机关报送纳税申报材料的，处以20万到200万越南盾的罚款；

（3）纳税资料报送期届满后的第21～30天，向税务机关报送纳税申报材料的，处以30万到300万越南盾的罚款；

（4）纳税资料报送期届满后的第31～40天，向税务机关报送纳税申报材料的，处以40万到400万越南盾的罚款；

（5）纳税资料报送期届满后的第41～90天，向税务机关报送纳税申报材料的，处以50万到500万越南盾的罚款。

3. 对不缴或少缴税款的处罚

未进行纳税申报或纳税申报有误导致少缴税款，但纳税人能在税务机关发现前主动足额缴纳税款的，除足额缴纳税款外，每日还应按滞纳税款的0.05%加收滞纳金，不按税收行政程序违法行为、偷税漏税行为论处。

若未在规定的期限内缴纳税款，纳税人须全额缴纳税款并按每天0.03%的罚款率计缴罚款。规定的期限是指税务决定或书面通知中注明的缴款期限。

4. 对逃避追缴欠税的处罚

对不遵守税法或税务处理决定，超过期限仍未纳税的纳税人，除追缴税款外，每天加收0.1%的滞纳金，对偷逃税款处以1～5倍的罚款。

5. 对虚假申报少纳税的处罚

纳税人编制虚假的纳税申报以减少应纳税款或未进行纳税申报但在主管机构发现纳税人的违法行为之前，须处以罚款但不作为税收程序违法行为或逃税或欠税加以处罚。

（四）账簿凭证管理

根据越南相关法律规定，会计记账和账册保存过程中，单位必须完整、安全地保管会计资料，且保存的会计资料必须是正本。若会计资料被丢失或毁坏，则必须有复印件，并附有确认文书。自年度会计期结束之日或会计工作结束之日起12个月内，会计资料必须进入保存状态。会计单位的法定代表人对会计资料的保管、保存承担责任。以下为会计资料期限保存规定：

（1）会计单位用于管理控制的会计资料，包括非直接用于记账和编制财务报告的会计凭证，必须至少保存5年；

（2）直接用于记账和编制财务报告的会计凭证、会计账册、年度财务报告必须至少保存10年，法律另有规定的除外；

（3）有史料价值，有经济、社会安定和国防性质的会计资料必须永久保存。

（五）发票管理

越南税务发票是各公司自行设计及印刷的，但根据税务机关要求，公司每次印刷发票之前，都要向主管税务机关呈报备案。自2013年7月起，新成立公司需取得税务机关确认公司正常运营文件后，才允许申请印刷发票。

发票类型包括增值税发票；售货发票；票、印花、保险收费单据等其他发票；航空运输收费票据、国际运输收据、银行服务费收据等，形式和内容按照国际惯例及有关法律规定。发票形式有三种：自印发票、电子发票、固定格式印制发票。

（六）纳税评估

根据越南税收征管法，符合以下情况的，须进行纳税评估：

（1）纳税人未进行税务登记的；

（2）纳税人未报送纳税申报资料或在自到期日起的10日后才报送纳税申报资料或未在延期申报期限到期前报送纳税申报资料的；

（3）纳税人未办理纳税申报或未按要求另行办理纳税申报的或纳税人办理纳税申报时注明的税基不真实、不准确、不充分的；

（4）纳税人未将账项记入会计账簿或会计账簿记录的内容不真实、不准确、不充分的；

（5）纳税人未在规定的时间内设置会计账簿、开具相关发票、凭证及其他相关资料的；

（6）纳税人购进、出售或交换的货物或服务的账户值与市场正常的交易值不符的；

（7）纳税人通过逃跑或分散资产等方式来逃避纳税责任的。

八、柬埔寨

（一）征管机构

柬埔寨税务征收和管理的职责由柬埔寨税务部（General Department of Tax，GDT）行使。柬埔寨税务部下设各个科室，包括税政科、纠纷处理科、调查科、税务征收科、欠款催缴科、审计科和审核科，各科室之间分工明确。

（二）纳税申报

1. 利得税

纳税人需根据相关文件要求计算应交的利得税，并准备好资产负债表、项目结算报表、辅助性凭证资料报表，且需在纳税年度终了后 3 个月内向税务机关申报前一个纳税年度所取得的利润。此外，亏损企业也必须依照相同的呈报方式和时间要求，向税务机关及时提交相关资料。柬埔寨法律规定，纳税人应每月按照月营业收入的 1% 预缴利得税，且需在次月 20 日内完成申报。

2. 薪金税

雇主在发放薪金税之前应计算扣除代扣税税款，并及时向税务行政机构和雇员报告支付代扣税的有关进展情况。代扣的薪金税，应在发放薪金次月的 20 日内，在雇员户籍所在地的税务机关或向政府机构指定的收税人员处缴纳代扣薪金税款。

3. 增值税

纳税人须于每月结束后次月 20 日之内填报上月增值税报表，并向税务机关申报纳税。

（三）处罚规定

1. 违反税务法行为

（1）违法行为。纳税人或扣缴义务人所付的税款低于税务条款所规定的 10% 以内；纳税人或扣缴义务人没有在规定的时间内及时呈报税务或缴纳税款。

（2）严重违法行为。纳税人或扣缴义务人所付的税款低于税务条款所规定 10% 以上。

（3）逃税行为，指纳税人为逃避应纳税款，有计划、反复地重犯违法行为。

（4）故意阻碍税务法执行的行为。故意阻碍税务法的执行如下：

① 普通自然人。

a. 没有保留正常的会计账册和保留其他相关文件或在交易时没有开具发票；

b. 不让税务机关人员接触会计账册和其他相关文件；

c. 没有在税务机关登记注册；

d. 没有按照法律规定，及时通知税务机关登记注册资料的更改；

e. 制造和呈报伪造记录、文件报告或其他信息资料；

f. 隐瞒或蓄意破坏会计账册内的账目、记录、文件、报告和其他相关资料；

g. 企图阻止税务的评估工作或税款的收缴；

h. 不能在法律要求的30日内，呈报完整的税务报告；

i. 蓄意支持上述各项阻碍行为。

② 政府官员。

a. 在没有授权下泄露保密资料；

b. 企图阻碍税务机关的评估和税款的收缴；

c. 蓄意支持上述行为。

2. 附加税

纳税人若税款支付不足或延迟缴纳税款或妨碍税务条款的执行，将被征收附加税。

（1）因税款支付不足而被追加的附加税。纳税人如有税款支付不足的行为，征税机关则对其支付不足部分追加10%的税款作为附加税。如不足一个月的部分以一个月计，每月支付2%的利息。严重违法者，支付不足部分将被追加25%的税款，作为附加税。如不足一个月的部分以一个月计，每月支付2%的利息。

（2）因税款延迟缴纳而被追加的附加税。纳税人若到期无法缴税，将被追加10%的滞纳金作为附加税，另外每月加收2%的延迟缴付税款利息。如不足一个月的部分，则按一个月计，支付2%的利息。若纳税人收到催款通知书后的15日内，仍然无法缴纳，则将被追加滞纳金的25%的附加税，如不足一个月，则按一个月计，另支付2%的利息。

（3）因妨碍税务条款的执行而被征收的附加税。如纳税人或代扣代理人有阻碍政府官员执行税务评估的行为，将被罚款2 000 000瑞尔；如纳税人或代扣代理人阻碍政府官员执行简易式或预估式的税务评估，将被罚500 000瑞尔。

（四）账簿凭证管理

纳税人有义务保存会计账册和相关其他文件。根据柬埔寨会计法的规定，即使是无须保留的会计账册，纳税人也必须按照税务局的要求保存流水账本，并根据年月日的时间顺序，记录每笔与经营活动相关的收入与支出。

此外，与增值税相关的发票、账簿和其他任何资料应按时间顺序保存，保存期限至少10年。

（五）税务代理

如纳税人需委托他人来执行相关税务事务的权利和义务，可通过书面形式委托。税务代理人可代表纳税人的行为有：

（1）提交纳税申报表；

（2）呈示报告和各种往来函件；

（3）按照税务条款规定支付税金；

（4）提交复议和申诉；

（5）履行在税务条款下纳税人承担的所有义务。

作为税务代理人，应在代理关系建立日起的15日内到税务管理部门登记注册该代理关系。

2017年1月1日以后，任何个人或公司向客户提供税务相关服务的，须持有税务部门批准的税务代理营业执照。若未按规定取得税务代理营业执照并提供税务代理服务的，将被处以罚金5 000 000瑞尔。

九、老挝

（一）机构设置

老挝税务总局由老挝财政部设立并管理，直接对财政部负责；

其职能是管理税收，制订收支计划，检查、统计纳税情况，为国家增加财政收入。

省市税务厅为税务局全国各省市设立的下属机构，直接对税务局负责；其职能是在其权限范围内管理税务工作，制订收支计划，检查、统计纳税情况，促进税收工作的落实，为国家增加财政收入。

县级税务处（办）为省市税务厅设立的下属机构，直接对省市税务厅负责；在其权限范围内管理税务工作，制订收支计划，检查、统计纳税情况，促进税收工作的具体落实，为国家增加财政收入。

（二）纳税申报

1. 利润税

个体经营者、法人和自由职业者须按照上一年度的实际收入或财务计划中估计的数值分期缴纳利润税。应缴纳的实际利润税将在财务年度结束时最后一期缴纳款中重新核算。利润税的缴纳分四个阶段：

（1）第一阶段：不能超过 4 月 10 日；

（2）第二阶段：不能超过 7 月 10 日；

（3）第三阶段：不能超过 10 月 10 日；

（4）第四阶段：不能超过次年 1 月 10 日。

这四个阶段缴纳的利润税为预缴税，在年度会计报表完成后，需按照财务报告资料申报以及核算全年缴纳的利润税，并实行多还少补政策。

2. 所得税

关于工资所得，由私人企业、法人或其他组织机构在发放工资时计算员工应纳所得税并代扣代缴，于次月 15 日前编制缴税清单上报本地税务部门。关于租赁所得，由取得租金收入的纳税人在收取租金之日起 10 日内向本地税务部门申报纳税，税务部门计算并出具纳税通知后进行缴纳。

3. 增值税

进口货物在通过关税检验点时提交关税申报单同时缴纳增值税。按月缴纳税款的生产制造商、服务供应商、进口商和商品经销商，须在次月 15 日内向其注册地的税务当局提交纳税申报单。

4. 消费税

所有进口商品必须在每次货物进口时，向海关提交消费税缴税明细单并缴纳税款。国内的纳税人，须在每月 15 日之前向当地税务部门提交上个月的消费税缴纳申报单。

（三）处罚规定

1. 延迟缴税处罚

对于延迟缴税的纳税人，将按日依据应缴纳税款额的 0.1% 计算缴纳罚款，该罚款不超过应缴税款的总额。

2. 申报资料、手续不齐处罚

对于此类纳税人，全部税款应重新计算。此外，纳税人所面临的处罚将分为三类，一是处以总应缴纳税款 20% 的罚金；二是处以总应缴纳税款 40% 的罚金；三是处以总应缴纳税款 60% 的罚金，并停业整顿，发表公示，如有必要还要根据违规情节追究纳税人的刑事责任。

（四）税务登记

对于税务登记，老挝税法有严格的规定，如年营业收入达到 400 万老挝基普的纳税人必须进行增值税登记；年营业收入未达到 400 万老挝基普的纳税人可选择进行增值税登记，但若不进行增值税登记，需缴纳定额税。

根据老挝现行税法规定，企业在进行税务登记之前需准备营业执照、股东身份证及居住证明等证明材料复印件、企业地址及联系电话等信息材料。税务登记后 3 ~ 5 个工作日内由税务机关分配税务登记证以及纳税人身份证号码。

纳税人需每年向其注册所在地的税务机关提交各类税款的纳税

分期计划。税务机关在收到该计划后须将其与纳税人的实际信息进行比较分析，若发现该计划有不合理之处，税务机关可要求该纳税人重新计算。当计划修订完毕后，纳税人需根据法规要求将修订后的计划在制订下年度计划之前提交至纳税机关。

（五）账簿凭证管理

根据老挝会计制度和会计法规定，纳税人使用过的账目资料根据规定需妥善保存 10 年，如有特殊情况，随时供税务部门查阅。此外，纳税人账目录入所使用的计算机财务软件必须进行统一登记。

（六）税务检查

在老挝，被纳税机关质疑纳税申报手续有问题而进行纳税检查的案例非常少。原因是老挝纳税人会在主管税务机关的指导下进行纳税申报，纳税人在进行正式的纳税申报前会与税务机关共同进行相关准备，所以差错较少。

税务检查主要包括以下步骤：制订检查计划；检查决议；实施检查。税务机关主要检查纳税人是否依法纳税，其所缴税费、手续费、服务费及各种费用是否符合法律规定。

十、缅甸

（一）机构设置

缅甸税收由 5 个部门下设的 6 个直属局负责管理，其中缅甸国家税务局管理 89% 以上的政府各项税收。

缅甸财政部下设海关分管关税和许可费，下设税务局分管所得税、利润税、商业税、销售印花税以及国家彩票；内政部下设管理总局管理土地税、水税、矿产税以及消费税；铁道部下设公路局分管运输税；林业部下设林业局分管橡胶税和林业产品税；畜牧水产部下设渔业局分管渔业税。

（二）税务登记

缅甸税务局是决定纳税人登记注册的最终裁决者。根据缅甸政府1990年颁布的《商业税法》，凡是从事需纳税的产业和服务性行业的纳税人须到有关乡镇税务局的税务官员处登记注册，并附开业通知书。如纳税人不主动登记，乡镇税务局的税务官员可依其职权通知纳税人前来登记注册和送交开业通知书。

（三）纳税申报

1. 企业所得税

按年申报，企业在纳税年度结束后3个月内（即6月30日之前）提交企业所得税申报表。不允许集团合并纳税，各实体须单独申报纳税。

2. 个人所得税

按年申报，由雇主发放工资时代扣代缴，并于纳税年度结束后3个月内申报并提供年度工资清单。

3. 商业税

申报表按季度提交，申报日分别是4月30日、7月31日、10月31日和1月31日。纳税人应在申报后次月10日前支付税款。

（四）处罚规定

1. 企业所得税

如纳税人没有及时进行申报，则将面临应纳税所得额10%的罚款。如纳税人故意隐瞒收入或相关事项，并在税务检查中被税务机关发现，将被处以少缴税款一倍金额的罚款。如果纳税人在规定期限内不披露或者不完全披露所隐藏的收入，除补缴税款，税务机关有权起诉纳税人，并要求其支付税款及罚金，还可能被起诉并处以3～10年监禁。对于违犯刑法的，还可能被判3～10年的监禁。

2. 个人所得税

如纳税人没有及时进行申报，则将面临应纳税所得额10%的罚款。若纳税人故意对应税收入不进行申报，将被处以罚款甚至被起诉。

（五）账簿凭证管理

根据缅甸税法规定，企业必须保存记录其货币流通、交易、资产等方面的账簿凭证。会计账簿可用缅语或者英语准备，且保管期限通常为4年。

十一、中国

（一）机构设置

我国国税局与地税局机构合并后，实行以国家税务总局为主与省（区、市）人民政府双重领导管理体制，改革后的省市县乡税务机构数量大幅减少。国家税务总局内设机构包括办公厅、政策法规司、货物和劳务税司、所得税司、财产和行为税司等。

（二）纳税申报

纳税申报的对象是负有纳税义务的单位、个人以及扣缴义务人。申报方式有直接申报、邮寄申报、数据电文。其中邮寄申报应使用统一的纳税申报专用信封并以邮政部门收据作为申报凭据，以邮戳为实际申报日期。数据电文申报方式，以税务机关计算机网络系统收到数据电文的时间为申报日期。

（三）处罚规定

纳税人未按照规定期限缴纳税款的，以及扣缴义务人未按时解缴税款的，税务机关除责令期限缴纳外，从滞纳税款之日起，按日加收滞纳税款万分之五的滞纳金。

根据《中华人民共和国税收征收管理法》第六十五条，纳税人欠缴应纳税款，采取转移或者隐匿财产的手段，妨碍税务机关追缴欠缴的税款的，由税务机关追缴欠缴的税款、滞纳金，并处欠缴税款50%以上5倍以下的罚款；构成犯罪的，依法追究刑事责任。

《税务登记管理办法》第四十一条规定，纳税人通过提供虚假的证明资料等手段，骗取税务登记证的，处2 000元以下的罚款；情节严重的，处2 000元以上10 000元以下的罚款。纳税人涉嫌其他违法行为的，按有关法律、行政法规的规定处理。

（四）发票管理

《中华人民共和国税收征收管理法》规定，增值税专用发票由国务院税务主管部门指定的企业印制，其他发票，按照国务院税务主管部门的规定，分别由省、自治区、直辖市税务局指定企业印制，不得私自印制发票。

（五）账簿凭证管理

在我国，从事生产、经营的纳税人、扣缴义务人必须按照国务院财政、税务主管部门规定的保管期限保管账簿、记账凭证、完税凭证及其他有关资料，在此过程中不得伪造、变造或者擅自损毁。

（六）纳税检查

纳税检查是税务部门进行税收征收管理、组织收入的一项重要手段，主要包括日常检查、专项检查、专案检查三种。在纳税检查的过程中，税务机关有权对纳税人以下事项进行检查：

（1）检查纳税人的账簿、记账凭证、报表和有关资料，检查扣缴义务人代扣代缴、代收代缴税款账簿、记账凭证和有关资料；

（2）到纳税人的生产、经营场所和货物存放地检查纳税人应纳税的商品、货物或者其他财产，检查扣缴义务人与代扣代缴、代收代缴税款有关的经营情况；

（3）责成纳税人、扣缴义务人提供与纳税或者代扣代缴、代收代缴税款有关的文件、证明材料和有关资料；

（4）询问纳税人、扣缴义务人与纳税或者代扣代缴、代收代缴税款有关的问题和情况；

（5）到车站、码头、机场、邮政企业及其分支机构检查纳税人托运、邮寄应纳税商品、货物或者其他财产的有关单据、凭证和有关资料；

(6) 经县以上税务局(分局)局长批准,凭全国统一格式的检查存款账户许可证明,查询从事生产、经营的纳税人、扣缴义务人在银行或者其他金融机构的存款账户。

(七) 税款征收

税务机关依照法律、行政法规的规定征收税款,不得违反法律、行政法规的规定开征、停征、多征、少征、提前征收、延缓征收或者摊派税款。

除税务机关、税务人员以及经税务机关依照法律、行政法规委托的单位和人员外,任何单位和个人不得进行税款征收活动。

如纳税人有特殊困难,不能按期缴纳税款的,经省、自治区、直辖市税务局批准,可以延期缴纳税款,但是最长不得超过3个月。

十二、比较

可见,东盟十国中,大多数国家办税流程较为复杂,除了网上申报纳税之外,还需填写纳税申报表上交税务局或税收管理员。如文莱纳税人想通过网上银行支付税款,则先联系文莱税务司获取税款缴纳的银行账户才能进行网上支付,增加了纳税人的办税时间。新加坡的企业所得税申报流程较多,纳税人在财年结束后3个月内向税务机关提交预估应税收入表,即预申报。税务机关在每年3月份会向纳税人寄送有编号的纳税申报表,纳税人收到后需完整填写相关信息,以电子申报或邮寄等方式上交税务机关。税务机关收到信息并进行相应的税收核定后,签发纳税评估通知,注明纳税人应纳税额。纳税人在收到纳税评估通知后的1个月内必须完成税款缴纳工作。所以,新加坡的企业所得税申报流程复杂,无形之中增加了征税成本,降低了税收征管效率。

我国与东盟十国都认识到大数据对税收征管起到的作用,着重发展大数据,建立新型税收管理体系。虽然有些东盟国家还是以现金及电邮的方式缴税，但是也都建立起网上报税系统，整合优化税收资源。如印度尼西亚纳税人可通过 DGTSP 系统在线上传纳税申报表，不需要亲自前往税务机关进行纳税申报，并且鼓励纳税人都进行网上申报，有利于纳税人信息的收集与整理。

我国税务部门在专业化职责分工前提下，运用大数据构建起以风险管理和信用管理“双轮驱动”的新型税收管理体系。推进税费业务和信息系统整合优化，是税务征管体制改革中涉及面最广、持续时间较长的改革任务。目前，我国电子税务局已经拥有 248 项功能，支持客户端、网页版、手机 App 等 3 个版本，95% 以上的办税服务厅受理业务可以通过线上直接办理，并进一步探索开展电子税务局发票代开邮递业务，推行无纸化退税申报。此外，2019 年 3 月底，并库版“金三系统”在全国正式上线，在集成统一的税收信息化体系的支撑下，税收治理网络化、数字化、智能化水平不断提升。

此外，各国对违反税收法律法规的行为处罚力度大。东盟每个国家都对税收违法行为有不同的处罚方式。近年来，我国注重强化信用监管，坚持守信激励、失信惩戒制度，明确 A、B 级纳税人的权利与义务，在发票领用、出口退税、享受税收优惠、留抵退税、税务注销等方面提供便利；相反，对 C、D 级纳税人，在发票供应、退（抵）税办理、出口退税等方面给予约束，促进纳税人诚信自律。

第三节　启示与借鉴

一、加强税务信息化建设，提高纳税服务水平

在信息化建设这一方面，新加坡与印度尼西亚在东盟十国中较

为突出。新加坡的经济发展程度较高，为确保税收对财政的支撑，减少税收流失，新加坡对税务信息化设备的研发投入较大，能够在短时间内建立与完善税收电子化征管体系，堵塞税收漏洞，增加税收收入。印度尼西亚作为东盟最大的经济体，税收收入对国家经济发展的重要性不言而喻。

印度尼西亚税务总署下设税务数据及文档处理中心，对纳税人的税务数据进行深度分析，并通过信息化方式提高征管工作效率。纳税人可通过 DGTSP 系统在线上传纳税申报表，不需要亲自前往税务机关进行纳税申报，这也是印度尼西亚在信息化建设方面的重大成就。

我国当前的税务信息化程度与新加坡等部分东盟国家相比，确实存在一定的差距。我国税收机构与企业信息化程度并不相匹配。虽然税务机关在信息化方面较为成熟，对税收抵扣、发票认证都有相应的系统，但是大部分企业对信息化的认识还是比较模糊，工作人员对企业内部的财务信息了解不够全面，易造成申报数据不准确。

我国应在税务信息化方面加强投入与建设，建立完善的税收征管体系。随着科技水平的不断提高，政府应利用自身收集信息的优势，将税收征管工作纳入大数据之中。此外，企业也应建立自己的税务信息库，充分利用税务信息管理系统的优势，准确、及时地申报纳税。

虽然电子税务局已有微信取号和网上预约等功能，但是还是要朝着功能全、信息准、响应快方面发展，使税务部门的数据终端应该能够实现与企业等其他机构的联网，加快信息融合。

二、推广“税收共治”理念

“税收共治”理念，是税收思想工作的重要组成部分。税收具有社会属性，不仅需要法律约束，还需全社会的广泛支持并做到依法纳税。税收征管的社会化有利于提高税款的征收效率，更好地维护纳税人的合法权益以及营造良好的税收环境。征纳双方都有各自的权利与义务，只有双方都履行自己相应的权利与义务，才能更好地实现“税收共治”。当前我国税收征收过分强调了税务机关职责，使纳税人与税务机关之间权利义务不对等，造成征纳双方的矛盾。

所以，政府应完善权力清单制度，将征纳双方的权利及义务厘清。税务机关也应转变征收管理方式，加快职能转换。纳税人应不断提高纳税意识，承担相应的社会责任，做到主动学习税收新知识并自觉纳税，形成人人参与、税费共管、协同共治的征管方式。

三、加大对税收违法行为的执法力度，提高公民税收遵从度

在东盟十国中，每个国家对违反税收法律制度的行为都有严格的处罚，除了补缴税款、征收滞纳金之外，更严重的将会被判刑。其中，越南对偷漏税的处罚规定较为细致，同时罚款金额也较多。纳税人在申报过程中有减少应纳税款或增加可退税金额的，纳税人须补缴不足的税款或退还多余的退税款且处以10%的罚款。对偷逃税款处以1～5倍的罚款等。

通过Alpha案例库得知，我国2014年至2018年6月8日共有357件逃税案件，其中不申报纳税以及虚报纳税的比例最高。此外，自2014年公布第一批税务“黑名单”以来，各级税务机关累计公布“黑名单”案件达到10 340件。可见，税收违法行为在我国还需进一步遏制。

我国应完善税收立法，严厉打击故意逃税、骗税的不法分子，对于涉税犯罪案件要快侦、快结、快诉、快审，提高行政效率，维护国家和人民的利益。此外，还应掌握每个行业的特点，针对不同行业实行不同的税收监督体系，净化营商环境。推进与各个部门的合作，建立信息共享制度，共同打击税收违法行为。

建立个人所得税纳税信用管理机制，全面实施个人所得税申报信用承诺制，纳税人需对填报信息的真实性、准确性、完整性作出承诺，承诺的履行情况纳入个人信用记录。税务部门应着力构建多部门诚信体系机制，进一步扩大联合激励、惩戒范围和力度，提高纳税人的税收遵从度，营造诚信纳税氛围，完善诚信激励和失信惩戒联动机制。

第七章　税制结构与宏观税负的比较

第一节　税制结构的比较

税制结构是指实行复合税制的国家，在按一定标准进行税种分类的基础上形成的税种分布的总体格局及其内部构造。以发挥主体作用的税种多少为标准，可分为单一主体税种的复合税制、两税并列主体税种的复合税制和多种税种并重的复合税制。税制结构的设置关系着一个国家税制体系的构建，所以合理的税制结构设置尤为重要，它决定了税收作用的范围和深度。只有税制结构合理了，才能从总体上做到税制的合理，才能充分发挥税收的作用。然而，一国税制结构的形成与发展，受多种条件制约，并随着政治、经济、社会的发展需要不断完善。比较中国与东盟国家的税制结构，有助于我们认识到税制结构与经济发展的关系，更好地完善我国的税制结构。

一、中国的税制结构

中国的税制结构经历了三个比较重要的发展阶段：一是新中国成立初到党的十一届三中全会以前，主要实行以流转税为主体的

"多税种、多次征"的税制结构模式，这种税制结构符合当时计划经济背景下的发展需求，可以基本满足政府的财政需要；二是十一届三中全会后到1994年税制改革以前，"利改税"改革使中国所得税占工商税收收入的比重上升，基本形成了"以流转税为主体，所得税次之，其他税种相互配合"的税制结构；三是1994年分税制改革开始至今，随着市场经济的不断发展，目前中国正在形成以流转税和所得税并重的双主体的税制结构。2009—2018年中国的主要税种占税收总额的比重见表7-1。

表7-1　2009—2018年中国各主要税种占税收总额的比重　单位:%

年份	国内增值税	营业税	国内消费税	关税	个人所得税	企业所得税	合计1	合计2
2009	31.0	15.1	8.0	2.5	6.6	19.4	56.7	26.0
2010	28.8	15.2	8.3	2.8	6.6	17.5	55.1	24.2
2011	27.0	15.2	7.7	2.9	6.7	18.7	52.9	25.4
2012	26.3	15.7	7.8	2.8	5.8	19.5	52.5	25.3
2013	26.1	15.6	7.4	2.4	5.9	20.3	51.5	26.2
2014	25.9	14.9	7.5	2.4	6.2	20.7	50.7	26.9
2015	24.9	15.5	8.4	2.0	6.9	21.7	50.9	28.6
2016	31.2	8.8	7.8	2.0	7.7	22.1	49.9	29.9
2017	39.1	0	7.1	2.1	8.3	22.2	48.2	30.5
2018	39.3	0	6.8	1.8	8.9	22.6	48.0	31.5

注：①表中数据是笔者根据2019年11月10日国家统计局网站的数据计算得出，表中多税种合计占税收总额的比重与分税种收入占税收总额的比重合计数有差异，是"四舍五入"保留小数的原因造成的。

②合计1为增值税、营业税、消费税和关税合计。

③合计2为个人所得税和企业所得税合计。

从表7-1可以看出，2009—2015年我国第一大税种增值税的收入占税收总额的比重是下降的，2016年全面营改增之后，其比重又有所上升；国内消费税和关税所占比重除个别年份有上升外，基本上呈下降趋势。个人所得税收入占税收总额的比重除了因2011年下半年提高免征额和调整税率使得所占比重下降之外，总体上呈上升趋势；企业所得税收入所占比重除个别年份外，总体上也呈缓慢上升趋势。国内增值税、营业税、国内消费税和关税之和占税收总额的比重2009—2018年呈完全的下降趋势，而个人所得税和企业所得税之和占税收总额的比重呈完全的上升趋势，这两大比重的差距正在逐步缩小。也就是说，我国的税制结构正在转变为流转税和所得税并重的双主体税制结构。

在这样的税制结构中，两类税并重均居主体地位，互相协调配合，发挥各自所长。比如，增值税的税基稳定，有利于税收收入的稳定增长；消费税便于调节消费与生产，促进经济平稳运行；所得税则对调节收入差距、促进公平分配具有重要作用。

二、东盟各国的税制结构

为顺应当今时代经济形势的发展，东盟国家为优化产业结构升级以更好地实现经济的可持续发展，都进行了一些税制改革。

从表7-2中的数据可以看出：2009—2018年，柬埔寨所得税类收入占比都比较低，最低年份2009年为6.3%，最高年份2017年为26.8%；而其货物劳务税收入占比最高年份2009年为89.1%，最低年份2014年为55.0%，可以说柬埔寨的税制结构是以货物劳务税为主体的税制结构。2009—2017年，印度尼西亚所得税类收入占比与货物劳务税收入占比比较均衡，所得税类收入占比的最低年份2013年、2014年、2017年为42.5%，最高年份2009年为47.8%；而其货物劳务税收入占比最高年份2014年为51.9%，最低年份2009年为43.1%，可以说印度尼西亚的税制结构是以所得税和货物劳务税为双主体的税制结构。2009—2017年，马来西亚所得税类收入占比相对较高，最低年份2016年为58.8%，最高年份2012年为71.4%；而其货物劳务税收入占比最高年份2016年为36.3%，最低年份2009年为23.3%，可以说马来西亚的税制结构是以所得税为主体的税制结构。2012—2018年，缅甸所得税类收入占比与货物劳务税收入占比比较均衡，所得税类收入占比的最低年份2018年为34.0%，最高年份2014年为44.0%；而其货物劳务税收入占比最高年份2018年为56.2%，最低年份2014年为44.5%，基本上可以说缅甸的税制结构是以所得税和货物劳务税为双主体的税制结构。2009—2017年，菲律宾所得税类的收入占比相对较高，最低年份2009年为44.4%，最高年份2011年为47.6%；而其货物劳务税收入占比最高年份2017年为29.6%，最低年份2011年为25.6%，可以说菲律宾的税制结构是以所得税为主体的税制结构。新加坡在有数据的年份，所得税类的收入占比相对较高，最低年份2014年为44.2%，最高年份2017年为48.3%；而其货物劳务税收入占比最高年份2010年为34.4%，最低年份2017年为28.6%，可以说新加坡的税制结构演变趋势是更加以所得税为主体的税制结构。2010—2018年，泰国所得税类的收入占比稳定地低于货物劳务税收入占比，两类占比的波动不是很大，所得税类收入占比的最低年份2017年为35.5%，最高年份2011年为42.5%；而其货物劳务税收入占比最高年份2017年为58.7%，最低年份2011年为51.0%，可以说泰国的税制结构是以货物劳务税为主体、所得税稍次之的双主体税制结构。

表 7－2　　东盟部分国家所得税类收入和货物劳务税收入占税收总额的比重　　单位：%

国别	占比类型	2009 年	2010 年	2011 年	2012 年	2013 年	2014 年	2015 年	2016 年	2017 年	2018 年
柬埔寨	所得税类收入占比	6.3	8.5	7.4	19.4	21.1	19.9	23.1	24.5	26.8	23.3
	货物劳务税收入占比	89.1	88.0	87.1	57.4	56.4	55.0	58.3	58.9	59.3	62.6
印度尼西亚	所得税类收入占比	47.8	45.8	45.2	43.2	42.5	42.5	43.4	46.3	42.5	—
	货物劳务税收入占比	43.1	44.0	44.0	47.5	51.0	51.9	50.2	47.6	50.9	—
马来西亚	所得税类收入占比	68.6	66.5	70.3	71.4	71.2	71.0	61.4	58.8	59.2	—
	货物劳务税收入占比	23.3	28.2	24.8	23.8	23.9	24.0	33.8	36.3	35.6	—
缅甸	所得税类收入占比	—	—	—	42.2	42.4	44.0	42.8	37.3	34.8	34.0
	货物劳务税收入占比	—	—	—	45.2	47.8	44.5	45.6	53.5	55.5	56.2
菲律宾	所得税类收入占比	44.4	44.7	47.6	47.2	46.8	45.7	46.6	46.5	45.6	—
	货物劳务税收入占比	28.6	26.9	25.6	26.8	28.7	28.1	29.1	28.9	29.6	—
新加坡	所得税类收入占比	—	44.6	—	—	—	44.2	44.7	44.9	48.3	—
	货物劳务税收入占比	—	34.4	—	—	—	31.3	31.7	31.8	28.6	—
泰国	所得税类收入占比	—	39.3	42.5	41.7	39.6	38.6	37.0	36.5	35.5	36.2
	货物劳务税收入占比	—	53.2	51.0	51.0	54.1	54.7	56.8	57.4	58.7	58.1

注：表中数据根据亚洲开发银行网站的 *Key Indicators for Asia and the Pacific 2019* 中的数据计算得出，“—”表示因缺乏数据而无法计算。https：//www. adb. org/publications/key-indicators-asia-and-pacific-2019.

综上所述，从税制结构来看，东盟国家大致可以分为以下三种模式：一是柬埔寨实行以货物劳务税为主体的税制模式；二是马来西亚、新加坡、菲律宾实行以所得税为主体的税制模式；三是印度尼西亚、缅甸、泰国实行以所得税和货物劳务税为主体的双主体的税制结构模式。文莱的国家财政收入主要依赖石油和天然气出口，税制比较特殊、简单，主要税种是公司所得税和石油企业所得税、印花税。越南和老挝因缺乏资料，而不好妄言其税制结构。

三、东盟各国近期的税制完善

东盟国家（印度尼西亚、越南除外）在近几年都进行了一定的税制调整，都对原有的税制进行了补充和完善，其中，老挝、柬埔寨、缅甸、菲律宾改革力度相对较大。这些改革措施显示，东盟各国向简化税制方面有所侧重，以菲律宾、柬埔寨最为典型，且改革目的明确，改革措施更有针对性。

泰国的改革主要体现在基于信息技术建设目的进行的税收优惠调整，在技术创新、信息服务等方面都给予了一定的税收优惠。比如为了激励数字创新、科技研发等科技企业的发展，泰国政府对包括新型材料技术、自动化数字技术、研发活动（R&D）、电子芯片设计、精确校准服务等业务的企业可无条件地享受长达 15 年的企业所得税减免的税收优惠待遇以及 100 亿泰铢的补贴。缅甸的改革较为广泛，房产税、印花税、商业税、所得税等都在原有税制基础上进行了补充和完善。房地产交易方面的税收规定出现了较大调整，对于在房地产交易中，购房人对其使用的购房款中未进行税务申报和缴纳的部分，要按照增额累进税率进行完税；在其他税方面，修改了印花税税率，下调了企业预提所得税的税率，商业税的起征点由 20 000 000 缅元提高至 50 000 000 缅元，享受商业税免税待遇的商品种类由 86 种增加到 87 种，还调整了出口用玉石原石等特殊商品适用的商业税税率以及对一些上市企业予以所得税减免的税收优惠。菲律宾基于促进投资、增加就业、消除贫困的目的进行了一系列税制改革，主要通过降低税率、拓宽税基的方式，创造一个更为简化、公平和效率的税收体系。2017 年 12 月 19 日，菲律宾总统杜特尔特签署通过了《国家税务法典（1997）》的修正案（众议院第 5636 号法案），即《加速成长与扩大包容税收改革》法案。作为菲律宾综合税制改革的第一部法案，该法案纠正了原有税制的不足之处，旨在降低个人所得税税负，提高燃料、汽车、烟草和含糖饮料的消费税税率，建立更加简单、公平、高效的税收制度。该项改革法案带来的税收将用于菲律宾的基础设施建设、教育、医疗及政府公共支出，以支持菲律宾经济高速增长。柬埔寨随着各项税收收入的增长，为进一步规范税收行为、促进持续增收，近年来对利得税、增值税、薪金税等在内的税种均进行了修订，明确因提供员工职责范围的服务而从公司获得的补贴、涉及融资租赁业务的税务处理等内容。另外，新加坡、老挝、马来西亚、文莱也都进行了一些税率的调整。

（一）泰国

泰国政府宣布推动对目标核心技术、信息服务以及战略投资项目的新投资，包括生物技术、新型材料技术、自动化数字技术、研发活动（R&D）、电子芯片设计、精确校准服务等。主要的税收激励措施包括对符合上述业务的企业可无条件地享受至多 15 年企业所得税减免的税收优惠待遇以及 100 亿泰铢的补贴。此外，泰国内阁还批准了东部经济走廊（EEC）项目，作为一个区域性开发项目，它将成为一个有助于加速泰国未来发展的重大项目。该项目旨在促进新兴城市中目标行业的技术开发和创新。在东部经济走廊设立的产业将可享受比现行税收优惠更多的优惠措施。2018 年 6 月 19 日，泰国内阁批准对跨国企业（MNCs）所完成的研发投资可以享受减税或豁免税方式的税收优惠，以此激励在泰国国内的技术创新，税收优惠措施旨在吸引外国投资者赴泰国设立研发基地，从而在实施东部经济走廊计划进程中创造更多工作岗位和进一步增加投资。2018 年 12 月 28 日，泰国颁布第 674 号皇家法令，采用单独的国际商务中心（International Business Centre）制度，废除了区域经营总部（ROH）、国际总部（IHQ）、财富中心（TC）和国际贸易中心（ITC）的税收优惠制度。

（二）缅甸

（1）2016 年 1 月 22 日，缅甸立法部门审核通过了《2016 年缅甸联邦税法》。其中，房地产交易方面的税收规定出现了较大调整。对于在房地产交易中，购房人对其使用的购房款中未进行税务申报和缴纳的部分，应首先按照以下增额累进税率进行完税：对于未申报收入额在 3 000 万缅元（含 3 000 万缅元）以下的部分，按 15% 的税率进行补税；对于未申报收入在 3 000 万缅元至 1 亿缅元（含 1 亿缅元）的部分，按 20% 的税率进行补税；对于未申报收入在 1 亿缅元以上的部分，按 30% 的税率进行补税。

根据缅甸 2016 年第 146 号印花税公告，印花税税率主要修改如下：

①出让或转让运输工具，为转让价值的 2%。

②转让股权，为股权价值的 0.1%。

③对于租赁合同的印花税征收采取办法如表 7－3 所示。

表 7－3　　租赁合同印花税征收办法

租赁期	应缴印花税
1 年以内	总租金的 0.5%
1～3 年	平均年租金的 0.5%
3 年以上	平均年租金的 2%
10 年以上	首个 10 年平均年租金的 2%
50 年以上	首个 50 年平均年租金的 2%

（2）2017 年 2 月，缅甸国家经济与计划发展部发布了 2017 年

第 2 号公告，对 2010 年开始实施的预提所得税的税率进行了修改。新通知将从 2017 年 4 月 1 日开始实施。主要变化如下：

①向非居民纳税人支付的特许权使用费的预提所得税税率下调为 15%（原为 20%），向居民纳税人支付的特许权使用费的预提所得税税率下调为 10%（原为 15%）；

②向非居民纳税人支付的商品费用、服务费的预提所得税税率下调为 2.5%（原为 3.5%）。

（3）2017 年 3 月，缅甸立法部门审核通过了《2017 年缅甸联邦税法》，该法自 2017 年 4 月 1 日起开始执行。根据该法，享受商业税免税待遇的商品种类由 86 种增加到 87 种，商业税的起征点由 20 000 000 缅元提高至 50 000 000 缅元。另外，该法也调整了出口用玉石原石等特殊商品适用的商业税税率。

（4）2017 年 7 月，缅甸国家经济与计划发展部发布了 2017 年第 76 号公告，公告自 2017 年 4 月 1 日起生效。公告主要内容为：对于在仰光证券交易所上市的企业，其企业所得税减按 20% 缴纳（原为 25%）；企业在申报其在仰光证券交易所上市前两年的企业所得税应纳税额时，如存在税款滞纳情况，可享受滞纳金免除待遇。

（5）2017 年 8 月，缅甸发布了 2017 年第 19 号公告，公告对缅甸《印花税条例》第二章有关印花税税率的相关规定进行了修改。具体修改内容包括：①出售或转让不动产，印花税税率由转让价值的 3% 上调至 5%，如出售或转让的不动产位于仰光发展区，加征 2%；②抵押债券，印花税税率由担保价值的 1.5% 下调至 0.5%。

（6）2018 年 3 月 30 日，缅甸立法部门审核通过了《2018 年缅甸联邦税法》，该法于 2018 年 4 月 1 日起生效。该法将享受商业税免税待遇的商品种类由 87 种减少到 86 种，将享受商业税免税待遇的服务种类由 29 种增加到 30 种，同时，法案还对原可享受商业税免税待遇的商品及服务种类进行了细化，并对部分特殊商品的特殊商品税税率进行了调整。

（7）2018 年 6 月，缅甸国家经济与计划发展部发布了 2018 年第 47 号公告，同时废止了 2017 年 5 月发布的第 51 号公告。47 号公告自 2018 年 7 月 1 日起生效，与此同时，51 号公告在 2018 年 6 月 30 日以前仍然有效。根据 47 号公告，与联邦政府合营的企业、组织或机构，包括合伙企业、合营企业、专业人士组织、企业组织、外国企业、外国组织、国内企业，在向缅甸居民企业支付商品或服务对价时，可以免除预提所得税的代扣代缴义务。

（三）越南

越南近三年来无特别重大的税制变化，该国在密切注意税基侵蚀和利润转移（BEPS）项目的最终发展趋势，并根据国内的形势作出反应。

（四）新加坡

新加坡财政部长于 2018 年 2 月 19 日提交了 2018 年预算案计划。对于消费税部分，消费税税率将在 2021 年至 2025 年间，从目前的 7% 提高到 9%。此外，2018 年预算案计划中也规定，自 2020 年 1 月 1 日起，新加坡将对进口服务征收消费税。

（五）老挝

1. 第 169 号文

老挝财政部于 2018 年 1 月 11 日发布了第 169 号文，该文修改了燃料、酒类或酒精类饮品、烟类商品及部分娱乐服务的消费税税率，该文将燃料的消费税税率修改为 9% ~39%，酒类或酒精类饮品的消费税税率修改为 45% 和 50% 两个档次，香烟的消费税税率修改为 25% 和 45%，部分娱乐活动（舞厅、迪斯科舞厅以及卡拉 OK）的消费税税率修改为 20%。

2. 增值税税法具体实施条款 NO. 0077

2017 年 1 月老挝财政部发布关于增值税税法具体实施的条款

NO. 0077，主要修改点如下：

（1）在老挝开展商业活动满 90 天的外国承包方需进行增值税登记。

（2）从经济特区购入货物的增值税处理方式可按从境外进口货物的相关办法执行。

（3）明确金融业所涉及的应征增值税或免征增值税的交易类型：

①银行与金融机构。

a. 增值税免税商品及服务。老挝人民银行（Bank of the Lao PDR）授权的商业银行及金融机构取得的存款利息、贷款利息、转账服务费或外汇收益。

b. 增值税应税商品及服务。出让自身资产，如车辆及房产（包括银行或金融机构因客户逾期未偿还贷款而收回的抵押资产）或向客户收取的其他类型收入（如手续费）。

②金融租赁企业。增值税应税服务包括：

a. 金融租赁服务交易；增值税根据扣除增值税后的销售价格（包括利息）计算并于收到服务费时缴纳。

b. 通过出让资产取得的收入（包括因客户逾期未偿还贷款收回的抵押资产）；增值税应税所得为出让资产取得的总收入。

c. 收款服务收入。

（4）进一步明确可抵扣及不可抵扣的增值税进项税额。

①可以抵扣的增值税进项税额。

a. 购买与企业经营活动直接相关且必要的商品或服务而产生的增值税进项税额可以全额进行抵扣，该类经营活动包括生产制造、运输、广告宣传及销售活动。

b. 因企业经营活动而产生的水费、电费及油费可以按照 80% 的比例进行增值税进项税额抵扣。

c. 因采购、出租或租入不动产而产生的增值税进项税额可以按照70%的比例抵扣。

②不可抵扣的增值税进项税额。为企业股东或雇员购买台式电脑、笔记本、平板电脑或移动手机所产生的增值税进项税额不得抵扣。

3. NO. 283 条款修订内容

基于2016年8月由老挝财政部发布的关于"征收旅客个人财产10%增值税"的条款NO. 283，其具体所涉及的修订内容如下：

（1）经由边境或国际机场进入老挝的过境旅客或游客（每月不得超过2次），如每人每次携带超过50美金的产品/货物的，需要自行申报及缴纳增值税，税率为10%；

（2）对出入境较频繁的游客所携带进口商品征收10%的增值税，即不能享受针对一个月内出入境次数低于2次的旅客所携带的50美金以内物品免征增值税的政策。

4. 第70/NA号税法修正案

2015年12月发布的第70/NA号税法修正案（于2016年5月24日正式生效）涉及的主要内容如下：

（1）进一步明确各类商业活动应适用的外国承包方预提税的税率及核定利润率。

（2）固定资产的最低折旧年限或折旧率变动：①专业类软件的年度折旧率由20%修改为50%；②对于使用年限21年及21年以上的工业用房，修正案取消了之前最低折旧年限50年的限制；③办公用品和耗材的年度折旧率由50%修改为20%；④修正案取消了对客货运输机最低折旧年限10年的限制，年度折旧率由10%变更为基于飞行小时计算。

（3）第四季度利润税纳税期限由次年3月10日改为次年1月10日。

（4）对所得税部分应税收入的适用税率进行修订：①新增股权转让收入为所得税的应税收入，其所适用的所得税税率具体规定如下：若可以提供相关证明材料确定股权转让收入与股权转让成本，则按转让利润的10%征收所得税；若不能提供相关证明材料确定股权转让收入与股权转让成本，则按转让收入的2%征收所得税。②奖金及彩票收益的所得税起征点由100万老挝基普提高至500万老挝基普，其所适用的税率也由10%下降为5%；③明确不同情况下土地及建筑物销售收入的所得税适用税率：若可以提供相关证明材料确定土地及建筑物销售收入与成本，按转让收益的5%征收所得税；若不能提供相关证明材料确定土地及建筑物销售收入与成本，则按销售收入的2%征收所得税。

（六）柬埔寨

据柬埔寨政府统计，2016年柬埔寨全国税收总额约15万亿美元，完成原计划的105.32%，同比增长28.5%，国内各项税收保持增长趋势，其中，薪金税增长20%，营业税增长18.4，增值税增长15.2%，特别税增长23.4%。近年来，柬埔寨对包括利得税、增值税、薪金税等在内的税种均进行了修订，变更内容主要包括：

1. 2015—2016财年

（1）明确因提供员工职责范围的服务而从公司获得的补贴，将不计入薪金税应纳税收入。

（2）纳税人如若对税收评估结果及其应纳税额存在异议，可在收到相关税务事项通知书后30个工作日内向税务局提出复议。

（3）正式取消预估机制，进一步改进实际纳税机制，并将纳税人分为小型纳税人、中型纳税人和大型纳税人。

（4）明确了涉及融资租赁业务的税务处理：①增值税：若出租方是已登记的增值税纳税人，那么出租方购买租赁产品时所产生的增值税进项税额可用于抵扣。出租方需定期向承租方开具增值税发票，但不可就融资费用开具发票。②预缴利得税：若出租方是税收居民需每月按租赁费用（不含增值税）的1%预缴利得税。

2. 2016—2017 财年

（1）明确了柬埔寨的所有已登记增值税纳税人需按照柬埔寨税务局提供的 4 类发票模板，就其所有货物销售及服务提供开具增值税发票，并列示了增值税发票所需包含的开票内容；明确说明了未按照要求开具的增值税发票，不可作为增值税进项税抵扣凭据，也不可作为利得税的税前扣除凭据。

（2）柬埔寨电影院或中介机构向柬埔寨电影制造商支付的版权费可免征税率为 15% 的预提税。该优惠有效期截止到 2018 年。

（3）如若房地产公司将租入的不动产再转租给第三方，且该不动产的所有者、出租方及最终承租方均为柬埔寨的已登记纳税人，那么向房地产公司支付租金时无须缴纳税率为 10% 的预提税。

3. 2017—2018 财年

（1）主动向税务局登记注册为中小型企业的纳税人，在 2017—2018 年可享受利得税免税的优惠政策；与此同时，在享受利得税免税期间，中小型企业也可享受每年税率为 1% 的最低税，同时免于按月预缴最低税。

（2）非居民投资者将其柬埔寨投资企业的留存收益转增资本（股本）时，将不被视为股息分配，因此无须缴纳预提税。

（3）有健全会计记录的纳税人可免于缴纳最低税。

（4）明确保险公司及外国公司在柬埔寨的分支机构的利得税税率，私营独资企业及普通合伙人的利得税累计税率的级距。

（5）在原有基础上提高了居民纳税人薪金税的累计税率的级距以及薪金税的专项扣除金额。

（6）新增教育服务、固体及液体废料回收服务、未加工农产品销售为增值税免税项目。

（七）菲律宾

1. 对《国家税务法典（1997）》进行修正

为了创造一个更为简化、公平和效率的税收体系，2017 年 1 月新一届菲律宾政府提交了对于《国家税务法典（1997）》的修正案（众议院第5636号法案），即《加速成长与扩大包容税收改革》法案，意图通过降低税率、拓宽税基的方式，促进投资，增加就业，消除贫困。2017年12月19日，菲律宾总统杜特尔特签署通过了该法案。该法案对于《国家税务法典（1997）》作出了以下几个方面的修改：（1）降低个人所得税负担，规定收入低于25万比索的个人免税，并公布了新的个人所得税纳税额累进方法，对原有税制进行简化；（2）增值税登记门槛从190万比索增加至300万比索，并规定营业额不超过300万比索的个体经营或专业人士可选择就其收入超过25万比索的部分使用8%的增值税替代个人所得税与比例税；（3）提高石油产品、矿产品、烟草等产品的消费税税率，重构汽车产品的消费税，新增了对甜饮料及整容手术的消费税；（4）提高印花税税率；（5）固定遗产税与赠与税税率，简化税制；（6）新增电子销售记录的报告制度与石油产品强制标记制度等。

2. 通过综合税制改革第二部法案

2018年9月10日，菲律宾众议院批准通过了综合税制改革的第二部法案（众议院第8083号法案），即《旨在吸引更好更优质的投资机会税收改革》的法案，旨在通过降低企业所得税税率和调整税收优惠措施，创造更为公平、更具竞争力的税制环境，以吸引投资。该法案主要包含以下几类内容。（1）从2021年开始，企业所得税税率从现行的30%每两年降低2%，目标在2029年降至20%。（2）逐步拓宽税基，具体包括：①对于总收入课税，不再适用15%的税率；②在针对教育机构、医院适用10%的优惠税率，以及对于资本性支出适用税收完全扣除之前，应当首先由高等教育委员会、教育部以及卫生部评估其长期的表现，进而决定是否适用；③在该法案通过的两年后，地区性的运营总部所享受的10%的优惠税率将不再适用；④40%的可选标准扣除将统一适用于自然人或企业纳税人，对其总收入的40%部分适用，并仅限于由贸易和工业部所认定的中小企业和微型企业。(3)提高税收优惠措施的合理化程度，具体包括：①引入一系列新标准，以便认定战略优先投资计划中可适用特殊税收优惠措施的项目；②纳税人可享受的所得税免税期间不得超过3年，且在免税期结束后，其他的税收优惠享受期间不得超过5年；③位于自由港、经济区已注册的出口企业，以及使用出口销售额90%以上的海关保税制造仓库的出口企业，其出口销售额或者用于产品制造、加工的基本设备、原材料的进口和国内采购，可以免征增值税。

(八)马来西亚

马来西亚消费税(Goods and Services Tax, GST)措施自2015年4月1日起实行，税率为6%的消费税是政府向应纳税的物品及服务征收的税项，包括所有进口物品及服务，所有注册厂商将作为政府协助者向纳税者征收消费税。消费税取代之前的销售税及服务税(SST)。销售税及服务税属于单一层面的征税方式，而消费税则是多层次征税方式。但由于马来西亚2018年政府换届，马来西亚新政府为兑现执政后百日内废除消费税的竞选宣言，在2018年9月1日取消了马来西亚实行的消费税，恢复原所征收的销售税及服务税。

(九)文莱

为促进国内经济发展及投资意愿，进一步推动国内非油气产业和中小企业发展，经文莱苏丹批准，文莱企业所得税税率2015年下调至18.5%，在东盟地区属较低税率。2008年，文莱企业所得税税率为27.5%，后连续几次下调至20%。此外，为提升国内企业竞争力，文莱政府还规定允许先进资讯技术或设施资金、本地人员聘请及员工培训经费等支出均可从公司税收入中抵扣。

四、比较与借鉴

通过研究中国与东盟国家的税制结构，可知中国与东盟国家都采取复合税制，基本都确立了以所得税和流转税为主体的双主体税制结构模式。复合税制选用的税种较多，课税面较宽，而且可以相互配合、相互补充，能够使收入具有弹性，税负也趋于公平，且能保证国家财政需要，因而，世界各国和地区均采用复合税制。但税制结构没有绝对的好坏之分，因为每个国家的经济发展与产业结构等存在差异。在东盟国家中，老挝实行的是以商品劳务税制为主体的税制结构，这也是与其以农业为主、工业基础薄弱的产业结构息息相关。近年来，在“一带一路”的辐射作用下，老挝农副产品贸易总额不断上升，一方面促进了增值税税收收入的增加；另一方面增值税只与增值额相关，可以有效避免重复征税，税基宽广，对经济影响呈中性。

中国与东盟国家还有一个共同点就是在税种的设置上，大多都开征了个人所得税、公司所得税、增值税、印花税等，且计税依据及方法大致趋同。这得益于中国与东盟国家区域间的税收协调取得的丰富成果，进一步促进了国家间资本、劳动力等资源的流动，对经济贸易往来发挥着重要作用。从税种设置的数量上来看，中国开设的税种比东盟国家稍多，但总体差距不大，大多都在 10 个以上，且国家特色比较凸显。

在相同税种的具体税率上，中国与东盟国家趋同而存异。例如在企业（公司）所得税方面，中国与东盟国家的税率相差不大，且为促进某个行业的发展，都对一些从事特定行业的企业设置差别税率给予照顾。比如中国的企业所得税一般税率为 25%，为促进中小企业、高新科技企业的发展，对符合条件的小型微利企业，减按 20% 的税率征收企业所得税；国家需要重点扶持的高新技术企业，减按 15% 的税率征收企业所得税。另外，在目前减税降费的大背景下，中国政府出台了许多政策进一步减轻企业的税收负担，这对拉动内需、改善供给，促进经济增长具有重要作用。东盟国家的企业所得税税率普遍在 20% 左右，其中，菲律宾最高为 30%，其次是马来西亚26%，印度尼西亚、缅甸25%，老挝24%，泰国、越南20%，相对较低的是新加坡和文莱，分别为17%和18.5%。但同样对某些行业实行差别税率，例如文莱对于石油企业，所得税高达55%，马来西亚为38%。越南则是对资源企业依据每一项目或营业处所不同确定32%至50%的税率。老挝对从事烟草制品生产、进口和销售的公司，适用于26%的所得税税率。但对一些企业也予以优惠税率，例如马来西亚对保险公司的投资所得和资本利得只征收8%的税额，越南经营教育培训、职业培训、医疗保健、文化、体育和环保领域业务的企业适用10%的税率。

在相同税种的税率上也有存在较大差异的，例如，中国增值税的一般税率为13%，在开征增值税的东盟国家中，增值税普遍为5%~10%，最高的是菲律宾为12%，印度尼西亚、越南、柬埔寨、老挝等税率为10%，泰国、新加坡为7%，最低的是缅甸为5%。从税制改革趋势上来看，东盟国家为改善投资环境，增强投资吸引力，提高企业国际竞争力，增值税税率呈下降趋势。

总的来说，中国与东盟各国税制结构趋同而存异。东盟国家（除文莱外）和中国基本确立了以公司与个人所得税为主的直接税、以消费税与增值税为中心的间接税的双主体税制模式，差异性在于具体的税种与税率设置上，此外，同一税种上许多操作亦各不相同。但在区域一体化进程的不断推动下，未来中国与东盟国家税收协调会愈来愈紧密，求同存异、不断发展。

五、对我国税制改革的一些建议

通过对东盟国家近几年税制改革的了解，我们可以得到税制改革要具针对性的启示，结合我国的现实情况，提出不断完善基于征税目的及其正当性的税制改革的看法与建议。

在近几年的东盟国家税制改革中，基于征税目的的税制改革更具针对性，且取得的成效相对来说较为明显。例如2018年9月19

日，由泰国数字经济促进机构与启迪控股共同合作的创新孵化网络平台——启迪之星（泰国·曼谷）揭牌仪式在泰国首都隆重举行。泰国总理在开幕式上提到，泰国政府还将进一步发展数字科技，提升民众生活，打造智慧城市。所以近年来泰国政府在发展科技创新方面的力度是比较大的，与之相适应的，基于促进信息技术建设为征税目的的税制改革进行了一些税收优惠的调整。菲律宾为增强居民的消费能力，规定收入低于25万比索的个人免税，并公布了新的个人所得税纳税额累进方法，对原有税制进行简化，降低了个人所得税税负，增加了居民的可支配收入，以实现更多的消费。另外，为吸引更多投资，2018年9月10日，菲律宾众议院批准通过了综合税制改革的第二部法案（众议院第8083号法案），即《旨在吸引更好更优质的投资机会税收改革》的法案，旨在通过降低企业所得税税率和调整税收优惠措施，创造更为公平、更具竞争力的税制环境。可见，菲律宾基于增强投资与消费为目的的税制改革正在不断开展。

目前我国税制也进行了很大的调整，基于征税目的的改革也正在如火如荼地展开，尤其是增值税和个人所得税。为贯彻落实党中央、国务院决策部署，推进增值税实质性减税，财政部、税务总局、海关总署发布《关于深化增值税改革有关政策的公告》，公布了2019年增值税改革有关事项。从现实情况来看，改革已取得了一些成效，据国家税务总局最新统计显示，2019年1月份至4月份全国累计新增减税5 245亿元，在减轻企业负担的同时，提高了企业发展动能，助力经济平稳运行和高质量发展。但增值税中仍存在着一些制约消费的因素，主要体现在：一是以增值税为主体的流转税整体上提升了商品价格，不利于消费的扩张。2009年后我国就实行了消费型增值税，采取购进扣税法计税，使得最后的征税对象就是消费者，根据增值税税负的转嫁原理，最后的税负由消费者承担，成为其实际购买价款的一部分。我们都知道，价格的变动会影响市场需求的变化，一般来说，价格上涨会导致需求的减少。所以增值税本身对消费就有一定的抑制作用。另外，我国增值税的税率经过两次调整后为13%，税基没有太大的变化，相对于其他东盟国家还是相对较高的。虽然一些欧盟国家的税率普遍高于我国，但其高收入和高福利的社会经济状态使得居民消费对商品含税价格的敏感度较低。但我们不能因为这个税种影响消费而就不征收，这与其最初的征税目的是相违背的，我们要做的是在人们可接受的范围与符合国家利益最大化中寻找一个平衡点，让人们能接受由于税收而导致的商品溢价，真正达到减税的目的，让群众拥有更多的获得感。二是流转税制中缺乏随经济基本面调整的机制，增加了由制度带来的无谓损失。制度对市场的调节应以市场现实情况为基础，市场的变化是不断加快的，而制度的更新相对滞后，这一点主要体现在征税范围的设置以及税率的调节上。例如，消费税设立之初认定的包括化妆品、摩托车、小汽车的高档消费品，现如今已成为许多普通家庭的生活必需品，但税制相对滞后，仍对它们采用相对高的税率。另外，随着新媒体的不断发展、“网红经济”的崛起，税制上还缺少对这一方面的收入调节机制。

我们将征税目的的正当性划分为财政筹资目的和非财政筹资目的两大类，财政筹资目的包括普收普支、普收特支、特收普支、特收特支；非财政筹资目的包括产业保护、消费引导等。2017 年 12 月 19 日，菲律宾总统杜特尔特签署通过的《国家税务法典(1997)》的修正案（众议院第 5636 号法案），就体现了财政筹资目的中的特收特支，该项改革法案带来的税收将用于菲律宾的基础设施建设、教育、医疗及政府公共支出，以支持菲律宾经济高速增长。在其实施过程中，还可以发挥产业保护等效用。这一点是值得我们借鉴的。所以，未来我们可以不断完善基于不同税种的征税目的及正当性的税制改革，让税制设计更具针对性、更切实可行。

第二节 宏观税负的比较

税收负担简称“税负”，是纳税人因履行纳税义务而承受的一种经济负担，反映一定时期内社会产品在国家与纳税人之间的税收分配数量关系。税收负担的轻重，同国家财政收入的多少、经济调控的力度和政权的兴衰等，都有密切关系。宏观税负一般是指一个国家的税收负担总水平，研究一国税制离不开对该国宏观税负的研究。宏观税负问题始终是税收政策的核心，宏观税负水平合理与否对于保证政府履行其职能所需的财力，发挥税收的经济杠杆作用有着重要意义。

一、宏观税负计算口径的选择

宏观税负一般可分为狭义的宏观税负和广义的宏观税负，前者通常是以一定时期（一般为一年）的税收总量占国民生产总值（GNP）或国内生产总值（GDP）或国民收入（NI）的比例来表示；后者则是以政府的财政收入或财政支出占国民生产总值或国内生产总值或国民收入的比例来表示。当前理论界把我国的税收负担分为三个不同的口径进行分析，即小口径宏观税负、中口径宏观税负和大口径宏观税负，其中，小口径的宏观税负是指税收收入占的比重；中口径的宏观税负则为财政收入占的比重；大口径的宏观税负，指的是政府收入占的比重。根据税收负担的概念和内涵，小口径宏观税收负担即税收收入占 GDP 的比重更符合税收负担的定义。因此，本书选择以国家税收收入占 GDP 中的实际比重作为衡量各国宏观税负高低的指标。

二、宏观税负的比较

根据亚洲发展银行网站上公布的数据资料，本书计算整理出中国与东盟各国2009—2018年的税收收入占GDP的比重，见表7-4。

表7-4 2009—2018年东盟各国与中国税收收入占GDP的比重 单位:%

年份	中国	文莱	柬埔寨	印度尼西亚	老挝	马来西亚	缅甸	菲律宾	新加坡	泰国	越南
2009	17.1	24	6.9	11.9	12.4	14.9	3.2	12.2	13.7	15.3	20.6
2010	17.8	—	7.3	13.1	13.8	13.3	3.2	12.1	13	16.1	22.4
2011	18.4	—	7.6	12.2	14.3	14.8	3.7	12.4	—	17.7	22.3
2012	18.7	—	11.6	12.5	13.6	15.6	6.6	12.9	—	16.8	19.0
2013	18.6	—	12.1	12.5	13.7	15.3	7.3	13.3	13.4	18.4	19.1
2014	18.6	—	14.6	12.1	13.8	14.8	7.8	13.6	13.6	17.3	18.2
2015	18.2	—	14.6	12.0	13.5	14.1	7.5	13.6	13.1	17.6	18.0
2016	17.6	—	14.8	11.6	12.9	13.6	7.8	13.7	13.4	16.8	17.9
2017	17.6	—	15.8	11.2	11.1	13.0	7.2	14.2	14.2	16.3	18.6
2018	17.4	—	16.8	—	11.5	—	—		—	16.5	18.5

数据来源：①亚洲开发银行网站。

②表中的“—”代表因缺乏相关资料无法计算的数据。

从表7-4中可以看出，中国的宏观税负水平2009—2012年处于上升状态，自2013年起随着国家税收优惠政策、减税降费政策的实施略有下降，最高年份2012年为18.7%，2018年下降到17.4%。缅甸的宏观税负水平一直处于十一国中的最低，税收收入占GDP的比重最高才7.8%；印度尼西亚、老挝宏观税负水平呈缓慢下降趋势，2017年两国的宏观税负水平达到最低，分别为11.2%和11.1%；柬埔寨的宏观税负水平近年来有所提高，但2018年最高也才16.8%；泰国、菲律宾、马来西亚、新加坡的宏观税负水平也都一直低于中国的宏观税负水平。只有越南和文莱例外，越南的宏观税负水平一直高于中国，其宏观税负最低年份 2016 年为 17.9%，最高年份 2010 年为 22.4%；文莱 2009 年的宏观税负为 24%，高于中国，其后，由于缺乏资料，不知其宏观税负情况。

综上所述，除了越南、文莱之外，其他东盟八国的宏观税负水平都低于中国。由此可以得出，东盟十国税负总体来说相对较低，而中国与之相比显得宏观税负稍高一些。

第三节 对中国税负水平的探讨

在全面分析中国和东盟国家的宏观税负情况之后，我们发现中国税负水平并不算高，但是企业税负偏重，我国企业纳税占比超过 80%，其中增值税、企业所得税分别占到 39% 和 22%，相比于东盟其他国家企业税负稍高。此外，广义税负中的各种费用、土地出让金和社保基金缴纳，也都主要由企业承担。近两年，随着政府简政放权，非税收收入规模下降，但是土地出让金和社保基金缴纳逐年递增，企业广义税收负担并没有减轻。目前我国企业税费中，以增值税、消费税为代表的间接税占总税收比重达到 60%，而发达国家一般在 50% 以下。增值税是我国企业最主要的间接税税种，增值税占比过高，反映出我国税收制度过于依赖商品流转环节征税。

整体来看，我国居民税负并不算重。然而，由于向企业征收的间接税部分会转嫁给居民，并且，目前个人所得税制度并未能较好地调节居民间的收入再分配，我国个税征收中，对劳动报酬收入课税较高，在资本所得税方面税率较低。现行税法下，我国并未对个人设置资本利得税，个人所获得的资本利得部分计入财产转让所得收入，适用 20% 的比例税率，而反映劳务报酬的工薪所得，则适用 7 级超额累进税率，最高可达 45%。对于中国如何进一步完善税制、合理宏观税负，笔者有以下几点思考。

一、完善政府财政收入制度，建立合理的政府收入分配体系

总体来看，虽然中国与东盟国家相比当前的宏观税负水平并不高，但是我国“费”的压力相对更大，更值得注意的是，广义宏观税负较狭义宏观税负增加的部分主要是“费”。比如，非税收入包含专项收入、行政事业性收入、罚没收入和其他收入。政府性基金收入中，国有土地使用权出让金占比超过70%。将各种“费”纳入统计后，中国宏观税负排名更为靠前，这意味着中国费的压力较税相对较大。因此，中国要继续完善政府财政收入制度，逐步建立起以税收为主、收费基金为辅的政府收入分配体系，最终形成与符合我国国民经济社会发展需要相匹配的宏观税负水平。

二、调整政府财政支出结构

税负高低既是一个客观的数据指标，也是一种感觉，分析宏观税负水平的高低要与政府提供的社会公共物品和服务相联系。在经济快速发展时期，产销两旺，企业营利能力强，负担能力强，即使多缴税，也不感觉太重。经济环境差时，企业的负担能力下降，就会感觉税负重。中国政府在财政收入不断增长的背景下，政府财政支出要进一步优化结构，适应经济社会的发展，在保持经济平稳较快发展的同时，要着力增加社会保障等关系到民生的公共支出，使纳税人能够更直观地感受到与宏观税负水平相适应的公共服务水平，才能够让纳税人真正感觉到税负轻了。

三、科学认识税负和客观研究税源结构，采取制度性减税

从税制设计上看，影响税额多少、税负轻重的，主要有两个因素：计税依据、征税税率。企业所得税、增值税是主体税种，财税主管部门这些年无论是从计税依据还是税率方面，都制定了不少减

税措施，有的则是直接减免或抵免税额。企业所得税25%的税率尽管没有变，但是出台了大量缩减税基的措施，比如降低重组优惠门槛、扩大重组优惠范围，几乎各种重组类型都可以享受所得税的优惠待遇，扩大境外所得税抵免的层级数，允许凭分割单抵免境外所得税等。此外，科研设备加速折旧，提高职工教育扣除比例，提高小微企业优惠力度等，都是减税措施。

营改增全面实施，原增值税一般纳税人，由于可以抵扣更多的进项税，减少了应纳税额，增加了营利能力。原营业税纳税人在营改增后绝大多数都减轻了税负，尽管少数纳税人暂时会有税负增加，但是随着营改增的实施，减税效应也将逐步显现。增值税税率的下调，简易征收范围的扩大，都可以降低税负。所以，从制度设计上看，税负在下降，这一点不能否认。

经济决定税收，经济结构的变化导致税源结构的变化，税制的设计、征管的重点，应根据税源分布和变化趋势及时调整，合理设计。税制设计的变化、征管重点的变化，可能滞后于税源结构的变化，导致不该收的收了，该收的却没收上来。税负不是一定要低才有利于国家的发展，各国选取的税收政策不同，因此其相应的税收负担也不同，在减税的同时，也有增税的空间。税负的调整，应该是有减有增，把该增的增上来，有助于把该减的减下去。

四、坚定不移地提高税收征管水平

在税收制度既定的情况下，宏观税负水平还受税收征管水平的影响。实际税负的轻重，不仅仅取决于税制设计，也取决于征管能力。税务局在通过“放管服”降低纳税人遵从成本的同时，也通过金税三期的实施、税收制度的完善、内部管理的改革，不断提高征管能力。金税三期的实施，极大提高了税务局征管的技术手段，将纳税人的经营活动置于税务局的严密监控之下，通过假发票或作假账偷漏税的空间被不断压缩。税收制度的不断完善，也堵塞了征管的漏洞。比如，成品油消费税 2018 年调整的规定就杜绝了通过变换品名偷逃消费税的非法渠道。税收征收管理体制的改革，使与纳税人被处罚有关的工作流程更加透明，更加规范，人情税、关系税越来越没有土壤，一个人说了算的情况越来越少。税收征管水平的提高有利于提高税收收入，起到增税作用，可以为税制增加减税空间，使税收负担在纳税人之间更加公平，符合依法治税的大方向，应坚定不移地提高税收征管水平。

参考文献

[1] 王红晓. 东南亚税制 [M]. 北京: 中国财政经济出版社, 2019.

[2] 范子英, 张航. 促进消费的税制改革思路 [J]. 税务研究, 2018 (12): 5-10.

[3] 唐婧妮. 中国、东盟增值税比较与改革 [J]. 涉外税务, 2010 (03): 47-51.

[4] 边明社, 赵仁平. 中国与东盟各国税收制度比较 [J]. 东南亚南亚研究, 2010 (03): 57-62+93.

[5] 张杰云. 东盟国家税制比较研究 [J]. 法制与经济, 2017 (10): 34-40.

[6] 杨向英. 中国与老挝所得税制比较 [J]. 中国市场, 2011 (13): 77-78.

[7] 孙淑玲. 从中印个税差异看我国个人所得税公平问题 [J]. 全国商情 (理论研究), 2013 (06): 36-37.

[8] 叶宝松. 马来西亚个人所得税制对我国的启示 [J]. 税收经济研究, 2015, 20 (02).

[9] 马伟, 赵新, 杨牧, 余菁. 从新加坡家庭课税制看我国个人所得税改革 [J]. 税务研究, 2016 (10): 73-75.

[10] 杨苏苋. 新加坡税制改革对经济发展影响研究 [D]. 广西大学, 2018.

[11] 王清云，吕国望．我国第七次个人所得税改革分析 [J]．当代经济，2019 (09)：50 - 52.

[12] 孙莉莉编著．2019 个税新政实操手册：全场景案例版 [M]．北京：人民邮电出版社，2019.

[13] 吴崇伯．东盟国家税收征管体制改革的经验与借鉴 [J]．税务研究，2007 (08)：85 - 88.

[14] 凌荣安，蒙强．东盟国家税收征管运行模式探析 [J]．经济研究参考，2009 (53)：13 - 17.

[15] 蓝相洁，张建中．中国与东盟各国税制比较研究 [J]．地方财政研究，2014 (10)：75 - 80.

[16] 马静，马金案．文莱：2018 年回顾与 2019 年展望 [J]．东南亚纵横，2019 (01)：23 - 28.

[17] 韦朝晖．马来西亚：2017 年回顾与 2018 年展望 [J]．东南亚纵横，2018 (02)：28 - 34.

[18] 陈风俊．浅析税收社会化征管的问题及其规制 [J]．河北企业，2019 (08)：28 - 29.

[19] 王红晓．新加坡、马来西亚及菲律宾三国税收征管的特色与借鉴 [J]．特区经济，2010 (09)：82 - 84.

[20] 马念谊．泰国个人所得税扣除制度及启示 [J]．税务研究，2019 (03)：50 - 54.

[21] 谢芬芳．影响税收征管效率的经济因素分析 [J]．中国商界（上半月），2010 (12)：77 - 78.

[22] 周英虎．东盟十国税收及与中国税收之比较 [J]．南宁职业技术学院学报，2013 (06)．

[23] 王红晓．中国与东盟各国宏观税负的比较与启示 [J]．广西财经学院学报，2010，23 (04)：24 - 27.

[24] 吴则实，冯钰钰，刘展．中国—东盟自由贸易区宏观税负水平的国际比较与研判 [J]．广西财经学院学报，2012 (03)：19 - 23.

［25］杜涛．一文看尽中国现在的税负问题［OL］．经济观察网，2018－08－18．

［26］余卫东．中国跨国企业在新加坡投资的税务筹划研究［D］．四川农业大学，2005．

［27］王丽娅．东盟十国税收政策比较研究［J］．亚太经济，2010（06）：87－91．

［28］何杨，应邵凯．“一带一路”主要国家和重点行业投资的税收比较研究［J］．国际税收，2016（07）．

［29］魏明．税收负担对我国 FDI 的影响研究［D］．云南财经大学，2017．

［30］姚楠．中国—东盟自由贸易区税收协调深化研究［D］．首都经济贸易大学，2014．

［31］沈江，童岳嵩．关于我国税收负担问题的思考［J］．贵州工程应用技术学院学报，2014，32（01）：125－128．

［32］国家税务总局防城港市税务局．国家税务总局防城港市税务局 2018 年工作总结及 2019 年工作要点［OL］．http：//guangxi. chinatax. gov. cn/fangchenggang/xxgk/xxgkml/ghjh/201905/t20190511_ 244497. html．

［33］国家税务总局国际税务司国别投资税收指南课题组．中国居民赴越南社会主义共和国投资税收指南［M/OL］．http：//www. chinatax. gov. cn/chinatax/n810219/n810744/n1671176/n1671206/c2582500/5116193/files/fb05ca0abf14437aa266ac48007ab1c9. pdf．

［34］国家税务总局国际税务司国别投资税收指南课题组．中国居民赴马来西亚投资税收指南［M/OL］．http：//www. chinatax. gov. cn/chinatax/n810219/n810744/n1671176/n1671206/c3317853/5116147/files/50e84f736cf74ac8b71743cb5427e975. pdf．

［35］国家税务总局国际税务司国别投资税收指南课题组．中国居民赴缅甸投资税收指南［M/OL］．http：//www. chinatax.

gov. cn/chinatax/n810219/n810744/n1671176/n1671206/c2581311/5116178/files/fc147892eda04d99bc4bcd1004e6dc97. pdf.

［36］国家税务总局国际税务司国别投资税收指南课题组．中国居民赴新加坡投资税收指南［M/OL］．http：//www. chinatax. gov. cn/chinatax/n810219/n810744/n1671176/n1671206/c2582367/5116191/files/62a928b7c3d448678df8de402734d302. pdf.

［37］国家税务总局国际税务司国别投资税收指南课题组．中国居民赴菲律宾投资税收指南［M/OL］．http：//www. chinatax. gov. cn/chinatax/n810219/n810744/n1671176/n1671206/c2352695/5116160/files/61f6690e0005404e82f3db426e3b8e8d. pdf.

［38］国家税务总局国际税务司国别投资税收指南课题组．中国居民赴印度尼西亚共和国投资税收指南［M/OL］．http：//www. chinatax. gov. cn/chinatax/n810219/n810744/n1671176/n1671206/c2582395/5116207/files/f98b1f5b54e74a2b8ae9e69d8bd5ecf5. pdf.

［39］国家税务总局国际税务司国别投资税收指南课题组．中国居民赴泰国投资税收指南［M/OL］．http：//www. chinatax. gov. cn/chinatax/n810219/n810744/n1671176/n1671206/c2582271/5116206/files/fdc189dfed044b99a2e7569e1ac8db2c. pdf.

［40］国家税务总局国际税务司国别投资税收指南课题组．中国居民赴文莱投资税收指南［M/OL］．http：//www. chinatax. gov. cn/chinatax/n810219/n810744/n1671176/n1671206/c2069834/5116151/files/2f20c8bf062c4c8f85b977dec8fdd9c6. pdf.

［41］国家税务总局国际税务司国别投资税收指南课题组．中国居民赴柬埔寨投资税收指南［M/OL］．http：//www. chinatax. gov. cn/chinatax/n810219/n810744/n1671176/n1671206/c2582023/5116199/files/2c36de6702414176a4c42f12a6b8e4b3. pdf.

［42］国家税务总局国际税务司国别投资税收指南课题组．中国居民赴老挝投资税收指南［M/OL］．http：//www. chinatax. gov. cn/

chinatax/n810219/n810744/n1671176/n1671206/c3418910/5116139/files/e8831a5f82af42929686eaed0b0fd05f. pdf.

[43] 刘燕京．探析社会保险费税务征缴利弊 [J]. 纳税，2018，12 (35)：25+28.

[44] 李雪棠．第五次社保费率调整来了 [J]. 宁波经济（财经视点），2018 (12)：42-43.

[45] 何文炯．征缴体制与缴费负担 [J]. 中国社会保障，2018 (10)：41.

[46] 韦苏珊．广西社会保险费征缴现状及税务部门承接征收对策建议 [J]. 经济研究参考，2018 (47)：48-51.

[47] 金雨红．社保缴费基数下降增强企业获得感 [N]. 中华工商时报，2019-10-23 (003).

[48] 杨宜勇，韩鑫彤．社会保障高质量发展的主要方向 [J]. 开放导报，2019 (05)：14-18.

[49] 付雯．经济新常态下社会保险改革的关键点及对策研究 [J]. 财会学习，2019 (28)：176-178.

[50] 中国人民银行太原中心支行国库处课题组，轧瑛．社保征缴管理问题及建议 [J]. 中国金融，2019 (18)：87-88.

[51] 胡务，汤梅梅．政府管制费率约束下工伤保险待遇的安全效应研究 [J]. 经济管理，2019，41 (09)：20-37.

[52] 张远深．浅析城乡居民社会养老保险费征管职责划转税务后的问题与对策 [J]. 就业与保障，2019 (17)：47-48.

[53] 黄家强．社保费税式征缴转换中的权责交接与制度接洽 [J]. 税务与经济，2019 (05)：73-80.

[54] 刘国良．社会保险费追缴时效问题研究 [J]. 税务与经济，2019 (05)：81-89.

[55] 金爱花．社会保险费征管职责划转后存在的问题及对策建议——以吉林省延边州为例 [J]. 预算管理与会计，2019

(09): 63 - 64.

[56] 田先荣. 企业养老保险缴费率下调的政策效应及其保障机制研究 [J]. 成都行政学院学报, 2019 (04): 78 - 81 + 96.

[57] 范洪敏, 梁冬冬. 社保征管体制改革与基本养老保险全国统筹 [J]. 党政干部学刊, 2019 (08): 49 - 54.

[58] 彭海艳. 最优非线性所得税率结构影响因素: 论争焦点及评析 [J]. 财经论丛, 2014 (04): 18 - 25.

[59] 王首元, 孔淑红. 新最优所得税模型探索: 基于比例效用理论视角 [J]. 财经研究, 2013, 39 (05): 86 - 98.

[60] 梁发芾. 社保有必要实行费改税吗? [N]. 中国经营报, 2019 - 08 - 12 (E03).

[61] 高庆波. 中国社会保障税费之争三十年 [J]. 华中科技大学学报 (社会科学版), 2019, 33 (03): 33 - 43.

[62] 董婷. 社会保险税入法研究 [D]. 安徽大学, 2019.

[63] 付伯颖, 陈子昂, 夏宁潞. 国际比较视角下我国社会保障税最优税率设计 [J]. 地方财政研究, 2018 (09): 41 - 47.

[64] 税收服务"一带一路" [OL]. http: //www. chinatax. gov. cn/n810219/n810744/n1671176/n1671206/index. html.

[65] 菲律宾财政部网站: http: //www. dof. gov. ph/

[66] 菲律宾国家税务局网站: http: //www. bir. gov. ph/

[67] 老挝财政部网站: http: /www. mof. gov. la/

[68] 越南财政部网站: http: //www. mof. gov. vn/

[69] 新加坡财政部网站: http: //www. mof. gov. sg/

[70] 新加坡国家税务局网站: http: //www. iras. gov. sg/

[71] 泰国财政部网站: http: //www. mof. go. th/

[72] 印度尼西亚政府网站: http: //www. indonesia. go. id/

[73] 马来西亚内陆税收局网站: http: //www. hasil. org. my

[74] 亚洲开发银行 (ADB) 网站: https: //www. adb. org

[75] 荷兰国际财税文献局网站：https：//www. ibfd. org/
[76] 菲律宾财政部税改网站：https：//taxreform. dof. gov. ph/
[77] 印度尼西亚税务局网站：https：//www. pajak. go. id/
[78] 马来西亚财政部网站：www. treasury. gov. my
[79] 文莱财政部网站：www. finance. gov. bn